曹炜 主编

汉语言文学基础学科拔尖人才培养机制、路径的探索与实践（1994—2024）

苏州大学出版社
Soochow University Press

图书在版编目（CIP）数据

汉语言文学基础学科拔尖人才培养机制、路径的探索与实践 : 1994—2024 / 曹炜主编. -- 苏州 : 苏州大学出版社, 2025. 5. -- ISBN 978-7-5672-5273-8

Ⅰ. H19

中国国家版本馆 CIP 数据核字第 2025G2F385 号

HANYUYAN WENXUE JICHU XUEKE BAJIAN RENCAI PEIYANG JIZHI、LUJING DE TANSUO YU SHIJIAN（1994—2024）

责任编辑：叶　觅　　**装帧设计：**吴　钰

出版发行：苏州大学出版社
社　　址：苏州市十梓街 1 号
邮　　编：215006
印　　刷：镇江文苑制版印刷有限责任公司
版　　次：2025 年 5 月第 1 版
印　　次：2025 年 5 月第 1 次印刷
网　　址：http：//www. sudapress. com
邮　　箱：sdcbs@ suda. edu. cn
开　　本：700 mm×1 000 mm　1/16
印　　张：15. 25
字　　数：265 千
定　　价：58. 00 元

图书若有印装错误，本社负责调换
苏州大学出版社营销部电话　0512-67481020
苏州大学出版社天猫旗舰店　https：//szdxcbs. tmall. com

目录

拔尖创新人才培养路径探索

"厚基+拔尖"：汉语言文学拔尖创新人才培养路径探索

——以苏州大学为例①

周生杰

随着我国现代化建设进程的推进，拔尖创新人才的选拔和培养成为教育事业的重中之重。在高等教育阶段，对拔尖创新人才的选拔和培养也进行了20多年的探索。如果说2003年我国实行高校自主招生制度是拔尖创新人才选拔的伊始，那么，2009年启动的"基础学科拔尖学生培养试验计划"（简称"珠峰计划"）、2018年实施的"基础学科拔尖学生培养计划2.0"（简称"珠峰计划2.0"）、2020年推行的基础学科"强基计划"等，可以说是人才选拔与培养工作的"三连跳"，无不彰显这项工作的重要性和迫切性。在拔尖创新人才的培养过程中，汉语言文学专业始终坚持思想性、价值性与知识性、学理性相统一，具有较强的"以文化人"属性，直接关联人的思想情感，具有浓郁的人文情怀与人文精神，在科教兴国战略和人才强国战略中的基础性作用越来越显著。本文以苏州大学汉语言文学专业为例，探索"厚基+拔尖"的拔尖创新人才培养路径。

一、专业设置提升与培养理念更新

苏州大学汉语言文学专业设立于1952年，其前身是1900年创办的东吴大学文学系，历史悠久、办学成就显著。本专业先后被评为国家级特色专业建设点、"十二五"省级重点专业、省级品牌专业和国家一流本科专业，专业所依托的中国语言文学学科获得国家首批博士学位授权点。多年来，本专业在人才培养上紧跟时代步伐，适应教育改革的需求，不满足于原有的人才培养模式，在创新人才培养上进行了多方面探索，取得了显著成效。

1994年，国家教育委员会根据"扶强保重，合理布局"的原则，在全国高校建立了51个国家文科基础学科人才培养和科学研究基地（简称"文科基地"），给予重点扶持。其中，中文学科点在23所高校

---

① 本文为苏州大学2023年高等教育教改研究立项课题"中国语言文学拔尖创新人才培养模式的研究与实践"的阶段性成果。

设立，苏州大学位列其中，汉语言文学专业成为苏州大学文科唯一培养面向21世纪的高质量人才的专业。1995年1月16日，国家教育委员会正式发出《关于批准国家文科基础学科人才培养和科学研究基地学科点的通知》，当年苏州大学就开始招收首届汉语言文学基地班学生，迄今已有近30年的办学历史。经过多年的人才培养实践，目前苏州大学对于该专业的人才目标进行如下定位：坚持“创新”和“卓越”人才培养理念，依据人文社会科学和自然科学基本理论知识，培养掌握汉语言文学专业系统扎实的基础知识、基本理论和基本技能，具有突出的学术研究能力和开阔的国际视野的创新卓越人才。

2012年，基于全新的研究型教学模式，苏州大学“借鉴剑桥、哈佛等国外著名大学的书院制，参照西方文理学院的本科培养模式”①，创办采用文史哲贯通的书院制教学模式的唐文治书院，旨在探索本科教育与研究生教育的有机结合，体现现代大学制度的基本精神，突出民主办学、敬畏学术、教学相长、自我发展的特征。书院实施跨学科的教学方式，打通文史哲，回到文史哲的基本面，回到中国文化的“原典”，培养复合型、学术型的高端文科人才。书院自创办以来，每届学生中80%以上为汉语言文学基地班的学生，人才培养成效十分显著。

2022年，为响应教育部、科学技术部、财政部、中国科学院、中国社会科学院、中国科学技术协会联合发布的《教育部等六部门关于实施基础学科拔尖学生培养计划2.0的意见》，江苏省教育厅实施一项重大人才培养改革计划，全省共立项建设30个省级基础学科拔尖学生培养计划2.0基地，而中国语言文学学科设3家基地，苏州大学位列其中，2023年开始招生。苏州大学为汉语言文学拔尖创新人才培养制定的目标是坚持“创新”和“卓越”人才培养理念，以国家自主创新人才培养战略为引领，把学生培养成掌握中国语言文学专业的基础知识、基本理论和基本技能，具有突出的学术研究能力、开阔的国际视野和卓越的创新能力的拔尖创新人才。

30多年来，苏州大学汉语言文学专业不断试水，先行改革，大胆转变人才培养观念，提高人才培养质量，不断探索基础人才培养与拔尖创新人才培养相结合的新路。在探索过程中，面对高质量课程体系建设、高素质教师队伍建设、导师制度完善、学生科研能力提高及强基与

---

① 胡月华：《我国新型书院制研究——以苏州大学唐文治书院为例》，《办公室业务》2016年第22期，第77页。

拔尖结合等现实问题，苏州大学严格遵循教育部建设高水平本科教育和人才培养质量要求，在建设过程中探索出一套行之有效的人才培养理念和经验，人才培养质量得到全面提高。

二、大类培养背景下的“厚基”实践

苏州大学汉语言文学专业是地方院校率先实施大类培养的专业，这一培养模式突破了单纯的专业视域，体现了学科综合趋势，培养目标在于提高学生的综合素质，即让学生形成基本的人文修养、思想视野和精神感悟，增强其适应社会的能力。为夯实人才培养的基础，多年来，在大类培养的背景下，苏州大学主要采取了如下几方面的措施。

（一）夯实通识教育

通识教育是学生进行任何专业学习的准备，方便学生在学习专业知识之前对知识的总体状况有全面和综合性的了解。但在人才培养过程中，多数专业借“通识”之名，行“功利”之实，为学生开设过多的英语课程，目的是为考研做准备；或开设过多的职业规划课程，目的是为毕业后的就业服务。这种功利主义的做法，不属于通识教育。通识教育在课程设置中都应该贯穿“一是教化人格，二是传承文化，三是培养治事治学能力”① 的理念。为此，苏州大学针对通识教育课程设置了 28 学分，其中，通识选修课程 10 学分（要求“文学与艺术”类课程不少于 2 学分，新生研讨课程不超过 4 学分），思政教育课程 18 学分。需要说明的是，“文学与艺术”类课程主要凸显苏州历史文化特色，有昆曲艺术、苏州民俗、评弹艺术、苏绣艺术等课程，深受学生欢迎。

（二）制定模块化培养方案

“所谓模块化本科人才培养方案，就是依据系统科学的基本理论和基本方法，运用辩证的观点和系统的方法，将本科人才培养方案所涉及的课程教学体系，文化素质教育体系和创新与实践体系等根据属性不同加以归类整合，将具有内在知识逻辑顺序的各种教育与实践体系从时间和空间两个维度集群组块，分包处理，并在各个组块内部再进行优化，最终系统思考，整体设计，实现人才培养目标的一揽子人才培养规划。”② 在专业课程设置上，苏州大学设计出模块化培养方案。其中，

---

① 谢应光、王方、冯永泰等：《通识教育背景下汉语言文学专业课程设置的理念与策略》，《国家教育行政学院学报》2012 年第 1 期，第 68 页。

② 张晶、姚则会：《模块化本科人才培养方案的设计和实践——以安徽大学为例》，《高等理科教育》2010 年第 2 期，第 35 页。

专业核心课程 42 学分，主要课程为中国古代文学、现代汉语、外国文学、中国现代文学、古代汉语、文学概论和写作；综合实践课程 18 学分，主要课程为专业劳动教育实践、学年论文、实习、毕业设计（论文）等。对于专业选修课程，苏州大学进行了模块化设计。以 2022 级国家文科基地人才培养方案为例，专业选修课程进行优化组合后分为专业限制选修和专业任意选修两类。专业限制选修课程又分为专业基础课、专题研讨课、前沿探讨课、创新实践课、本硕贯通课，共计 5 个模块，学生须选择和修完 4 个模块，每个模块须选择和修满 10 学分，总计修满 40 学分；专业任意选修课程需要修满 10 学分，其中，在专业限制选修课程中多修的学分，也可以算作专业任意选修课程的学分。

模块化课程方案的设置，目的在于做到理论与创新实践相衔接，弱化课程的独立性，强化课程间的交叉融合性，提高课程的承载量和效率，有效实现各阶段课程间的衔接，形成循序渐进、螺旋式上升的知识格局，让课程体系更加完善。方案实现了学生一人一份方案和课表，学生可优先选课、提前选课、超前教育、实现跳级，进而可以提前毕业；还允许本科生选修部分研究生课程，实现贯通培养。

（三）依托数字化教学

苏州大学依托和融通“云中苏大”、师范生通用技能实训室、新文科创新实验室、实习基地等优质资源，深化专业人才培养过程改革。以完善数字化教学和实践教学体系为重点突破口，遵循数字引领、转型升级、突出个性的原则，创新理论教学和实践教学体系建设思路，突破课程壁垒，充分利用先进的数字化教学平台，建设一批数字化课程，构建数字化、交互式教学实训空间；加大研创赛等实践锻炼力度，不断拓展数字化教学实习基地。

数字化教学的“最后一公里”在课堂。没有一支懂数字化、会数字化的教师队伍，数字化教学进程就难以持续推进。本专业年轻教师积极参与到数字化教学改革中，推行科研成果“进课堂、进教材、进实践”，创建学科共享教学和实验平台，把优质科研资源转化为育人资源和优势；运用数字化教学经验，积极参加各级各类微课比赛和教学创新大赛。学生也重视数字技术的学习和运用，基于大数据和人工智能，在理论学习、课程实践中熟练掌握数字技能，积极参加各级各类专业技能大赛，学以致用，用以促学。

三、基础学科拔尖创新人才培养探索

《国家中长期教育改革和发展规划纲要（2010—2020 年）》提出：

"适应国家和社会发展需要，遵循教育规律和人才成长规律，深化教育教学改革，创新教育教学方法，探索多种培养方式，形成各类人才辈出、拔尖创新人才不断涌现的局面。"① 创新人才培养模式、培养拔尖创新人才、实施基础学科拔尖学生培养试验计划成为教育改革的发展目标与手段。在大类培养、厚植基础的背景下，苏州大学汉语言文学专业抓住机遇，成为全校率先从事基础学科拔尖创新人才培养的专业，对拔尖人才培养进行了如下多方面的探索。

（一）选拔方案

学生入学后，凡中国语言文学类专业的学生，可以在每学期初申请进入拔尖班，苏州大学会根据学生对于中国语言文学的兴趣和成绩，特别是其阅读和写作方面的突出能力，组织相关专家，进行严格的考核。此外，对于转专业的学生，通过严格考核后一样可以进入拔尖班学习。在选拔过程中，苏州大学特别强调五方面的素质：一是内生动力，二是开放性，三是坚毅力，四是智慧，五是领导力。具备这五方面基本素质的人才，是苏州大学进行拔尖培养的对象。在选拔时，苏州大学特别强调以下几项标准。

一是关注能力但更要突出品质。就价值塑造而言，高校应当发现有志于从事学术研究的人才，尤其是从事基础学科研究的人才，培养他们的学习兴趣和正确的价值追求。因此，苏州大学在拔尖学生培养方面，围绕"立德树人"的根本任务，坚持品学并重，教育学生不能只关注课程学习，更要及早开发自己的科研兴趣、学术潜能，及早树立个人理想，锻炼自主掌握知识和解决问题的能力。

二是培养拔尖但更要强调基础。本科教育是大学的"基础之基础"，这是因为本科教育教给学生基本的知识、能力、思维方法和价值判断，使学生形成认识世界、改造世界的世界观与方法论。对于拔尖人才培养而言，这个基本面不能丢，扎实的基础是拔尖的土壤，只有土壤肥沃了，花草才能破土而出，茁壮生长。同理，只有教给学生相对完整的知识体系，才能使学生对于变化的世界产生敏锐的洞察力，以及以不变应万变的迁移能力。

三是重视绩点但不完全依赖绩点。近年来存在大学生"内卷"、学

① 中国政府网：《国家中长期教育改革和发展规划纲要（2010—2020年）》，2010年7月29日，https：//www.gov.cn/jrzg/2010-07/29/content_1667143.htm，访问日期：2025年5月9日。

生片面追求分数、“绩点为王”等现象。绩点本来是学生学习量的计算方式，其真正目的是起到学业预警和督促作用。但是，在当下的许多高校中，绩点是各类评奖评优、推免保研的极为重要的依据。学习成绩优秀本身没有问题，但是这种“绩点为王”的导向对拔尖创新人才培养不利。如果学生一味地追求成绩，丢失了探索精神，则永远不会成为创新人才，而年轻时不具备创新意识，那么在之后的人生中更难以补救。所以，苏州大学在拔尖创新人才培养中，鼓励学生大胆尝试，不拘泥于本专业的学习，勇于走出一条新路。

选拔汉语言文学专业的拔尖创新人才，一个最主要的目的是“将文学中蕴含的古老的东方智慧挖掘出来，并且与当下紧密结合”，这“有助于学生自觉思考人生，并自信地站在中国立场上，有深度有立场地看待国际关系转变、社会发展焦虑、信仰缺失等宏大命题”。[①] 苏州大学从品质、基础和创新能力三方面把关，目的在于从人才培养的开始就少走弯路，早入正轨。

（二）设计“一人一案”

针对国家文科基地和省拔尖创新专业人才培养的高标准、高要求，苏州大学在模块化培养方案的基础上，提出“一人一案”的创新改革，充分尊重学生的学习自主性。改革主要包括以下内容。

1. 学制采用“3+1+4”一贯制本博贯通培养模式

前 3 年完成本科课程学习，第 4 年（“3+1”中的“1”）是本科到博士研究生的过渡阶段，开始进行研究生阶段部分衔接课程的学习，并完成本科毕业论文。考核合格后直接进入为期 4 年的博士课程学习阶段。本博课程一律由教授担任任课教师，他们同时给硕士生和选修本博课程的文科基地班学生上课。本硕混同上课有利于不同学段学生间的交流，有利于本科阶段拔尖学生对于学术研究的认同。

2. 提供大量选修课程“菜单”

苏州大学要求学生根据自己的“口味”进行“配菜”，且不限于本专业的课程，也不限于苏州大学的课程，鼓励学生把其他学校的课程或者在线课程作为选修内容。同时，鼓励学生跨专业选课，特别欢迎学生选择理工类课程，增加自然科学知识，锻炼运算和统计分析能力。

---

① 马东峰：《新文科引领下的汉语言文学人才培养模式研究》，《延边大学学报（社会科学版）》2023 年第 6 期，第 125 页。

3. 重视学年论文写作

苏州大学规定本科前3个学年都要开设学年论文课。其中，大一学年论文重点在于让学生了解并掌握学术论文的基本要求和基本格式，选题可以由指导教师指定。大二学年论文侧重于学生独立提出问题，围绕学术上的某个小问题展开探究，选题由学生自己提出；大三学年论文要服务本科毕业论文的撰写，至少也要是毕业论文的一部分。

（三）升级书院建设

汉语言文学专业国家文科基地班严格遵循国家基础学科人才培养的要求，而打通文史哲的唐文治书院可以称为文科基地班的“升级版”，成为汉语言文学专业拔尖创新人才培养模式的“特区”和“试验田”。在升级书院，为汉语言文学专业培养拔尖创新人才方面，苏州大学主要加强了如下几方面的做法：一是充分利用书院教育的交叉性、创新性特色，夯实文史哲基础，加强国际化合作，卓有成效地培养汉语言文学专业拔尖创新人才。二是完善导师制度，促进人才成长。根据汉语言文学专业拔尖创新人才培养的独特性和多样性要求，在专业大类分流后，把导师制落到实处，做到每5名学生配备1名导师，要求导师做到“一身五任”（德政导师、学业导师、学术导师、生涯导师和生活导师），帮助学生发现兴趣、定义目标、发展专业、规划咨询等，负责学生大二到大四期间的生活和学业指导。三是落实引领选拔的学术创新实践计划，本科阶段自大一起通过创新思维训练课程、专业知识报告会等，启发学生的创新意识；大二通过大学生创新训练计划引导学生自主参与课题立项、研究与汇报交流；大三选拔出参与本博一体化培养的学生，并推进创新训练计划项目的开展，同时结合专业导师的科研项目，强化科研实践，提高学生动手能力、思维能力、创新能力等，从而将研究时间延展化、内容深度化，推动本科生全身心地投入。

（四）加大特色培养

苏州大学文学院在多年来的办学过程中，逐渐发展成为当代作家成长的摇篮，先后培养出范小青、吴义勤、王尧、房伟等著名作家，先后有5位教师获得鲁迅文学奖，1位教师获得百花文学奖中篇小说奖，1位教师荣获茅盾文学奖新人奖。苏州大学利用好这一办学成就，努力把汉语言文学专业拔尖创新人才培养做出特色。

一方面，充分利用“江苏当代作家研究基地”平台，把研究工作带进课堂，让学生参与教师的研究课题。该平台依托文学院深厚的学术底蕴和学科优势，协同南京大学中国新文学研究中心、江苏省作家协会等合作单位雄厚的研究力量，对江苏当代作家作品进行研究宣传，扩大江苏当代作家作品在海内外的影响，为聚集和打造一支优秀的作家队伍助力，更好地引导江苏的文学创作、译介和评论又好又快发展。

另一方面，在课程体系中融入创意写作、当代文学评论、新诗写作等课程，有意识地筑牢学生的写作基础，发现并培养文学新秀。教师队伍中的著名文学评论家王尧教授、著名小说家房伟教授和青年诗人朱钦运副教授等，担任相关写作课程主讲教师。文学院还邀请当今文坛著名作家如阎连科、苏童、麦家等担任客座教授，时常来学院为学生做讲座或授课，提高学生写作水平。

四、推进拔尖创新人才培养保障措施

（一）学生服务工作保障

培养拔尖学生，学生服务工作也要拔尖出色。为此，苏州大学为每名汉语言文学基地班和唐文治书院的学生都配备了 1 名德育导师、1~2 名学业导师，其中，学业导师是通过竞争上岗的，每年都会进行考核，如果导师不胜任，或者因为进修、出国等影响指导工作，苏州大学会及时更换。为了切实做好学生管理工作，苏州大学还为每一年级配备班主任，胜任班主任的基本要求是博士毕业、年龄在 45 岁以下、具有副教授及以上职称。文学院精心选拔年富力强、工作经验丰富的辅导员，作为拔尖班的专职辅导员。

（二）师资建设保障

2022 年以来，文学院 9 位教师晋升为副教授，引进 2 位青年学生骨干（师资博士后），引进 1 位驻校学者、1 位骨干教授、2 位特聘教授。其中 1 位教授正在主持国家社科基金重大项目。值得一提的是，上述师资力量中有 4 位为语言学教授。仅就语言学来说，本学科已经有 7 位教授，数量之多，在全省高校文学院中排第一。在汉语言文学学科有一个不成文的规定——得语言者得天下，而拔尖人才培养最需要的就是语言学基础。

（三）课程建设保障

一直以来，课程建设是汉语言文学学科建设的重要内容。多位著名教授对于课程建设十分用心，文学院现有 4 门国家一流本科课程，2 门省级一流本科课程，4 门省级在线课程。2023 年，文学院青年教师参加江苏省青年教师创新教学大赛，获得特等奖 1 项；参加国家青年教师创新教学大赛，获得二等奖 1 项。

在拔尖创新人才课程建设方面，苏州大学结合文学院现有的课程建设基础，有针对性地要求凡是为拔尖班授课的教师，不但要在前期的课程建设上有一定的成就，而且对其新授的课程一定要进行升级创新。文学院努力实现让最适合的人上最需要的课，养成学生深厚的人文基础与核心专业素养。

（四）学术平台建设保障

文学院各学科都有自己的研究所或研究中心，其中国家级平台 1 个、省级平台 2 个。但是，面对拔尖创新人才培养的需求，原有的平台远远不够，为此，文学院领导和教师群策群力，多方开拓，不到 1 年的时间，新建成 2 个高水平的学术研究平台——苏州大学中巴犍陀罗艺术文化中心和国家语言文字推广基地（苏州大学）。接下来，苏州大学的目标是学术平台建设全覆盖，所有参与拔尖创新人才培养的教师都要在自己的科研平台中担任主要角色。

五、结语

党的二十届三中全会提出，“教育、科技、人才是中国式现代化的基础性、战略性支撑。必须深入实施科教兴国战略、人才强国战略、创新驱动发展战略，统筹推进教育科技人才体制机制一体改革，健全新型举国体制，提升国家创新体系整体效能”；要深化教育综合改革，深化科技体制改革，深化人才发展体制机制改革。在拔尖创新人才培养方面，苏州大学进行了多方面的探索，也取得了一定的成效。2020 年至 2024 年，文科基地班的学生绩点平均超过 3.6，大学英语四级考试累计通过率达到了 100%，六级考试通过率超过 70%。5 年间，基地班毕业 156 人，其中，继续攻读研究生（保研和考研）98 人，占比 62.8%；就业 36 人，占比 23.1%；待就业及考研二战者 22 人，占比 14.1%。再看唐文治书院，5 年间毕业 140 人，其中，继续攻读研究生（保研、考研和国外读研）98 人，占比 70%；就业 36 人，占比 25.7%；待就业及考研二战者 6 人，占比 4.3%。

2020 年至 2024 年，学生在创新能力方面取得了多项突破，参加中国国际“互联网+”大学生创新创业大赛总决赛，获得金奖 1 项、银奖 1 项；“挑战杯”全国大学生课外学术科技作品竞赛参赛 6 人；“外研社杯”全国英语演讲大赛获奖 11 人；全国大学生英语竞赛（NECCS）C 类获奖 17 人；“LSCAT 杯”江苏省笔译大赛参赛 7 人；苏州大学“君政基金”项目入围 6 人；“普译奖”全国大学生英语写作大赛（初赛）

参赛 2 人；第五届全球华文青年文学奖获奖 2 人；等等。在拔尖创新人才培养上苏州大学还有很多路要走，苏州大学相信汉语言文学专业“在推动建设更加公平、正义、开放、包容、普惠、平衡、多赢、共荣的国际秩序上大有可为”①。

① 徐飞：《新文科建设：“新”从何来，通往何方》，《光明日报》2021 年 3 月 20 日第 10 版。

我国新型书院制人才培养浅议

——以苏州大学唐文治书院为例

胡月华

改革开放以来，应发展的需要，大力培养专业技术性人才，强调专业对口。这样的人才培养观念，导致现代的大学教育存在学科单一、专业偏窄、缺乏合力等问题。此外，各高校过于重视理工科、不能集中优势资源来建设人文学科、缺乏师资力量的整合等因素，使得人文学科日渐萎缩。苏州大学以无锡国学专修学校校长唐文治先生之名，于2011年正式成立唐文治书院。书院参照西方“Liberal Arts College（文理学院，又译博雅学院）”培养模式，吸收国内复旦大学“复旦学院”、中山大学“博雅学院”等同类学院（书院）的经验。此类博雅学院代表着经典、小规模、高质量的本科教育，特征是注重全面综合教育，课程包括艺术、人文、自然科学、社会科学等各门类，区别于以就业为重要指针的各种专业学校或技术院校。

一、高校文科人才培养模式存在的弊端

（一）文史哲三门学科的隔断阻碍复合型高端人才的培养

目前高等院校的学科设置中，文史哲均为一级学科，“各自为政”，互不相通。但是自古文史哲不分家，很多国学大师都兼文学的情怀、史学的深邃和哲学的睿智于一身。要想在文科领域有所成就，就必须有更为合理的知识结构。单一的专业设置，导致现代人文教育中人才培养观念狭窄、课程体系单一、教学资源分散，不能形成文史哲相融合的知识结构，更不能形成有效的合力，提升人才培养的质量。

（二）教育大众化背景下的师生关系疏离

随着高校扩招政策的推行，高校的学生人数大幅增多，出现了很多超级大班，一个班级一两百人也是屡见不鲜。1位教师面对这么多学生，讲课都比较吃力，更何况跟学生深入交流、探讨问题。加上教师的科研压力较大，课程量较多，很多教师上课是来也匆匆，去也匆匆，直接的后果便是学生跟教师的接触机会非常少，师生关系疏离。在竞争和就业压力面前，如何引导大学生提高自身的专业素养和职业技能显得尤为重要，而如今，学生在学习和生活中缺乏来自教师的关爱和指导，在

很大程度上消解了学生学习的兴趣和动力。这是当代大学教育一个亟须解决的问题，师生关系亟待改善。

（三）重内容、轻方法导致学生自主学习能力不足

进入大学之前，很多学生都已经习惯了高中阶段灌输式的教学方法，到了大学之后突然没有班主任整天盯着，没有任课教师催交作业的压力，不少学生在这种突然放松的学习环境中显得不知所措。大学里的学习很大程度上需要学生充分发挥自己的主观能动性，很多问题需要学生自己钻研、相互探讨才能找到真相。很多教师在课堂教学时注重内容传授却忽略学法指导，上课大多关注知识内容的讲解，对指导和培养学生学习方法与习惯的关注较少。学生缺乏自主学习的方法和技能，导致自主学习能力不足。

二、唐文治书院的办学宗旨与管理体制

（一）办学宗旨

唐文治书院的办学宗旨是打通文史哲，集中选拔、培养以文史哲为主兼及其他文科专业的优秀学生，优化配置教学科研资源，实施体现学术型、跨专业、国际化的培养模式，为培养卓越人文学者奠定良好基础。书院主要体现现代大学制度的基本精神，突出民主办学、敬畏学术、教学相长、自我发展的特征，重点解决卓越人文学者教育培养过程中的选拔、培养、退出等问题。

（二）组织形式

书院组织形式为书院行政、评议会和学生社团三位一体。书院行政设院长 1 人，副院长 3 人（其中专职副院长 1 人），专职秘书 1 人；成立“文治书院评议委员会”，由书院院长、副院长和文史哲专业教授组成，制定评议会议事规则；实行任期制，设主席 1 人，副主席 2~3 人，由选举产生，兼职秘书 1 人。评议会下设若干工作组，包括学生事务组、专业建设组、导师工作组等。

（三）培养目标

1. 思想政治与德育方面

具有正确的世界观、人生观、价值观。拥护中国共产党领导，认真学习马列主义、毛泽东思想、邓小平理论、“三个代表”重要思想、科学发展观、习近平新时代中国特色社会主义思想。自觉践行社会主义核心价值观，提升政治认同、家国情怀、道德修养、法治意识、文化素养，养成良好的思想品德、社会公德和职业道德，做担当民族复兴大任的时代新人。

2. 智育方面

具有一定的人文社会科学和自然科学基本理论知识，掌握汉语言文学、历史、哲学专业的基础知识、基本理论和基本技能；英语水平满足苏州大学学士学位授予相关规定。具有独立获取知识、提出问题、分析问题、解决问题的基本能力及开拓创新的精神，具备从事本专业业务工作的能力，能胜任本专业科研等方面的工作，并具备适应相邻专业业务工作的基本能力与素质。

3. 体育方面

具有一定的体育和军事基本知识，掌握科学锻炼身体的基本技能，养成良好的体育锻炼和卫生习惯，受到必要的军事训练，达到国家规定的大学生体育和军事训练合格标准，具备健全的心理和健康的体魄，能够履行建设祖国和保卫祖国的神圣义务。

4. 美育方面

能以社会主义核心价值观为引领，弘扬中华优秀传统文化，具有较强的文化主体意识与崇高的审美追求，具备参与美育实践活动的必要基础知识和基本技能，积极主动参与美育活动，在文化理解、审美感知、艺术表现、创意实践等方面具有较高的素养。

5. 劳育方面

具有正确的劳动观和劳动意识，在实际动手过程中亲历劳动过程，体会劳动创造美好生活的时代风尚，进而养成尊重劳动、热爱劳动、向往劳动的习惯和品质，习得敬业、诚信、创新、奋斗、合作、奉献等新时代劳动精神，具备较强的专业劳动能力与素养。

（四）管理模式

唐文治书院营造立德树人氛围，提升学生综合素养。书院始终将立德树人作为根本任务，将思想引领作为学生管理的重中之重，注重学生的价值塑造和人格养成。书院坚持引导学生以马克思主义为指导，扎根中国大地，了解国情、民情，践行社会主义核心价值观，传承中华优秀传统文化。书院举办并组织学生参加各类读书沙龙、文化参访、辩论赛、新生英语短剧大赛、郊游踏青、社团组织、暑期社会实践活动等；组织成立文合爱心学社，在敬老院、孤儿院和图书馆进行大量志愿服务工作，拓宽了学生的社会视野。

书院鼓励学生进行自我管理。学习方面，每一届学生均拥有一间固定教室；生活方面，实行“集中住宿制”，学生享有相对独立、比较优越的住宿条件，男女生宿舍区各有专门的活动中心、阅览中心、生活间等设施。集中住宿拉近了学生距离，增进了同窗感情，增加了学术交流机会。

学生事务中心发挥了服务书院、沟通师生的功能。中心连续 10 年举办文治读书会，并定期举办读书沙龙，邀请学生分享、导师点评，将阅读的习惯融入书院学生的生活；截至 2024 年，由学生主编的《文治学刊》已印刷发布 24 期，刊发书院导师、学生撰写的学术论文和文学创作；以学生为主体运营的“文治”微信公众号，以互联网为载体，以新媒体的方式记录书院生活的方方面面，展现学生成长过程中的所思所想。

三、唐文治书院人才培养模式的优势

（一）打通文史哲，开拓国际视野

唐文治书院优化教学科研资源配置，设计了全新的人才培养方案与教学计划。课程设置打通文史哲，除部分通识课程外，主体课程都是单独编班授课。唐文治书院采取教授联合授课的方式，聘请文史哲领域的一流师资为书院学生授课，以小班授课、小班研讨为特色，师生之间互通无间。此外，书院延聘海内外著名教授主持常设性的讲座课程，如宇文所安教授、李欧梵教授、王德威教授、白先勇教授、阎连科教授等都亲自为书院学生授课。

（二）实现导师制运行，构建新型育人平台

唐文治书院的导师制建设强调导师和学生平等交流，尊重学生个性，关注师生共同发展，从而保证导师制在教学方式上的因材施教。唐文治书院每 2 年从文学院、社会学院和政治与公共管理学院 3 个学院中聘请 10 位导师，每位导师在一届学生中会辅导 3 名同学。唐文治书院的学生在大一刚入校的时候就会面临导师双选会，每名同学有 3 个平行志愿，学生填完志愿之后，导师再根据学生的志愿及对学生的了解对学生进行选择，从而达到双选的最佳效果。书院的导师制是将传统书院提倡的尊师重道精神与国外现代书院中的导师制度相结合的产物，可以有效改善当代大学师生关系，使导师在与学生的频繁互动和交流中实现教学相长，促进学生的自我发展。

（三）倡导研究型教学，培养学生自主学习能力

古人说“授人以鱼，不如授人以渔”，正确的学习方法会使得学生在学习中获得事半功倍的效果。书院着力推动研究型教学，各门课程的任课教师和导师都有意识地引导学生在学习中研究、在研究中学习，引导学生及时了解学术界的前沿动态，并就个人感兴趣的话题展开研究。

为了培养学生的自主学习能力，书院大力支持学生举办文治读书会、刊发《文治学刊》和创办“文治”微信公众号。书院将这些平台全部交由学生自主运营管理，大力支持学生自我发展、自主探究，将学习从课内延伸到课外。

四、结语

苏州大学唐文治书院从人才培养模式、导师制和倡导研究型教学三个方面入手，优化教学资源配置，实施全方位的人才培养方案与教学计划改革，最终的目标在于培养复合型、学术型的高端文科人才。书院培养的学生，与普通学院培养的人才相比，具有更为合理的知识结构、更为扎实的研究能力、更为自觉的国际化视野、更为全面的人文修养。

唐文治书院人才培养改革发展方案①

薛羽婷

一、工作理念和改革目标

（一）工作理念

坚持以习近平新时代中国特色社会主义思想为指导，全面贯彻党的二十大精神和习近平总书记关于教育强国的重要论述，遵循“尊德性而道问学，致广大而尽精微”的院训，秉持以人为本、质量第一、创新引领的工作理念，以学生为中心，注重个性化培养，激发学生的学习兴趣和创造力，不断优化文史哲打通培养的研究型教学模式，着力推进“卓越人文学者教育培养计划”落地见效，逐步成为复合型、学术型高端文科人才培养高地。

（二）改革目标

选拔机制不断完善，教学架构协同优化；五育并举，一齐发力，学生管理稳中求进。以学生为中心，优化学生工作机制，加强学生工作队伍建设，创新学生工作方法，全面提高学生满意度和幸福感。努力培养一批文史哲打通的高水平学术人才，逐步建成以“党建引领、队伍入驻、学生参与、条件保障”为核心的学生“一站式”社区，着力打造学术化、多元化、国际化的书院运行生态。

二、改革缘由

（一）创新改革部分

1. 完善培养模式，丰富学科结构

扩大选拔范围。由原先的文学院、政治与公共管理学院、社会学院3家学院，扩展到其他学院，争取优秀生源，丰富书院学科结构。建立更科学、多阶段的二次选拔机制、动态进出机制，以确保书院人才队伍的整体优势。鼓励学生敢于试错、追求兴趣，这不仅有助于学生更好地理解、运用多种学科的研究方法，也为未来可能转入不同领域留出“接口”。在改革发展过程中，在苏州大学的指导帮助下，统筹相关职能部

① 本文为苏州大学2023年高等教育教改研究立项课题“中国语言文学拔尖创新人才培养模式的研究与实践”的阶段性成果。

门及其他支撑院系，提供必要的招生及学生培养发展方面的政策倾斜，确保书院能够吸引和选拔到更多具有潜力和才华的学生，培养出更多交叉学科的、学术型高端文科人才。

变革办学模式。适时探索本硕博连读的办学模式，培养高素质拔尖人才。继续积极探索“融通基础、促进交叉、凝练方向、博专兼顾”的人才培养模式，打通文史哲基础的课程体系，将“复合型”“学术型”的概念落实在课程设置上。以融通文史哲的课程体系的建立为中心，引导学生选择研究领域，凝练研究方向，有效解决“博”和“专”的矛盾。按目前每届 30 人的培养规模，实现 80%（24 人）以上的硕士就读率，经过 3 年的培养，再实现 60%（18 人）以上的学生继续进行博士阶段的深造。除了本校以外，协助毕业后在其他学校深造的优秀学生完成硕博连读的任务。在苏州大学支持下，尽快启动本硕博联合培养方案，打通本硕博连读的通道，促进人才培养的持续发展。

2. 延伸育人空间，推进“一站式”社区建设

书院将以“一站式”学生社区作为立德树人、协同育人的空间载体，以“党建引领、队伍入驻、学生参与、条件保障”为基本内容，不断提升学生“自我管理、自我服务”的能力。完善硬件设施，充分满足学生学习、师生交流、生活服务、党建宣传、活动开展等需要。书院的导师、班主任、辅导员、行政人员下沉社区，构筑学生党建前沿阵地，建设“三全育人”实践园地。引导学生利用好课余时间，形成引导型、发展型、促进型的学风建设氛围；凝聚育人合力，在空间和时间上延伸育人环境，实现浸润式全方位育人格局。

在推进“一站式”社区建设过程中，为了适应不同学生的学习习惯和需求，苏州大学提供资金以升级改造多功能学习空间，如智能教室、学生自习室、研讨室等，并对于“一站式”学生社区内的交流区域进行优化，如党建宣传室、文化活动室、劳动教育实践点等，打造温馨舒适的社区交流区域，鼓励学生在此进行学术交流、文化活动和创意分享，从而促进学生之间的交流与合作。

（二）守正部分

1. 坚持跨学科融合，推进教学改革多元化

坚持学科交叉，深化教学改革。坚持文史哲打通培养模式，继续探索教学改革，建设多元化的跨学科体系。书院打破传统的知识总体性认知的藩篱，让学科研究问题更经受得住质疑与拷问。进一步落实导师制，实现师生间的良性交流互动，从而实现教学方式上的因材施教、教

育内容上的德智并重和学术环境上的宽松自由。

2. 坚持国际化培养，强化学生知识结构

书院将继续坚持国际化培养。一方面是“请进来”，聘请海外知名学者为学生开设讲座；为书院教师提供国际平台，通过在海外高校的访问研修，将国际的维度整合到书院的教学中。另一方面是“走出去”，书院计划与威尼斯大学等国际知名高校建立长期合作交流机制，推荐优秀学生赴海外研修学习；有选择地带领学生参与国际交流活动，参加交流论坛等。同时，持续规划国际化学生流动平台，线上线下相结合，引进海外师资长期授课，全面升级导师制，从而帮助学生强化知识结构、开拓国际视野，为科研创新打下坚实基础。

3. 坚持“五育并举”，鼓励学生自我管理

书院将继续以育人为核心，培养高素质人才。书院加大对读书会的投入，改善传统课堂式汇报，加入沙龙、圆桌会议等新形式；鼓励学生进行自我管理，将学生主编的《文治学刊》作为书院师生进行学术交流的平台；利用以学生为主体运营的“文治”微信公众号，以新媒体的方式记录书院的生活，从而促进学生德智体美劳协调发展，增进同窗情谊与自我管理能力。

三、改革思路

（一）以德育人，以人为本

把促进学生成长作为书院改革发展工作的出发点，把书院各项工作的目标和重点落在育人上，牢牢把握立德树人的根本任务，强调以德育人、以人为本。尊重学生成长、成才规律，将育人导向融汇进学生日常管理与教学实践中。

（二）加强合作，守正创新

加强支撑院系合作，鼓励各院系协同发力，整合各院系育人资源，全面统筹教育教学各环节、人才培养各方面的育人力量，黾勉同心，共进共行。积极改革创新，打造协同育人新平台，探索协同育人新方法。

（三）立足特色，打造品牌

立足文史哲交叉融合的学科优势与国际化的人才培养模式，在此基础上深入挖掘，利用各种渠道强化自身特色，积极打造品牌，不断扩大书院的声誉和影响力。

四、改革措施和路径

书院遵循“尊德性而道问学，致广大而尽精微”的院训，秉持以人为本、质量第一、创新引领的工作理念，提出了一系列具体的改革措

施，旨在通过全面提升整体发展战略、学生工作和教学教务工作，激发学生的学习兴趣和创造力，不断优化文史哲打通培养的研究型教学模式，构建一个更加科学、高效和人性化的教育体系。

（一）整体发展战略

充分发挥党建工作的引领作用。一是要开展多种形式的党建教育活动，加强党员理论学习和业务培训，提高党员的政治素质和业务能力。二是要加强基层党组织建设，完善党支部制度，提高党组织凝聚力和战斗力。三是要将党建工作与书院发展相结合，充分发挥党组织在书院中的政治核心和战斗堡垒作用。

加强书院对学生和各项工作的科学管理，促进教育治理能力和治理体系现代化，大力营造治理有方、管理到位、风清气正的育人环境。一是要强化顶层设计，不断健全书院章程建设和规章制度体系，凸显管理工作的育人导向，维护和保障师生的基本权益。二是要强化运行机制，以完善新生选拔机制为抓手，优化与支撑院系资源整合。三是要借助"一站式"社区建设，构建学生与书院的长效常态联系。

（二）学生工作

1. 优化学生工作机制

（1）建立健全学生工作联席会议制度，定期召开会议，共同研究和解决学生工作中遇到的问题。

（2）完善学生工作考核机制，明确各项工作职责和考核标准，确保工作的质量和效率。

（3）构建学生工作信息共享平台，实现信息的快速传递和共享，提高工作效率。

2. 创新学生工作方法和手段

（1）利用数字化手段，如大数据、人工智能等，辅助开展生涯规划与就业指导，推动学生工作信息化建设，提高工作效率和精准度。

（2）开展形式多样的学生活动，如学术讲座、科技创新竞赛、社会实践等，丰富校园文化生活，促进学生全面发展。

（3）加强与家长的沟通，建立良好的家校联动机制，充分掌握学生的思想动态，方便进行及时干预，做好思想引领。

（三）教学教务工作

1. 教学改革措施

（1）丰富课程设置，完善学科结构。在扩大招生范围的同时，结合支撑院系的特色，更新学科结构和课程内容，开设具有创新性、发展性的跨学科课程。

（2）打破传统教学壁垒，在面对面授课的基础上，增强师生交互，探索多元化教学方法，如圆桌讨论、小组合作等，激发学生学术灵感和科研兴趣。

（3）优化教师评价机制，包括学生评价、同行评价等多维度评价，鼓励教师更好地投入教学中去。

2. 科研改革机制

（1）进一步加强导师制。从支撑院系选聘更多学养深厚的优秀学者担任书院导师。通过定期举办圆桌会谈、读书沙龙等活动，增进师生交流，激发学生科研兴趣，提高学生创新能力。

（2）促进课堂与科研的深度融合，借助学术化、多元化的课堂形式，以学促创，鼓励学生从课堂汲取科研灵感，实现从课堂向科研的无缝转化。

（3）加强学术科研激励。在引领学生参与各类科研竞赛与学术项目的同时，设立相应院级奖项与荣誉，提升学生的学术创新热情。

（4）大力推进数字人文建设，鼓励师生将人工智能引入传统人文研究，通过建设学科数据库、云平台等方式，实现人文学科与大数据的跨领域深度融合。

五、改革成效

（一）1 年后的成效

与支撑院系的合作加强。“一站式”学生社区运营机制逐渐成熟，在硬件方面，学生社区的设施得到了全面的升级和优化，为学生提供了更加舒适和便利的学习环境；在软件方面，引入信息化管理系统，提高了社区运营的效率和质量。导师制度进一步落实，师生之间的交流与合作加强，实现了教学相长和良性互动，使导师不仅在学术上给予学生指导，更在生活和职业规划上提供帮助，促进了学生的全面发展。学术讲座更加频繁和多样化，书院邀请众多国内外知名学者进行交流，拓宽了学生的学术视野。同时，国际交流项目持续深化，让学生有机会走出国门，体验不同文化，拓宽国际视野。学生活动的组织更加系统化和规范化，学生的自我管理能力得到了显著提升。通过参与各类社团活动和志愿服务，学生的团队协作能力和社会实践能力得到了锻炼和提高。

（二）3 年后的成效

落实生源扩招政策，丰富和拓展书院的学科结构。多元化的学科设置满足了更多学生的兴趣和需求，为社会培养了更多类型的人才。学生社区的稳定运营，促进了学生之间的交流与合作，朋辈之间的学习和生活经验的分享变得更加频繁，形成了良好的学习氛围。师生合作在科研项目和实践活动中不断深入，推动创新成果逐年攀升。学生在教师的指导下，积极参与科研活动，提升自身的研究能力，为学校的科研工作做出了贡献。交流形式日益多样化，如在线研讨会、国际会议等，拓宽了学生的国际视野，提升了其跨文化交流能力。学生通过这些平台，与世界各地的学者和学生进行交流，增强自身的竞争力。书院品牌的影响力和认可度不断强化。

（三）5 年后的成效

经过 5 年的持续努力，复合型创新人才的培养取得了显著成效。毕业生在升学和就业市场上展现出了强大的竞争力，在国内、国际范围内都得到了广泛认可。书院培养了一批具有深厚学术背景、远大理想志向和乐于服务国家重大战略的高端文科人才。书院以其卓越的教育质量和人才培养成果，成为业界认可度高的未来人文学者的摇篮。书院的教育理念和模式得到了社会的广泛认可，为高校教育改革提供了宝贵的经验和借鉴。

汉语言文学专业“本硕博”一体化
拔尖创新人才培养目标和课程体系探索

邵雯艳

当下，社会的快速发展对高等教育提出了更新更高的要求，“平而不尖”的传统教育已显颓势，研究型拔尖创新人才培养模式的探索与实践如火如荼。与此相呼应，在本科—硕士—博士的分段式人才培养模式外，在教育领域具有跨时代意义的“本硕博”一体化人才培养模式逐渐受到重视。“本硕博”一体化人才培养模式成为高校大力实施的培养拔尖创新人才的重要模式，为我国培养更多具有中国情怀、国际视野、拔尖创新和健全人格的优秀人才。该模式在尊重人才培养和人才成长规律的前提下，打通本科、硕士和博士三个阶段，将不同阶段的学习和科研有机融合，制定连贯的培养方案，统筹规划课程教学、科研实践、学制设置等，强化基础知识的学习，并因材施教，由浅入深，加强专业培养和科研训练，培养综合素质高、创新意识强、兼具坚实的学识基础和独立科研能力的拔尖创新人才。“本硕博”一体化的人才培养模式实质上是根据高等教育发展的深入性和交叉性需求，将传统分段式培养模式中的本科阶段的通识教育、专业教导、实践锻炼，硕士阶段的科研探索、问题解决，以及博士阶段的前沿创新、学术创造等进行了合理的融通。“本硕博贯通培养是近年来国内各高校培养模式创新改革的主要方向和目标，通过整合教育资源、重塑培养体系以实现高层次创新人才培养目标，其培养过程的连贯性和一体化等特征恰好符合高层次创新创业人才的培养要求和规律。”① 美国哈佛大学、杜克大学、普渡大学、宾夕法尼亚大学、麻省理工学院、康奈尔大学在部分专业已实施了本硕博贯通的培养体系。国内清华大学、武汉大学、华中科技大学、哈尔滨工业大学、北京理工大学等也先后试行本硕博连读的贯通培养机制。

传统分段式人才培养模式不利于快速培养高层次人才，不能满足社会对于高学历、年轻化拔尖创新人才的需求和对高水平科研成果产出的

① 林绍森、宋丹路、高云志等：《以本硕博贯通模式培养高层次创新创业人才》，《研究生教育研究》2003 年第 4 期，第 52 页。

需求。“本硕博”一体化贯通式格局打破了阶段性教育的壁垒，是高校人才培养模式全方位变革的必然要求与重要途径。“本硕博”一体化的人才培养模式将本科生阶段、硕士研究生阶段和博士研究生阶段当作一个整体来考虑，保证了人才培养过程的连贯性和统筹性，在宏阔和长远的视野下对学生的学习、科研与实践进行环环相扣、逐步递进的科学、合理的安排和衔接。该模式对于人才培养的高要求、长规划，能够帮助学生在夯实知识体系的基础上，提升能力素养，训练学术思维，激发科研创新；能够引导学生在较长时间周期内规划学术路径，较早进入高深的研究阶段，增强学生从事科研活动的持续性、专一性和深入性。“本硕博”一体化人才培养模式往往较早引入导师制。导师进行有针对性的指导，更能够尊重学生的个性特征，发挥个人长处，学生往往能参与导师的科研项目，获得专业、正规的学术训练，较早站在学术前沿。因此，“本硕博”一体化人才培养模式更能够催生高层次、全面发展的精英人才和高水平的科研成果。此外，“本硕博”一体化人才培养模式将本科、硕士研究生与博士研究生三个阶段整合成一体进行培养，在人才培养环节方面进行融会贯通，简化重叠环节，规避简单重复，完善和优化培养过程，使得学生在更短的学习周期内，形成更扎实和完备的知识体系，得到更全面和充分的科研锻炼，产出更丰富和更具创造性的科研成果，从而提高高层次创新型人才的培养效率，降低培养成本。

目前，国内“本硕博”一体化人才培养模式尚处于试验阶段。其中存在的诸多问题需要在理论上予以总结和反思，在实践中予以验证和纠正。苏州大学文学院汉语言文学省拔尖学生培养基地是江苏省基础学科拔尖学生培养计划汉语言文学专业仅设的三个基地之一。基地坚持“创新”和“卓越”的人才培养理念，培养掌握汉语言文学专业系统扎实的基础知识、基本理论和基本技能，具有突出的学术研究能力和开阔的国际视野的拔尖创新人才。本文以该基地采用的特殊的创新拔尖人才教育教学模式为例，来探索“本硕博”一体化人才培养模式的规划、实施和完善。

一、汉语言文学专业“本硕博”一体化人才培养目标的制定

培养目标是人才培养和教学组织活动的起点，明确培养目标，才能科学有效地组织和开展教育教学工作。“本硕博”一体化人才培养流程的实施首先在于培养目标的确立。

（一）整体目标

“本硕博”一体化人才培养的总体目标是针对当下社会发展对高层

次人才需求的结构性变化，培养掌握扎实基础知识和专业技能，具备较强的科学研究和实践创新能力，具有国际化视野和跨文化交流能力，怀有学术追求和科学精神的高素质专门人才和高层次精英型人才。该目标体现出“知识、能力、素质”多方面结合，厚基础、高层次、重创新的培养特色。根据汉语言文学专业的特点，以及苏州大学文学院的办学特点和学院所具备的人力、物力资源等具体办学条件，苏州大学文学院汉语言文学省拔尖学生培养基地“本硕博”一体化人才培养的整体目标为：面向“一带一路”建设、人类命运共同体建设、中华文化的世界传播、国家文化软实力的提升等国家需求，依托汉语言文学学科建设，发挥多学科交叉融合优势，秉承中文精英人才培养传统，弘扬中华传统文化，创新拔尖人才教育教学模式，培养以汉语言文学为志业，具有扎实文史哲理论素养和现代信息技术基础，未来能够担当中华文化传承和传播重任，推动汉语言文学学科的理论创新，推进中华文化和世界其他民族文化的交流融合，解决汉语言文学与哲学、历史学、人类学、社会学、心理学、计算机科学等学科交叉前沿问题，逐步跻身国际一流人文科学家队伍，并引领未来汉语言文学学科发展走向的领军人才。具体而言，可细分为以下四个目标。

目标1：具有正确坚定的思想观念，热爱劳动，具有宽广的人文社科知识、坚实的汉语言文学理论基础。

目标2：系统掌握科研论文写作和文献资料查阅等专业知识和技能。

目标3：具有解决汉语言文学与哲学、历史学、人类学、社会学、心理学、计算机科学等学科交叉前沿问题的能力。

目标4：具备逐步跻身国际一流人文科学家队伍，并成为引领未来汉语言文学学科发展走向的领军人才的潜质。

（二）层级目标

“本硕博”一体化人才培养模式虽然贯通了培养过程，但本科生、硕士生和博士生属于高等教育培养体系中的三个不同层级，在认知特点、知识结构、思维判断等方面存在着较大差异，需要科学制定各个层级相应的具体培养目标，培养学生不同阶段的能力，使得学生能够获得阶段性学位，同时在不间断的长期学习中，为了长远的目标而奋斗。

本科阶段是第一个层级，即基础性层级，是从中学阶段的素质教育迈向研究生阶段的专业教育的中间阶段。这一阶段的培养目标主要定位于汉语言文学理论的基本知识、基础理论的学习，注重综合素质和专业技能的培养，启发学生专业学习和写作的兴趣，锻炼从事本专业实际工作和研究工作的初步能力，为后续的培养打下坚实的基础。

硕士阶段是第二个层级，是专业教育的开始。硕士阶段的培养目标主要定位于汉语言文学知识的整合应用和实践创新能力的培养，强化知识掌握的系统性和专业性，进一步加深和拓宽知识面，开发学生探究式学术思维，训练学生运用一定理论和研究方法分析问题和解决问题，提高学生的科研论文撰写能力。

博士阶段是最高层级。博士阶段的培养目标定位于汉语言文学理论与实践前沿的深入研究与探索，形成本学科坚实宽广的基础理论和系统深入的专门知识体系，熟练掌握学术研究的技能和方法，实现学生学术能力的纵深发展，使其能够独立且创造性地从事学术研究和解决实际问题。

“本硕博”一体化人才培养模式中，本科生和硕士生、博士生的培养是连贯一体的，同时存在一定的差异性和层次性，三个层次的终极培养目标一致，每一个层次的具体培养目标由低级向高级递进，逐级提升，层层递进，相互贯通。

二、汉语言文学专业“本硕博”一体化人才培养课程体系的建构

课程体系是高等院校人才培养的主要载体，是教育理念付诸实践的重要桥梁。“本硕博”一体化人才培养模式，需要遵循以人为本的科学发展观，尊重人才的个性化成长规律，进行全局性、整体性、进阶性的统筹设计，进一步优化“通识教育、专业教育与创新创业教育相融合”的课程体系，以培养会思考、会学习、有创造力和适应未来社会变化的创新型、复合型卓越人才为目标，以提升高等院校拔尖创新人才自主培养能力为核心，建构起系统性、继承性、层次性的课程体系，推动高等教育教学模式创新。

对照“本硕博”一体化人才培养模式的新要求，高等院校目前的课程体系存在着诸多问题。例如课程设置缺乏顶层设计和系统规划，表现为本科、硕士、博士课程“各自为政”，体系割裂，孤立零碎，交叉重复，重点模糊，层次差别不明显，衔接性和贯通性不够，导致教学效率低下；课程模式固化，对学生差异性的关注不够，不能很好地适应学生个性化、多样化的成长与发展，不能根据不同层次学生的实际情况对课程内容的广度与深度进行调整，不能采用因材施教、灵活变通的教学方法。苏州大学文学院汉语言文学省拔尖学生培养基地根据“本硕博”一体化人才培养的要求，结合汉语言文学学科特点，在课程内容、教学

方法、导师制管理等方面总体统筹，实现“本硕博”不同阶段有机衔接，递进发展，构建了创新性的立体化课程体系。

（一）渐次性与贯通性的体系架构

课程内容的设置是人才培养的核心，是保障高等教育质量的关键。在“本硕博”一体化课程内容的设置中，需要注意本硕博课程学习的延续和衔接，体现本科—硕士—博士的层层推进、由浅入深、由基础到前沿的系统性课程学习过程，也需要兼顾同一学段不同课程教学内容的横向贯通，确保不同课程教学的相互配合和有机关联。公共课中的思想政治理论课和外语、体育、计算机、军事等课程按照教育部规定设置，在不同阶段有所侧重。本科阶段专业课的安排则根据培养目标，分为学科基础课程、专业核心课程和专业选修课程三大部分，包括入门性课程、提高性课程与深入性课程三大层次。学科基础课程部分开设中国古代文学、中国现代文学、外国文学、文学概论、现代汉语、古代汉语等课程。专业核心课程部分开设基础写作、马克思主义文学理论经典选读、中国现当代文学作品精讲、语言学概论、文献学基础、中国文学批评史、国学概论、文学评论写作等课程。学科基础课程和专业核心课程的重点在于汉语言文学学科的基础知识和基本理论的学习。专业选修课程分为专业限制选修课程、专业任意选修课程两类。其中，专业限制选修课程分为专业基础课、专题研讨课、创新实践课、前沿探讨课、本硕贯通课五个模块。前四个模块的课程都具有理论探究的前沿性趋向。本硕贯通课程则直接将硕士生课程向学习能力强的本科生开放。专业任意选修课程的内容更为宽泛和多样，主要是文化概论课程，如中国文化概论、中国民俗学、东方文化导论、西方文化导论、生态文艺学、文化研究导论等。专业选修课程旨在加强本科生实践创新能力的培养，使其开始初步的学术训练，为后继的硕、博阶段做好铺垫。硕士阶段课程侧重学科知识的系统学习，深化本科阶段已经学习过的内容，注重科研训练，旨在通过课程学习提高学术素养；博士阶段课程着重培养独立科研创新能力，课程内容要具有先进性、前沿性和国际性。

（二）多学科的交叉综合

跨学科的知识和方法是科研创新的关键因素。对于人文学科的拔尖创新型人才来说，只有具备兼容并包的综合思维、开阔的眼界和广博的知识，才能运用多种学科知识解决复杂问题，承担交叉性课题的研究。不同学科知识的融合有助于优化学生的知识结构、拓宽学术视野。除了通过跨学科学术讲座和多样的研究活动为学生创造跨学科沟通学习的条件外，苏州大学文学院汉语言文学省拔尖学生培养基地在课程设计中既注重知识的纵向延伸的深度，也兼顾知识的横向拓展的宽度与广度，强化学科交叉，从而更好地培养掌握多学科知识的复合型人才。基地充分利用苏州大学作为综合性大学在人文社会、自然科学等方面的教育资源优势，提出本科学生通识选修课程大于等于6学分的毕业要求，要求拔尖创新人才在精通专业知识之外，具有广泛的科学素养、文化素养和综合能力。基地在思想政治理论课程中，安排中国近现代史纲要、新中国史、改革开放史、社会主义发展史、习近平新时代中国特色社会主义思想概论等课程；在专业选修课程中，提供文学经典与电影、影视文学剧本创作、影视美学专题、大众传播学、中国美学史、中西方美学史专题、美学概论、中国戏曲史等多样化课程的选择，学生通过文学、历史学、哲学、艺术学、传播学等宽泛的交叉学科的学习，建构起多元化知识体系和综合学术素养，以激发汉语言文学学科的学术创新，为日后开展前沿性、创新性的学术研究打好基础。

（三）科研与教学的深度融合

"本硕博"一体化人才培养旨在培养学术研究型人才，科研实践的训练是"本硕博"一体化教学课程体系中必须强调的部分，科研必须和教学深度融合，实现相互促进的良性循环。必须将基础知识、专业技能、实践锻炼、科研创新作为一个有机的整体来进行规划，推进"常识性学习""理论性学习""探究性学习"的协调发展。在"本硕博"一体化人才培养模式下，苏州大学文学院汉语言文学省拔尖学生培养基地努力将科教融合的理念体现在课程体系的设计中，开展科教融合模式的课程建设与教学改革。

本科阶段的课程在注重基础知识教授的同时，也不能忽略实践性的训练，提早进行科研训练是本科生创新教育的关键，有助于促进本科与研究生阶段的衔接，削减其间的层次壁垒。在苏州大学文学院汉语言文学省拔尖学生培养基地的专业限制选修课程中，专题研讨课中的《周易》导读、《庄子》导读、《文心雕龙》研究、红学研究、鲁迅研究等，专业基础课中的中国现当代通俗文学、中国近现代小说研究、女性文学批评、新时期文学研究、中国现当代文学思潮等，前沿探讨课中的中国美学史、西方文论经典选读、中国文化典籍的对外传播等，以及本硕贯通课中的中西方美学史专题、中国现当代通俗文学研究、古典戏曲理论、新世纪文学热点研究、影视美学专题、现代中外文学关系研究等课程，都旨在强化课程内容的理论性和前沿性，改变知识信息单向传授式的传统教学模式。此外，专家系列讲座被列入专业限制选修课程。创新创业训练计划、学科竞赛等各类课外创新实践活动也与课程内容相结合，让本科生尽早参与到科研实践中，从而提升学生的学术研究能力。研究生阶段的教学在专业基础上更加突出创新性和探索性，针对研究生课程学时短、科研实践和论文写作时间长的特点，课程以培育研究能力、研究方法和实践应用为主，多设置探究性研讨和科研创新实践相结合的研讨式课程。研讨式课程中，学生在教师的引导、启发下进行发现与探究，通过对特定主题的讨论、辩论甚至争论，在思维和语言的全方位交锋与碰撞、补充与修正中，激发自主学习热情，突出主体作用，促进自主学习、独立思考，提高综合分析和解决重点、热点、难点、疑点问题的能力，提高表达观点的能力。

（四）全程导师制的个性化培养

在硕士、博士研究生的培养阶段，导师的作用至关重要。导师引领研究生开展科研创新实践，导师在治学态度、理论修养、科学精神、研究方法等方面深刻影响学生，在人格形成、道德修养等方面也起着举足轻重的作用，可以说导师是研究生培养管理的第一责任人。苏州大学文学院汉语言文学省拔尖学生培养基地在“本硕博”一体化人才培养模式中，将全程导师制引入了本科教学阶段。从本科阶段起，基地根据每位学生的特长和特点，在导师的专业背景、年龄、学历学位、职称职级等方面充分考量，精准化配备导师，建立起学生与导师的亲密联系，导师全程参与学生的个性化培养。全程导师制可以循序渐进地培养学生的科研创新能力，帮助学生长远规划学业发展。导师可以通过经常性的交流充分了解学生的具体情况，因材施教、循循善诱地培养学生的专业爱好和科研兴趣，有意识地训练学生的学术思维和创新意识，有针对性地对其专业学习和学术研究进行指导。导师帮助学生强化课堂知识的掌握，带领学生在课外参与延展式的丰富多样的科研训练和学术活动，如学术研讨、学术沙龙、学术讲座、实践考察等。在“挑战杯”全国大学生系列科技学术竞赛、“互联网+”大学生创新创业大赛等创新创业比赛中，导师可以为学生提供一对一的指导。在包括毕业论文在内的学术写作中，从文献积累、选题、研究方法选择到写作的各个环节，导师都可以提供专业指导。此外，学生从本科阶段起就可以了解导师的科研项目，甚至参与具体的课题研究工作，在对科学研究的切实体验中掌握研究方法和途径，提高创新实践能力。在以导师为核心的课题组中，本科生、硕士生、博士生可以互动交流、共同成长，形成学术共同体，打破“本硕博”教育的间隔。

三、结语

“中国语言文学学科既要充分挖掘自身办学传统，在社会主义现代化建设的新时期找准发展目标和定位，整体布局，一体化培养，不断推进高质量发展，又要以‘新文科’建设为契机，打破学科隔阂，推进交叉融合，实现优势互补，促进协同发展，从而培养一批德才兼备的创新性人才，为实现中华民族伟大复兴贡献力量。”① 汉语言文学拔尖创新人才培养在明确整体目标和层级目标的前提下，努力推进教学改革，建构纵向循序渐进、横向交叉拓展的课程体系，在教学中强化科研融合，实施全程导师制，解决传统“本硕博”三段式教学中内容重叠、断层、前沿性不足、个性化不充分等诸多问题，为有能力的学生提供“本硕博”一体化的高效人才培养方案，为科研创新提供更广阔和更高层次的平台。目前，培养目标需要与时俱进、及时修正，课程体系的设计和其他相关方面依然问题重重，如学生的选拔和动态调整机制、优秀导师队伍的建设、科学合理的考核等，更多问题需要在日后长久的改革实践中不断反思和不断解决，使“本硕博”一体化人才培养模式趋于完善。

---

① 孙梦梅：《一体化培养本硕博中国语言文学人才》，《中国社会科学报》2022 年 10 月 21 日第 6 版。

人才培养视域下文艺学学科体系中的教学目标设置

李 勇

文艺学教学活动的目标是什么？这个问题并不像如何把一个理论观点讲清楚或如何训练学生的理论思维能力这些教学方法层面的技术性问题那么简单。文艺学教学活动其实是文艺学学科体系的一个重要组成部分。教学活动关系到学科的再生产和发展方向等重大的现实和理论问题。文艺学的话语形态是通过教学实践建构起来的，因为教学实践将为未来的文艺学研究训练出一个共同体，这个共同体的话语实践就会形成文艺学的话语形态。因此，文艺学教学实践的课堂就是一个话语空间，文艺学的未来形态在这里已经萌芽，已经有文艺学未来话语形态的缩影。那么，文艺学教学活动如何建构自己的话语空间？文艺学教学活动的核心环节是教学目标的设置。因为教学活动中的目标设置直接影响未来的共同体成员对文艺学学科的认知，文艺学教学活动中建构的话语空间决定着未来文艺学的话语形态，所以文艺学话语形态的讨论应从文艺学教学目标的设置入手。

一、文艺学知识性学科话语模式的局限

学科体系是由学科制度、学科规训和学术研究组成的动态系统。学科制度包括学科管理的机构和学科再生产的机构（主要由教育体系组成），掌管着一门学科的实际运作。学科规训则是一个学科在学术研究活动中形成的一套话语规范，它是一个学科得以运行的内在机制。而学术研究则是一个学科对各种具体课题的实际探讨，既包括选题和目标的设定，也包括方法的选择及观点、成果的形成。学术研究要受学科规训的约束，同时学术研究也是在学科制度中进行的；学科内部所形成的学科规训也要符合学科制度的要求，或者说学科制度也在“管理”着学科规训，只不过这种管理是以隐蔽的方式进行的。因此学科制度在学科体系中具有举足轻重的作用。它一方面制约着学科的现实运行，另一方面也通过以教育体系为主的再生产机构决定着一个学科未来的发展。当然，学术研究中新观点和新方法的探索、新的学科规训的形成，也会对学科制度产生影响或反作用。学科体系就是在这样的互动关系中发展变化的。教学活动作为学科制度的一部分，其目标也应该在学科体系中来讨论。

目前文艺学课程的教学目标一般分为两个层面：一是知识层面，即要求学生掌握一种理论体系的基本原理，包括完整的理论框架、基本概念的内涵、基本理论观点及其分析论证的层次等；二是能力层面，即要求学生能在理论思维能力方面有所提高，可以运用某些理论观点分析作家作品或文艺现象，甚至能对某些理论问题进行思辨性论证。这两个层面的教学目标在大学中文系的教学计划中明确地显示出来。比如1998年颁布的《普通高等院校本科专业目录和专业介绍》中对于汉语言文学专业就有如下规定："业务培养目标：本专业培养具有一定的文艺理论素养和系统的汉语言文学知识，能在新闻出版部门、高校、科研机构和机关企事业单位从事文学评论、汉语言文学教学与研究工作，以及文化、宣传方面的实际工作的汉语言文学高级专门人才。业务培养要求：本专业学生主要学习汉语和中国文学方面的基本知识，受到有关理论、发展历史、研究现状等方面的系统教育和业务能力的基本训练。"① 这些目标在课堂教学实践中主要是通过四个方面的教学活动完成的：一是讲授教材的主要观点；二是在讲授这些观点的过程中加入教师自己的研究心得；三是引入一些热点的文艺现象，这样既可以引起学生的兴趣，同时也可以将教材内容与实际问题联系起来，使学生学到应用理论解决实际问题的方法；四是有计划地组织学生阅读课外参考书或组织课堂讨论，让学生自由发言，以此来充实课堂教学内容，弥补教材不足。这些教学活动都可以落实知识层面和能力层面的教学目标：讲授教材内容侧重于知识层面目标的实现，后三个方面更侧重对能力的培养。

当然，在这些具体的教学活动中，知识的传授仍然是主要的活动，后三个方面的教学活动在教学的整体计划中只是辅助性的教学方式，课时不可能太多。同时，在考试成绩仍然是教学目标实现程度的考核标准的现行教育制度中，知识性教学也是更能适应这种考核的教学方式。浙江大学文学院所做的调查也证实了这种情况。"尽管只有5.88%的教师认为教师职责主要在于向学生传授知识，其他的人都认识到应该培养学生的能力，但是在实际操作过程中，大多数的教师上课使用的方式仍然是自己讲授为主，学生课后消化，其中47.06%的教师的授课方式是重点式的，也就是说仍然是高中语文教学中那种强调知识重点的模式。"

---

① 中华人民共和国教育部高等教育司：《普通高等院校本科专业目录和专业介绍》，高等教育出版社，1998，第58页。

调查者得出结论：“可见，知识性教学，尤其是强调知识重点的教学方法，仍然是目前一些高校中文专业教学的主要手段。”① 这个判断基本上是准确的，在文艺学的教学活动中也普遍存在着这种状况。

为什么大多数教师都认识到了能力培养的重要性，但在教学活动中仍然无法摆脱知识性教学的模式？导致这种现象的原因是什么？如何摆脱这种困境？

从前文所设置的分析框架来看，导致能力培养与知识性教学之间出现矛盾的根本原因在于学科体系本身，而不仅仅是教学方法的问题。因为教学方法是由教学活动背后支配着它的学科体系决定的，教学方法的选择背后隐藏着学科背景。这些学科制度和学科规训在教学活动中直接规定着教学目标，教学方法是实现教学目标的手段。教学目标与教学方法之间的矛盾只是学科体系所存在的矛盾在教学活动中的具体表现。

二、文艺学知识性教学背后的学科体系问题

与文艺学知识性教学相关并支配着这种教学活动的学科体系是什么？就学术研究来看，主要是总结文学活动客观规律的理论范式。它的基础是把文学活动看成客观的对象；文艺学研究的方法被规定为运用科学手段分析文学对象；研究的任务被规定为发现文学对象中不以人的意志为转移的客观规律，这种客观规律被认为是唯一正确的真理；其最后成果就是一套完整严密的理论体系。就学科规训来看，这种理论范式以追求客观本质为唯一目的，并形成内部“行规”。尽管在对文艺学的历史和现状进行考察之后，看到不同的理论家所发现的规律存在着差异，但是对一个唯一正确的本质规律的追求仍然是这种理论范式的目标。而且他们的各种不同的观点也被看成追求那个本质规律的过程中的一个阶段或一个侧面。他们认为，“事物本质随着时代和历史文化的变化而变化，但在变化中一个事物仍然有其自身的规定性，这就是一个事物区别于另一事物的本质”②。总之，这种理论范式可以被概括为经验论本质主义范式，审美范式就是这种经验论本质主义范式的具体表现或一个分支。这种理论范式中的理论成果是一些可以传授的固定知识，因为他们自认为这些知识是客观的，对于每个人来说都是相同的，只不过已由前代理论家先发现了，学生只要记住这些知识就可以了。当然，他们也承

---

① 吴秀明：《大学文科人才的成长规律和教学改革与实践——以中文学科为中心的考察》，浙江大学出版社，2004，第220页。

② 童庆炳：《文学理论教程》（修订2版），高等教育出版社，2004，第6页。

认理论是可以发展的，事物也是可以变化的，但是知识只能在已有知识的基础上发展，后来者必须记住已有的知识，然后才能去进行新的探索。在这样的学科规训中，知识的传授是基本工作。由此可见，文艺学教学活动中以教师讲授的教学方法来实现传授知识的教学目标，其基础正是这种经验论本质主义范式的学科规训。

能力层面的教学目标也是由这种学科规训支配的。因为所谓的能力培养主要是指思维方法和运用能力方面的训练。在这种学科体系中，思维方法就是在分析对象、寻找规律时所使用的方法，运用能力则是将已学过的理论与方法用于客观对象的才能。这些能力都是与探索唯一正确的客观真理相一致的。学会这些方法就可发现真理，否则会产生谬误。所以培养这些能力也就是在方法上归顺于这种经验论本质主义范式。具备了这些能力的人也就会在已有的范式中去进行探索，即使发现了前人没有发现的规律，也还是范式内部的发现，或者说又向那个唯一正确的真理迈出了一步。

在学科制度方面，现行的文艺学学科制度也是支持文艺学教学目标与方法的机构化力量。这表现在三个方面：首先，国家有专门的机构管理着学科建设。学科的分类、学科项目的设定、学科点（博士点、硕士点、一级学科、二级学科等）的审定、学科成果价值的认定（评奖）等一系列与学科建设密切相关的活动都有国家专门的机构组织运作。这些运作中遵循的基本规则或标准有两条，一是符合国家的政治意识形态导向，二是符合学科的具体规训。在文艺学这门课程所属的文艺学学科中，由于占主导地位的是经验论本质主义理论范式，这种范式又正好符合强调科学性的意识形态导向，所以，这种理论范式与学科制度之间很自然地达成一致，得到了学科管理部门的认可。其次，学科制度也通过教育体制得以具体化。高等院校是目前文艺学学科建设的主要领域。国家对学科的管理在高等教育体制中是通过设定学科完成的。各所大学除了一般执行行政管理和领导职能的党政部门外，主要由院系和研究机构（如研究所、研究中心、实验室）组成，各院系又分出各学科教研室，这些学科与国家的学科分类大致吻合。例如文艺学这门课就属于文艺学学科和文艺理论教研室。这些学科组织都有自己的研究领域、研究方法。通过这些组织，学术研究受到了规范和约束，每一位研究者也都在这样的学科组织中确定了一个位置，认同了一种身份。每一项研究成果都被归属到某一个学科领域之中。现今在文艺学中占主流地位的经验论本质主义范式也正好与这种学科分类的需要相吻合。这种范式有自己的特定的对象、特定的命题、特定的方法，也有自己的边界，正好可以顺利地被纳入学科制度。最后，学科制度最终被落实在教学实践中，以维系符合社会需要的学科再生产。这种教学实践也是学科制度的一部分。具体而言，从课程设置——包括课程性质、课程在教学体系中的地位（通常以学分或学时来体现）等——到教材编写、教学大纲的编制，甚至师资培养都有相关部门进行组织安排，并通过各级教育部门进行的各种形式的教学检查与评估来执行管理。这套教学制度要求课程除了符合意识形态导向之外，还要有明确的知识要点，适合在课堂上按部就班地讲授。在文艺学领域，经验论本质主义范式也正好符合这些要求。①

尽管这个学科体系中各要素相互支撑、相互关联，形成了一个严密的构成体，但它在教学实践中仍然存在着一些实际的困难与矛盾。如果前文所说的知识传授与能力培养的矛盾还是同一个学科体系内部两个目标的主次关系如何协调的问题，可以在学科体系内部通过教学方法的调整得到解决的话（具体如何解决暂不讨论），那么，下面的问题就是单在这个学科体系内难以解决的，这些问题也是教师在教学实践中所面临的普遍问题，管理部门的人员不大可能有切身感受，也未必能认识到这些问题的重要性。这些问题是“① 文学原理的理论性与现今文化界的现实问题的脱节以及如何解决。② 多元化语境下各异的对文学艺术的看法观点（例如精神分析学）与课本中的比较正统辩证的观点的辨别、取舍和阐释。③ 如何教与学科基本的分析方法”②。第一个问题涉及的是学科知识范式与文化现实的矛盾，是在文化现实的基础上对文艺学知识范式的挑战。它揭示出课堂上讲授的那个经验论本质主义范式已不能解释当今文化现实的问题。第二个问题涉及的是这种知识范式与其他知识范式之间的矛盾，是从其他知识范式立场对课堂讲授的知识范式的反思。第三个问题涉及的是学科基本分析方法，是对学科本身

---

① 童庆炳主编的《文学理论教程》是一个明显的例子。该教材原是教育部“高等教育面向 21 世纪教学内容和课程体系改革计划”的研究成果，也是面向 21 世纪课程教材和普通高等教育“九五”规划国家重点教材（见该书修订 2 版的内容简介），它在学科制度内的地位是毋庸置疑的。这部教材的最后附有“知识点索引”，学科制度与学科规训在此高度统一。

② 这三个问题虽然是浙江大学文学院的朱首献提出来的，却是大多数教文学概论的教师所面临的共同问题。尽管各大学所选用的教材可能不同，但这些教材同属于经验论本质主义范式是可以肯定的。参见吴秀明：《大学文科人才的成长规律和教学改革与实践——以中文学科为中心的考察》，浙江大学出版社，2004，第 241 页。

的分析方法的反思，其关键点是能否用教材上的那一整套方法作为文艺学学科的基本方法，以及是否还应该存在一种比教材上的方法更基本的、可以将第二个问题中所说的其他各种不同的理论方法都涵盖其中的方法作为文艺学学科的基本方法。不难看出，这三个问题其实都有一个共同的前提，那就是把现在大学课堂中所讲授的那套知识范式作为唯一的范式已经给教学活动带来了严重困扰。这倒不是说这套知识范式中的理论知识是错误的，而是说只讲这一套知识已经无法适应现今理论的发展。

那么，是否可以以这种理论范式为主，同时吸收一点其他理论范式的新知识、新观点，再分析一些当今文化界的新现象，来补充完善这种理论范式呢？事实上，目前中国不少大学的文艺学课程都采取了这种措施，包括童庆炳主编的《文学理论教程》。但是，笔者认为这种做法并不能解决问题。这是因为，一方面，被补充进来的知识只是补充，其知识地位是次要的、辅助性的，而且在教学中也难以展开讲解，仅课时就不允许详细讲解。同时，由于有一种主导性知识为理论视角，所以这些被补充进来的知识也已先在地被这种视角所审视、筛选，结果被补充进来的知识多少都已被改写。另一方面，被补充进来的知识也还是知识，在学科制度中变成了新的考试要点。以传授知识为主的学科体系的性质并没有因为补充新内容而得到改变。同样地，学科的基本分析方法还是停留在原来的层面上，还是以经验论本质主义范式为基本分析方法。其结果仍然是知识传授与能力培养的矛盾得不到解决，学科的知识范式与现实以及其他范式的矛盾也依然存在。

三、建构多维的话语空间

如何解决教学活动中的问题及由它们所揭示的学科体系中存在的矛盾呢？由于问题是由教学活动引发的，也还要从教学活动入手来寻找解决之道。在现在占主导地位的教学模式中，教学目标是关键。由于在教学活动中传授知识是实际的教学目标（能力培养只是知识性教学的副产品或一个难以控制的目标），学科制度最终落实到这个教学目标上，学科规训和学术研究是支撑这个教学目标的学术保证，所以教学活动中的各种问题都集中在教学目标上。教学目标就成为文艺学教学问题得以解决的关键。

问题是如果不以传授知识为教学目标，那么教学目标应该是什么？笔者认为文艺学的教学目标应该是话语空间的拓展和话语秩序的建构。所谓话语空间的拓展是指在教学活动中不限于讲授一种理论，而是将各种不同的理论放入一个话语空间，使各种不同的理论互相支持或互相补充、互相对质，从而形成一个多种话语系统交织而成的空间或领域。所谓话语秩序的建构是指当各种理论被同时引入课堂教学时，它们之间应该有一定的秩序或关系规则，以避免不同理论、视角及价值立场所带来的混乱与纽结。这种新的教学目标是以三个方面的因素为基本前提的：首先是理论话语，话语是指语言系统的实际使用所形成的语言实践。课堂教学就是一种话语活动，是一种语言实践。各种不同的理论体系也是话语活动，因为它们也是对语言系统的运用，并且形成了特定的使用规范。教师的课堂教学活动并不是在课堂上讲授一种理论观念，而是在使用一套语言系统进行语言实践，各种不同的理论话语在此都变成了课堂语言活动的组成部分。其次是对理论本身的反思。文学理论也是一种理论，而理论就是对常识的挑战，它总是要不断超越已有的边界。[①] 因此，任何一种理论都不足以成为唯一的理论，理论必然是多种理论话语交织而成的。最后是各不同的理论话语之间的关系，即对话。任何一种话语体系都不能凌驾于其他话语之上，各话语体系在互相对话中互相推动，共同促进文艺学的繁荣与发展。这种对话关系就必然要求在各理论话语之间构建平等互动的秩序。

那么这种新的教学目标比已有的教学目标优越吗？它能解决已有的教学目标所产生的那些问题吗？笔者的回答是肯定的。首先，从教学实践而言，已有的教学目标中知识传授和能力培养不平衡的问题在新的教学目标中得到了解决。因为在新的教学目标中，理论知识已经被话语体系所取代。在教学活动中，教师不是要讲授各不同理论体系的观点和知识，而是要训练学生掌握理论话语。其结果，不是让学生记住知识要点，而是让学生学会使用理论话语。学生只有掌握了一套理论话语，才能将已有的教学目标中的能力培养真正地落到实处。这样，能力培养才能真正成为教学的主要目标而得以实现，而非只是知识传授的副产品。其次，教学活动中所面临的实际问题也将得到解决。如前所述，文艺学教学活动中普遍存在着三个问题：理论与文化实际脱节、教材理论体系

---

① 乔纳森·卡勒总结了“理论”的四个特点：“1. 理论是跨学科的——是一种具有超出某一原始学科的作用的话语。2. 理论是分析和话语——它试图找出我们称为性，或语言，或文字，或意义，或主体中包含了些什么。3. 理论是对常识的批评，是对被认定为自然的观念的批评。4. 理论具有反射性，是关于思维的思维，我们用它向文学和其他话语实践中创造意义的范畴提出质疑。”参见乔纳森·卡勒：《当代学术入门：文学理论》，李平译，辽宁教育出版社，1998，第 16 页。

与其他理论体系不相融，以及学科基本分析方法难以传授。新的教学目标拓展了话语空间，将各种理论体系包容于其中，同时各不同的理论话语的拓展也必然直接面对各种新的文化实践，将它们作为理论话语空间拓展的动力和资源，各种新的文化实践可以顺利且及时地进入理论话语空间。由于新的教学目标以对话互动作为建构话语秩序的原则，因此，学科的基本分析方法也可以在此基础上被确定：融合各种理论话语以分析解决实际问题，突破已有的理论界限，在使用理论话语的话语实践中推动理论话语的发展。再次，在学科体系当中，新的教学目标也涉及学术研究的变革。如前所述，以知识传授与能力培养为教学目标的教学实践是以经验论本质主义范式为理论基础的，其背后是将对象作为客体进行科学研究并总结客观规律的一整套研究方法。新的教学目标所采用的是后结构主义的理论基础，反对寻找唯一正确的永恒不变的本质，认为所有的对象都是话语建构，对象在不同的话语系统中会具有不同的含义。这就会使文艺学的研究范式发生转型。从次，各种不同的话语从不同的角度对对象的论述都有合理性，应该平等对待。这是新的教学目标在学科规训方面所带来的变革。这样的学科规训尊重不同的理论话语所进行的论述，并不确定一个占主导地位的理论话语去统领其他话语，更不因为其他话语与“主导”话语存在差异就排斥它们。这样的学科规训建立起了话语平等。最后，在学科制度方面，新的教学目标呼吁建立更加开放的学科管理和再生产体制。在管理上放宽学科的界限，增强学科互动；在知识生产方面，鼓励学科的创新，将学科机构的控制功能转化为组织功能，发挥教学活动中话语主体的能动性。新的教学目标希望建立的学科制度是以学科互动为主要特征的后学科体制。这种体制不仅为教学实践提供更多的创造性空间，也为整个学科体系摆脱僵化的经验论本质主义范式带来希望。

总之，教学目标的设定不仅是教学实践中的关键环节，也是学科体系中的重要问题。不同的学科体系设定了不同的教学目标，反过来，教学目标的更新，也会引起学科体系的变化，或者依靠学科体系的变化。在文艺学学科中，由于理论话语本身一直处于变动之中，突破边界是理论的本性，所以文艺学教学中一方面一直存在着理论话语与陈旧的学科体系——教学实践是其实际体现——的矛盾，另一方面教学实践也会成为学科体系变革的实际突破口，教学目标的重新设定也就成为变革学科体系的关键。当然变革的理论源泉来自文艺学话语体系的创新，但是教学活动中凸显出来的陈旧体系与新的理论话语和文化实践的矛盾则是变革学科体系的导火索。因为学科体系中，教学实践是最基础的层面和学科体系的集中体现。教学实践活动变化了，学科体系才会改变。教学目标的重新设定对于学科体系的改变则是具有推动作用的，而学科体系的变化就会带来话语形态的变化。

“信息化”视域下的大学“新文科”教育教学建设

张学谦

一、“信息化”与“新文科”

互联网教育资源的高速信息化、平台化对大学教育产生了不可磨灭的影响，深刻影响着教育未来的发展。当下的大学文科教育开始不断依靠网络平台的各类教育资源，将其作为日常授课的重要组成部分。同时，传统的文科面授式教学又在当代有所发展。因此，文科教学开始逐渐呈现出与以往不同的教学形式。

文科教育通常以人类、人类社会为研究对象，其知识的传承往往通过大学师生之间的直接性互动来完成。此外，由于考察的方式也大都以知识的主讲者为核心，因此学生的知识、观念在相当长的一段时间内只会受到教师的影响，并逐步养成文科的专业化知识。当下，文科教学由于学校教育改革或者课程安排的需要，往往会放弃直接性互动，转而依靠互联网的教育资源。除了教师的网络直播课程，大量网络课程资源也在教学中得到使用。同时，由于网络的大数据推广推荐机制的存在，学生在使用互联网的时候会接收到更多的非课程教师的教学资源的推送，有机会接触到更加广泛的知识体系。可以说，当代“信息化”的网络教学使文科的大学教学在内容上发生了深刻的变化。

随着互联网平台各类网站的教育资源的不断涌现，以及专业课程网站平台的日趋完善，大学文科教育在当下，开始转变为网络教学与线下教学并行的状态。这种大学文科的新式教学状态为大学文科教育的改革提供重要的契机，线上与线下并行的综合式文科教学方式为当前大学积极推进的“新文科”建设提供了一条可资借鉴的实践途径，并且将更为深远地影响以后的大学文科教学形式。

所谓“新文科”目前至少包含两个维度，这两个维度又恰好与当下的文科教学有着明显的适应性与可扩展性。

首先，“新文科”教育在传统文科教育以人文精神为教学核心的基础上，进一步强调了“文科作为重要的社会创新生产力要素和‘有用’

文化资本的功用”①。近年来，文化产业彰显出巨大的潜能，影视、动漫、游戏、文创等成为当前重要的经济活动与人文活动。在此背景下，“新文科”正式强调文科教育应重视应用，通过线上教学的形式，有效推动文化产业等一系列社会生产要素进入文科教学。数据的推送及多形式的文化传达，能够使文科知识更加迅速地与产业要素有效结合，从而使文科走出发展的“孤岛”，与社会融合共创，成为智能社会的创新型文科。

其次，“新文科”教育的人才培养需求呼唤以文科知识为基础的跨学科新型人才。以人文知识体系作为社会生产要素，并将其作为教育重点之一的“新文科”教育，必然更加注重学生跨学科的学术想象力与创新创意能力，因此在教育教学中强调学科交叉、文理交叉的培养过程。过去文科专业的师资力量具有专业性，但是往往缺乏跨学科性，尤其是缺乏文理交叉的能力。近年来普遍使用的基于网站直播与其他网络教学资源的教学方式，使学生有机会、有兴趣、有时间自主地接触交叉性学科，尤其是文理的交叉。

在当代“信息化”教学整合的背景下，大学文科的教育教学正可以抓紧线上与线下并行的教学契机，推动大学“新文科”教育的建设，从而培养出更具综合能力、更符合社会需求的文科人才。

二、“信息化”语境下的“新文科”建设的实践途径

在当代“信息化”的情境下，大学文科教育面临着一系列挑战，这同时也是大学“新文科”建设的重要契机。如何顺应时代发展潮流，满足多元化学习需求，提出和设计一系列加快推进文科教育的教学方式，并以“新文科”教育建设为基础，服务社会经济发展，构建更加开放、包容、规范的“新文科”教学途径，是“信息化”语境下的重要命题。

“信息化”语境下的“新文科”教学实践需要更加重视思想道德教育与专业教育相融合。习近平总书记在全国高校思想政治工作会议上强调，应把思想政治工作贯穿教育教学全过程，努力开创我国高等教育事业发展新局面。互联网各类高度聚合的教育资源及其他相关知识可谓鱼龙混杂、泥沙俱下，因此“新文科”教学实践更应将思想政治工作贯穿教育教学的全过程，引导学生理解和掌握专业人才培养的定位要求，

① 陈跃红：《新文科：智能时代的人文处境与历史机遇》，《探索与争鸣》2020 年第 1 期，第 11 页。

树立在中国特色社会主义建设中奋发有为的坚定信念。在此基础上，“新文科”教学实践应以多元化的教学体系为手段，引导学生敬业爱岗、敢于担当，培养学生勤于思考、勇于钻研的科学素养和创新精神。

“信息化”语境下的“新文科”教学实践更需要注重线上与线下教学的有机结合，注重互联网资料库的建设与使用。把当代互联网数字技术融入新文科教学，是培养人才核心能力的重要实践途径。互联网数字技术可以通过两种方式融入课程教学：一是在专业课程中嵌入互联网数字技术内容，即在教学实践中采取线上教学与线下教学同步的形式。单纯的线上教学使教师与学生之间缺乏直接互动，尤其缺乏情感沟通，此外教师也难以直接有效地获得教学反馈，因此仅使用线上教学并不是合理的互联网数字技术的键入形式。应当将线下教育与线上教学有机结合，以线下教专业、线上做扩展的教学方式，推动学生在学习文科专业知识的同时，进一步拓展知识体系，从而实现学科交叉、文理交叉的人才培养的可能。二是在课程体系中引入互联网数字技术课程，即以教师为主体积极地组建、开发文科课程教学资料库。互联网平台具有丰富多样的教学资源，网络平台具有一定推送能力，学生也可以通过搜索引擎找到有关的线上课程教学视频、电子教材、题库等。但是互联网平台也存在问题，一方面，在大数据环境下，网站平台的推送往往会产生“杀熟”效应，即以浏览者的浏览兴趣为核心进行推送，这样可能导致学生的资源选择被技术性地窄化，从而无法充分利用网络数据资源；另一方面，当前的网上资料过于分散、零碎、参差不齐、真假难辨，与学校的课程安排也并不完全匹配，纯粹由学生依靠兴趣或者采取自主学习的方式来使用这种资源，不但可能过于浪费学生的精力与时间，同时错误的信息与知识也有可能导致实际教学中产生不必要的困难，从而影响学生的学习。因此，在建构线上教学与线下教学有机结合时，教师应当更加熟悉互联网数字技术，并对可搜索的网上教学资源进行技术性的筛选和整理，建立相应数据资料平台或资料站供学生使用，使之能够与线上线下的教学课程相匹配。线上线下教学的结合与数字技术的应用，能够促进学生在学习文科知识的同时，实现知识体系的多样化，进而达到学科交叉、文理交叉的“新文科”教育教学要求。

“信息化”语境下的“新文科”教学需要建构更加多样的教学评价机制。在教学中引入互联网数字技术，势必对“新文科”教学过程中的效果评价机制提出新的要求。中国大学 MOOC（慕课）平台提供的课后回馈系统，使在教学过程中实现课后回馈的动态学情分析成为可能。

不论是以往的线下教学，还是单纯的线上教学，都不可避免地将教学的评价方式集中在各种形式的作业与考试之上，无法有效地形成动态的学情反馈，从而影响学生在跨学科学习过程中对知识掌握情况的研判。“新文科”教学实践以互联网技术为基础，以网络平台为中心，辅之以教师的有效教学规划，在课下自主实践报告、学术前沿探索等教学形式中，利用平台的技术支持，形成教学过程中的多次反馈，从而帮助教师掌握学生的动态学情，并利用网站的数据分析系统，合理规划、调整学生的线上学习过程，进而促进学生在多专业领域的知识掌握。

三、从“信息化”到“新文科”的常态建设

如今大学的“新文科”建设已经成为文科人才培养及学科内涵发展的必然要求，这就要求大学文科教学要以提高人才综合素养为目标，从“大文科、新学科、融方法、跨专业、特色化”[①] 五个方面开展“新文科”的具体建设与规划。因此，文科的教学实践也必然需要做出相应的改革。

当代移动互联网的高速发展与网络教学资源的高速增加与聚合，尽管对传统的文科教学提出了很大的挑战，很多知识不再是教师独占的资源，而成为公开的内容，但是这也为大学“新文科”建设，尤其是教学实践提供了更多的可能性与实践契机。可以说，在“信息化”语境下逐步形成的“新文科”教学实践形式，其以信息化时代特征为基本出发点，利用现代科技，改变传统书本课堂教学模式，改变教师角色，利用互联网、慕课、微课等手段开展多模态教学，同时线上线下结合、动态学情反馈分析等教学实践形式并不会随之消失，而是会进一步成为助力“新文科”建设的重要实践经验。

① 安丰存、王铭玉：《新文科建设的本质、地位及体系》，《学术交流》2019 年第 11 期，第 14 页。

中国现当代文学教学中研究型人才培养问题谈议

张 蕾

在高等教育教学改革中，文学教学应该保有其学科支撑点，这是不容忽视的问题，中国现当代文学教学也应在变革之时有所持重。把教学有意识地向研究型方向靠拢，在本科教育中注意培养研究型人才，是保持中国现当代文学特有价值和教育意义的有效途径。而研究能力的培养正是高等教育的重要目标。研究型人才的培养方法值得被认真探讨，这有助于传达中国现当代文学的真精神，有助于塑造青年学生独立正直的人格，也有助于高等教育教学的改革和发展。

一、文学教学改革的支撑点

高等教育教学改革是近年来受人关注的一个话题，特别是对于大学的一些基础专业来说，如何改革自身以适应当今社会的发展需求，显得较为迫切。“中国现当代文学”是大学中文系的基础课程，也是一门并不年轻的学科。20 世纪 20 年代开始，我国就有关于这门学科的相关研究。1950 年 5 月制定的《高等学校文法两学院各系课程草案》规定中文系的必修课程之一为“中国新文学史”，也就是延续发展至今的“中国现当代文学史”。随着时代的变迁，如今中国现当代文学课程的教学改革引起了专业人士的关注。

不少研究者就时下社会氛围中的现当代文学的教学问题发表意见，并达成基本共识：“原有专业性很强的现当代文学教学，其教学理念必须要有相应的变化和调整。”① 具体来说，在教学过程中可以“淡化‘史’的线索，突出作家作品与文学现象的分析”，“把文学感受与分析能力的培养放到重要位置”。② “强调沟通文学与人生之关系，其意义不只在文学，也在于当今社会的发展和进步。”③ 2003 年 9 月《北京大学

---

① 何言宏：《关于中国现当代文学教学专业性问题的反思》，《江海学刊》2006 年第 3 期，第 205 页。

② 温儒敏：《现代文学课程教学如何适应时代变革》，《北京大学学报（哲学社会科学版）》2003 年第 5 期，第 20 页。

③ 张全之：《改革开放 30 年来中国现代文学史教学研究和实践的反思》，《中国现代文学研究丛刊》2009 年第 3 期，第 40 页。

学报（哲学社会科学版）》推出“中国现当代文学课程教学改革笔谈”，2006 年 3 月《江海学刊》也刊出“中国现当代文学教学问题（笔谈）”，这类聚焦性质的文章编排，不仅引导了人们的视点，也显示出中国现当代文学教学改革的紧要性。

面对文学的边缘化，面对教学资源配置的压缩，教学观念和实践的相应变化在所难免。可就在这种呼吁变化的普遍热情中，不能就此失去文学教育的支撑点，变中总还有不变的东西，这是文学教育之所以成为文学教育的根本。已有学者指出：“文学如果说有所谓的永恒的价值，当正在于……对永久性的精神的重建。”① 文学教育并非一项急功近利的事业，它的成果不在于物质的生产，而在于对人特别是青年一代的精神与心灵的培育和滋养。在某种意义上，文学教育要比纯粹的思想教育更能感人至深，给人以深远影响。中国现当代文学在这方面的教育意义是重大的，因为这门学科本身就与个人精神自由的养成和国家民族的复兴紧密联系，不是一门无关要旨的学科。

所以，在时下高校教学改革的声势中，大学中文系的中国现当代文学课程的教学应当在变革之时有所持重，不是用反调来造效应，而是以警示来求权衡。

二、把研究作为高等教育的一项目标

在改革过程中如何保持中国现当代文学这门课程特有的价值和教育意义，有多种可行的方案。例如扩展文学教学的维度，加深学生对现当代文学所处时代语境的认识和体会，从整体上把握中国现当代文学的精神传统等，其中把教学有意识地向研究型方向靠拢，在本科教育中注意培养研究型人才，不失为有效的途径。

把研究意识融汇到本科教育中，并不是一项高要求，高等教育的目标本身就含有这一层意思。《中华人民共和国高等教育法》规定：“本科教育应当使学生比较系统地掌握本学科、专业必需的基础理论、基本知识，掌握本专业必要的基本技能、方法和相关知识，具有从事本专业实际工作和研究工作的初步能力。”具有从事研究工作的初步能力是本科阶段应该完成的培养目标。文科教育总体上属于基础型而非应用型教育，注重学生对基础理论和知识的掌握，并以此获得一定的能力。能力应当包括对知识理论的吸纳、整理、延展和再创造，即初步研究的能力。

---

① 吴晓东：《我们需要怎样的文学教育》，《北京大学学报（哲学社会科学版）》2003 年第 5 期，第 27 页。

高等教育把研究能力纳入培养的目标计划，是有着宝贵的经验传统的，这一经验传统可以追溯到五四运动。民国初年，在现代大学初步建制的过程中，蔡元培就任北京大学校长一事意义重大。这不光在于蔡元培任职期间，北京大学的学生参与甚至领导了五四运动，更在于蔡元培对北京大学的一系列改革影响深远。作为教育家的蔡元培把自己的大学教育理念切实贯彻到了教学培养方案中，造就了北京大学的辉煌，也革新了中国高等教育的面貌。1925 年在《中国现代大学观念及教育趋向》一文中，蔡元培说，现代大学的“目标，不仅在于培养人们的实际工作能力，还在于培养人们在各种知识领域中作进一步深入研究的能力”①。研究能力与实际工作能力被一起作为大学教育的目标列入正题，其中研究能力为蔡元培所特别强调，这一点在蔡元培就任北京大学校长的第一次演说中就明确表达出来。五四运动期间，蔡元培回北京大学复职前又发文强调，专研学术乃学生救国之途径，这一方面是为救护学生，另一方面也依然是为贯彻他的大学教育理念。

北京大学在蔡元培的主持下引领了中国高等教育的革新与发展。大学作为研究学问，传承、创新文化的机构从此在社会中占据了不可替代的位置。当时人在总结现代大学的任务时即把“研究”放在首位，认为：“大学既以智慧的创获，为最高的理想，当然就以研究为其最高任务。”② 大学里的研究不单是教师的职业行为，也是学生的学习行为，两者共同造就了大学纯净的学术氛围，是大学行使其独立的文化职能的保证。大学教师要从事研究工作是人所共识的，此处强调的是学生的学习研究能力，大学应该注重对学生研究能力的培养，而不是仅仅限于实利化教学。当今高等教育很大程度上没有做到这一点。

在教学中融入研究意识，培养研究型人才，一方面可以使学生对知识学问产生一种崇敬感，另一方面也是就目前本科生的毕业去向问题做出的应对。不能说攻读研究生就是为了更好地就业，对于很大一部分学生来说，读研是出于对本专业的浓厚兴趣，想要继续他们本科阶段意犹未尽的学业。中文系的学生属于这种情况的居多，这与中文专业本身经久不衰的魅力相关。文学的理想和信念存在于很多青年热情的心中，成为他们生活的支撑。中国现当代文学作为现代民族国家的寓言，对青年人特别是选择中文专业的年轻学生富有无比的吸引力。在教学过程中引

---

① 蔡元培：《中国现代学术经典：蔡元培卷》，河北教育出版社，1996，第 322 页。

② 孟宪承：《一千种大学教育》，商务印书馆，1933，第 6 页。

发学生对这门课的研究兴趣，既为他们继续深造奠定基础，同时也能切实保有和传递中国现当代文学这门课程的真义。

三、研究型人才的培养方法

在中国现当代文学课程的教学中，如何融入研究意识，达成高等教育目标，是值得好好探讨的问题。这里所谈到的方法只是实践性的尝试，需要更多经验证实与交流回馈。而任何一种方法都不会是解决问题的唯一门径，更何况在教学这样活泼生动的领域，教师个性与学生特点都是变化因素，教学方法也应有针对性地不断调整。

就目前中文系的课程设置来说，中国现当代文学作为一门重要的专业基础课，一般放在大学一、二年级开设。年轻的大学生对于这门课程的兴趣一方面来自他们中学时期的阅读积累，另一方面则来自大学教学所带来的新鲜感受。以新的眼光、态度和方法来讲述那些他们知道的作家，例如鲁迅、巴金、朱自清等，能使他们得到与中学时期不同的体会，从而产生一种重新阅读和深入了解的兴趣。把那些他们不太知道的作家，例如五四运动时期的许地山，20 世纪三四十年代的萧军、萧红，当代作家张承志等，纳入文学史语境，讲解他们与所知作家之间的联系，讲解作家作品的文学价值和文学史意义，同样能传递新鲜感受，引起学生阅读乃至初步研究的兴味。

以作家作品带动文学史的讲授和以文学史带动作家作品的讲授，不应是舍彼取此的选择。把两者协调好，由具体教学内容来确定以史论为主还是作家作品居重，才是合理的教学规划。对于一、二年级的大学生来说，中国现当代文学课不只是让他们认识一些作家、阅读一些作品，更是让他们对中国现当代文学有一种整体感受，体验其间的精神传统，进而养成思考问题的能力、反省自我的意识和观察世界的眼光，这都是研究型人才所要具备的素质。

与授课听讲相联系的是写作训练。而写作也是讨论中国现当代文学教学时一个具有争议性的问题。有论者指出："迫使学生生产出大量的明显不具备应有的学术质量的所谓'论文'，使他们在大学本科阶段就厕身于'泡沫学术'的生产之中，而这些'论文'的轻易过关，更是不利于养成专心致志、潜心问学的学术品格和实事求是、扎实严谨的优良学风，毫无疑问，这仍然是一种相当严重的学术失德。"① 无可否认，

① 何言宏：《关于中国现当代文学教学专业性问题的反思》，《江海学刊》2006 年第 3 期，第 204 页。

多数大学生所写的以作业、毕业论文等形式呈现的文章与严谨的高质量的学术论文相比存在相当差距，这是由学生的阅历、能力所决定的，不可强求大学生达到相当程度的科研水平，可也不能因此取消学生作文的机会。把每次作文当成一种学习经验的积累，在习作中慢慢体会学术研究的不易及个中滋味，了解做学问这门事业，才是适当态度。

在具体指导学生作文时，以高质量的学术论文作为衡量标准当然要求过高，但也不能让学生放任自流、率性而为。学生作文必须严格遵守学术规范，并学会运用一些基本的研究方法，这样才算初步学会了如何写文章。换言之，学生必须首先摆正态度，才能进入写作实践。端正的态度是学术研究的基本要求。

教师可以在教学中为一些对中国现当代文学感兴趣并表现出研究热情的学生给予积极指导。中国现当代文学课应该是一门互动的课，教师讲授和学生参与可以相得益彰。学生在课堂上的反应回馈既能帮助教师调整教学理路，也可以帮助教师了解学生，了解学生对这门课的关注所在。对于选择专业选修课的学生，应增加他们对中国现当代文学专题内容的认识深度，适当以讨论形式引导学生对某一问题的思考，初步营造一种研究氛围。一些高校院系，例如苏州大学文学院，利用课余时间定期组织大学生参与学术交流研讨活动，给他们自由空间来选择讨论话题，整理成文，主讲发言，使他们真切体验到从查阅资料、选取问题、写作论证到发表成果的研究过程，感受其中的快乐，培养学术研究的基本能力。

在中国现当代文学教学中，培养研究型人才，目的并不一定就是考研。认真踏实的问学有助于青年学生体验中国现当代文学的真精神，塑造独立正直的人格，更好地读书、工作和生活。这应该是讲授中国现当代文学的目的，也是高等教育教学改革发展的诉求。

通俗文学进入中国现当代文学教学与研究型人才的培养探索

张　蕾

中国现当代通俗文学是中国现当代文学的重要构成部分，其研究成果对现当代文学整体格局产生了重要影响，也带来了文学史教材的更新。然而目前的中国现当代文学教学在整体上缺少通俗文学内容，原因除了教师专业知识体系不完善、对通俗文学存在偏见外，课堂教学改革的付诸实践更是关键。通俗文学进入现当代文学教学，一方面需要丰富专业基础课内容，另一方面应开设相应的专业选修课。在选修课上突出通俗文学教学的专业特征，注意研究型人才的培养，可为完成大学教学中培养学生初步研究能力的目标提供途径。

一

“中国现当代文学”是大学中文专业的基础课程，长期以来形成了一套较为规范的教学模式，在教学内容和教学方法上都有丰富的经验积累。但随着学科的发展，有必要对被引为“规范”的教学模式进行相应调整，以容纳被学界普遍接受的新观点、新成果，从而保证中国现当代文学教学的活力和学养的传承。

近年来，中国现当代通俗文学研究成果卓著，学界已然达成共识，即通俗文学是中国现当代文学重要的构成部分。通俗文学研究取得的成果对现当代文学整体格局主要产生了两方面影响：其一，中国现当代文学史的起始时间被向前移动，1917 年胡适的《文学改良刍议》和陈独秀的《文学革命论》是新文学开始的标志，但并不等于说中国现当代文学即从这里起始。清末民初文学也被纳入了中国现当代文学的视野。通俗文学研究梳理了这一时期的文学史料，使其价值得以显现。这一方面的成果呼应了 1985 年提出的“二十世纪中国文学”概念，把“由 19 世纪末 20 世纪初开始的、至今仍在继续的”文学作为一个“进程”看待。[①] 其二，中国现当代文学由此包含了更多重要的作家作品和生动的

---

① 钱理群、黄子平、陈平原：《二十世纪中国文学三人谈 · 漫说文化》，北京大学出版社，2004，第 11 页。

文学现象，雅俗文学比翼齐飞、交汇融和，新文学独占文学史的局面被打破了。“现在，许多现代文学史的研究者都承认新文学与通俗文学不是敌对关系，而是互补关系。”① 文学史的疆域被拓展开来，通俗文学起到很显著的带动作用，它与海外华文文学、翻译文学等一道参与了中国现当代文学的整体建设。如今审视中国现当代文学时都会考量到这些方面，这已成为20世纪80年代“重写文学史”呼吁之后学界出现的最大收获之一。

学术研究的成果带来了教材的更新。目前大学较通用的中国现当代文学史教材都有专门章节谈论通俗文学。这是20世纪80年代及之前的教材所不曾有的内容。例如作为“普通高等教育‘九五’教育部重点教材”的《中国现代文学三十年》（钱理群、温儒敏、吴福辉著）共分三编，每编用一章介绍通俗文学在不同历史时期的发展情况和作家的创作成绩。“十五”国家级规划教材《中国现代文学史1917—2000》（朱栋霖、朱晓进、龙泉明主编）也用专门章节介绍了通俗小说的成就。同时，这些教材还适当述及了文学革命发生之前的文坛状况，把清末民初文学转型的历程也纳入了教材的编撰范围。文学史教材对通俗文学的认可使得通俗文学成为教学过程中的一项重要内容。

教材的变化理应使教学实践也随之重构。教材编撰在很大程度上也是由教学发展需要决定的。然而目前中国现当代文学教学整体上滞后于教材，教材新的格局、新的视野和新的观念并没有在教学中得到很好的贯彻。通俗作家作品的介绍、通俗文学现象和通俗化运动的解说，以至于清末民初文坛面貌的概述，都很少被中国现当代文学教学注意到。教学和教材不适应，教学和学术研究分离，成为目前中国现当代文学教学中存在的一个值得重视的问题。

二

中国现当代文学教学中缺少通俗文学内容，除了历来形成的文学史偏见一时不容易改变外，对教师来说，文学史知识掌握不全也是一个重要原因。教师不可能在从事教学之初就完全掌握文学史知识，随着研究的拓展深入，其文学史知识在不断增进并更加清晰化，文学观念也会因之逐渐得到调整。通俗文学研究经历了从20世纪80年代起步到现今成型的一个并不很长的过程，属于中国现当代文学研究中比较年轻的领域。研究乃至了解通俗文学的专业人员不是很多，所以要在课堂上讲授

---

① 范伯群：《多元共生的中国文学的现代化历程》，复旦大学出版社，2009，第91页。

通俗文学，教师首先需要填补自身的知识体系。大学课堂是自由活跃的，不少教师利用这点，偏向讲授自己颇有心得的内容，相对忽略了知识体系的传授。可是中国现当代文学课属于大学汉语言文学专业的基础课，基础课要求使学生能基本了解和掌握专业概况，只作带有偏向性的讲解不能达到基础课的教学要求。为此，教师应当补足与丰富自身的专业知识体系，使基础课的讲授达到预期目的。

就学生方面来讲，掌握鲁迅、郭沫若的创作成就似乎比阅读张恨水、平江不肖生的作品更能显示专业品位。大学人才的培养需要站在较高的立足点上，而通俗文学仿佛与“较高的立足点”相违逆。这一偏见致使学生的学习选择出现偏向。须知，文学不因雅俗之分而存在高下之别。倾向性的学习阅读不利于学生全面掌握中国现当代文学的专业知识体系。

另外，课时限制使得教学只能“突出重点”。和以前相比，“现代文学的课时已经大为减少”，“在中文系的 7 门基础课中，现代文学的课时是减少幅度最多的”。① 课时减少，势必压缩教学内容。以往的中国现当代文学课就是讲授新文学史，课时减少了，新文学史已不能得到详细讲解，更何况还要带入通俗文学内容，这是一件不太容易的事。

通俗文学要进入中国现当代文学教学，除了教师需要补充专业知识、改变教学观念和对通俗文学的偏见外，课堂教学实践更是关键环节。教学改革是近些年来为高等教育所强调的一项重要工作。教学内容、方法、格局等方面的改革需要具体的教学实践来支持，中国现当代文学理应成为高校教学改革的参与者和推动者。通俗文学进入中国现当代文学教学亦是改革的一种实践。

根据通俗文学研究成果对中国现当代文学整体格局产生的影响，中国现当代文学教学革新也可以从两方面着手：一是适当增加对于清末民初文学的讲解，二是把通俗作家作品纳入文学史的讲解过程。增加清末民初文学的讲解既可以使新文学和近代文学抑或古代文学有一个衔接，也可以对文学的现代转型作大致交代，在新文学产生之前，文学界的观念和创作实践已呈现出了新气象。把通俗作家作品纳入文学史，不仅因为张恨水等作家的创作成就是文学史不能忽略的，还因为对一些文学现象的解释必须顾及通俗文学才可讲述明白。例如《文学研究会宣言》

---

① 温儒敏：《现代文学基础课教学的几点体会》，《中国现代文学研究丛刊》2006 年第 3 期，第 263 页。

指出："将文艺当做高兴时的游戏或失意时的消遣的时候，现在已经过去了。"这个宣言"是新文学对通俗文学的公开挑战和对垒"①。如果不谈通俗文学，那么对文学研究会这一文学团体的解释便不能完全。可以说，通俗文学既丰富了现代文坛，也促动了中国现当代文学的发展。

三

考虑到中国现当代文学基础课的学时限制，通俗文学的讲解势必不能展开。进一步的学习可以通过选修课来补充，开设通俗文学专业选修课是通俗文学进入中国现当代文学教学的有效途径。

通俗文学如何界定？有哪些类型？代表作家作品有哪些？写作特点是什么？现当代通俗文学为什么和传统文学与文化联系紧密？它和新文学的关系怎样……这些问题都可以在专业选修课上展开讲解。特别是通俗文学的市场机制是一个很有意思的问题。通俗文学占有当时最大的读者市场，这不仅因为相关作品讲述了很多生动的市井故事，还和其写作和发表的情况密切相关。了解通俗文学，可以了解通俗文化的生产形态，了解普通市民的文化社会生活。这样，文学教学就不再局限于文学文本，而可以把眼光投向社会空间。文学和现实的联系在通俗文学教学中能得到很好的阐发，文学教学的现实意义也就有了一种解释的依据。这是单纯的中国现当代文学教学所不易达成的效果。

选择专业选修课的学生一般都对所选科目怀有兴趣。通俗文学教学中由文学投向社会现实的眼光对于学生学习兴趣的引导和思想观念的养成是有所助益的。有了兴趣自然会产生研究的愿望。开设选修课的目标之一就是使大学生能初窥学问研究的门径。研究学问本是大学教育的应有之义。现代教育大家蔡元培曾说，现代大学的"目标，不仅在于培养人们的实际工作能力，还在于培养人们在各种知识领域中作进一步深入研究的能力"。《中华人民共和国高等教育法》亦规定本科教育应当使学生"具有从事本专业实际工作和研究工作的初步能力"。研究能力的培养在目前大学的专业基础课教学中并不能得到很好贯彻。专业基础课教学偏重专业知识的传授，现在多数大学生学习专业基础课也只为了解专业，甚至凑学分，要想引发他们的研究兴趣并不容易。专业选修课的开设给学生提供了选择学习的机会，通过专业选修课来完成大学教学中研究型人才的培养工作是可行的。

---

① 朱栋霖、朱晓进、龙泉明：《中国现代文学史 1917—2000（上）》，北京大学出版社，2007，第 295 页。

就通俗文学教学而言，中国现当代文学基础课上的讲解只是一个介绍，专业选修课上可深入展开。通俗文学进入中国现当代文学教学，原本就是学术研究的结果，具有较强的专业性。通过教学来了解学术研究成果，培养研究兴趣，是和通俗文学的专业性特征相契合的。由于目前从事通俗文学研究的专业人员在中国现当代文学学科研究中所占比例不大，这就需要有更多人从事这方面的工作。在大学汉语言文学专业的专业课上讲授通俗文学，注意初步培养研究型人才，可为专业发展和学科建设预先作好必要保障。

《论语》中的师生之道及对现代教育的启示

顾　迁

《论语》记载了孔门师生之间的交流，语言平实而生动，带有一种散步式的优游与逍遥。孔子作为私家授学之开先河者，在人格、学问两方面都深刻影响了弟子，《论语》正是这种伟大教育情境的呈现。漫游其间，体会师生的对话，时常令我们产生感叹思慕之情。孔子对弟子，真诚恳切，谆谆善诱，也不乏嬉笑怒骂；弟子对孔子，则是畅所欲言，审问明辨，更不乏质疑与争论，师生关系堪称自由自在、平等融洽。这样的师生关系虽然产生于春秋时期，对现代教育仍有极大启示。笔者认为，《论语》中的师生之道之所以令后世怀想，得益于孔子的言说方式树立了美好教育的理念，遵循此理念，师生之间可以无拘无束地坦率评价，形成切磋琢磨的风气，熏陶日久，自然培养起深厚的情感，并逐渐凝结为志趣相投、信念接近的共同体。这三个层次有机融合，展现出精诚向道却不失活泼的教育氛围。现代教育的制度与场景虽与两千多年前迥异，但教育的精神与目的仍应相通，本文即本此观念，探讨《论语》中的师生之道及对现代教育的启示。

一、内省式的言说——以身为范

在追寻真理、叩问大道的思想历程中，师生也是同学，只是存在先觉后觉的差异。在儒家看来，学问不仅包括诗书六艺的研习，更包含修身立德的自我塑造。这种读书、为人相融合的学风，在《论语》中有清晰的体现。所谓仁、义、礼、智、信、勇、孝、忠、恕、清、直等概念，是孔子在反思历史、评论先贤的过程中提取出来的，并在其和弟子的讨论中被不断描述和追问。从《论语》来看，孔子并没有将他的学说系统化的兴趣，更多表现为问答中的即兴表述。因此，孔子的话语呈现出较大的开放性。可惜，后世读《论语》者多以之为圣人的箴言集，赋予其太多教谕的味道，忽略了孔子作为一位孤独思想者的心路历程。

《论语》中有很多貌似晓谕式的言论，因为言说背景的缺乏，较容易被强化为格言或教条。但仔细思考就会发现，孔子的言说并非对外晓谕式的，更接近内省式的自我陈述。如《学而》开篇，子曰："学而时习之，不亦说乎？有朋自远方来，不亦乐乎？人不知而不愠，不亦君子乎？”[①] 即孔子的自我告慰。《史记·孔子世家》写道：“定公五年，鲁自大夫以下，皆僭离于正道，故孔子不仕，退而修《诗》、《书》、礼乐，弟子弥众，至自远方，莫不受业焉。”[②] 按司马迁的叙述，此章“有朋自远方来”可以理解为弟子从远方来求学。孔子之言，自有得天下英才而教之之意。古之学者为己，不因环境改其志向，人虽不知亦能乐道志学。如此解释，便少了很多教谕的意味，而孔子一生之行事与志趣，亦跃然纸上。又如《里仁》篇，子曰：“苟志于仁矣，无恶也。”[③] 以上文“仁者安仁”[④] 参证，则“恶”当解为憎恶，意谓一心向仁，则能渐除憎恶之心。语意转向内求，引人自省。同篇孔子又说“唯仁者能好人，能恶人”[⑤]，此句不能被简单理解为仁者才能够爱人和憎人，而是侧重强调仁者达礼，好恶皆能出于公心，故不轻为好恶。可与《颜渊》篇“克己复礼为仁”[⑥] 相互印证。《论语》言“仁”处极多，言说、描述方式也丰富多样，正说明其概念并非孤高悬立，而是与“礼”等诸多范畴相互交融。这种言说方式，决定了我们不能单从字面理解孔子之言，而必须会通其思想，理解其精神。

笔者认为，孔子的言说方式是内省式的，呈现出教师真实的生命状态。钱穆先生曾指出：“《论语》教人，多从自己一面说。”[⑦] 可谓深明孔子言说之道。教师讲解学问、道理，如能多从自身出发，则是以身为范，以心传教，将自己置于和学生平等的地位，这无疑有助于激发学生的求学热情。教师的体悟、心得不仅得益于个人的学术训练，和生活积淀及独特个性也密不可分。如果教师仅将自己的心得作为一种结论或标准给予学生，对学生未必有很多助益。但如果教师能够坦诚分享自己的思考历程，其中的宝贵方法和经验将会更有效地传递给学生，成为学生自己可以积累并转化的智慧。《学而》篇中，曾子曰：“吾日三省吾身。为人谋而不忠乎？与朋友交而不信乎？传不习乎？”[⑧]《泰伯》篇中，曾

① 杨伯峻：《论语译注》，中华书局，2009，第 1 页。
② 刘宝楠：《论语正义》，中华书局，1990，第 3-4 页。
③ 杨伯峻：《论语译注》，中华书局，2009，第 35 页。
④ 杨伯峻：《论语译注》，中华书局，2009，第 34 页。
⑤ 杨伯峻：《论语译注》，中华书局，2009，第 34 页。
⑥ 杨伯峻：《论语译注》，中华书局，2009，第 121 页。
⑦ 钱穆：《论语新解》，三联书店，2002，第 95 页。
⑧ 杨伯峻：《论语译注》，中华书局，2009，第 3 页。

子曰："士不可以不弘毅，任重而道远。仁以为己任，不亦重乎？死而后已，不亦远乎？"① 教育学生的同时，教师亦须有自我期许与反思，教学的过程才能不落于空言，才能激发出师生之间的深切共鸣。在《论语》中，孔子与弟子之间的关系并非家长制、专制型的上下关系，而充满了开放性和平等性，正是得益于孔子内省式的言说之道。这无疑值得现代教育体系中的教师深入思考并借鉴。

二、坦率真诚的评价——切磋琢磨

基于孔子的内省式言说、育人之道，《论语》中随处可见师生之间真诚的交流，常令人有光风霁月之思。其中有孔子直接评价弟子，孔子对其他弟子评价弟子，孔子对他人评价弟子；也有弟子评价、质疑孔子，弟子之间评价孔子，以及孔子面对弟子的自我评价；还有孔子和弟子评价当世之人与历史人物；等等。孔子与弟子在坦率真诚的评价中研讨道德、学问、社会、家国等问题，以收切磋琢磨之效，逐渐铸成师生的共识。

以《公冶长》篇为例，其中记载了很多孔子对弟子的评价，是孔门师徒传教的生动写照。如孔子赞许宓子贱有君子之德，又称："如果鲁国没有君子的话，宓子贱又从哪儿去汲取这样的品德呢。"（"鲁无君子者，斯焉取斯"）② 表扬个人，却不忘归美于鲁国的传统。子贡问孔子"赐也何如"，孔子以"器也"答之，并以宗庙美器瑚琏许之，但似不许其君子之德。③ 紧接下章，有人说冉雍"仁而不佞"，孔子马上反驳："冉雍是否有仁德，我不确定，但仁者为什么一定要有口才呢？"（"不知其仁，焉用佞"）④ 下文又记孟武伯向孔子询问子路、冉求、公西华是否具备仁德，孔子皆坦率回答。⑤ 也有孔子主动点拨弟子，如问子贡："你和颜回相较如何？"子贡回答："我哪里敢和颜回比呢？颜回闻一而知十，明澈通达。我不过闻一以知二罢了。"孔子说："你确实不如他，我和你都不如他。"（"弗如也！吾与女弗如也"）⑥ 子贡有美才，仍须琢磨，故孔子借颜回之德加以启发。宰予居孔门四科之言语

---

① 杨伯峻：《论语译注》，中华书局，2009，第79页。
② 杨伯峻：《论语译注》，中华书局，2009，第41页。
③ 杨伯峻：《论语译注》，中华书局，2009，第42页。
④ 杨伯峻：《论语译注》，中华书局，2009，第42页。
⑤ 杨伯峻：《论语译注》，中华书局，2009，第43页。
⑥ 杨伯峻：《论语译注》，中华书局，2009，第44页。

科，亦是良才，孔子因其昼寝，发“朽木不可雕也，粪土之墙不可杇也”[①] 之叹，或许也是作为对其他弟子的提醒。孔子又借别人之问，指出申枨多欲，不算是刚强之人。[②] 子贡自言“我不欲人之加诸我也，吾亦欲无加诸人”，孔子直接评价：“非尔所及也。”[③] 皆可见其坦率真诚。孔子还曾和颜回、子路一起讲述各自的志向，气氛如同学、朋友一般。[④] 孔门后学取此类评价编成专篇，自有其深刻用意。后面的《雍也》篇也是论贤人、君子及仁、知、中庸之德等，与《公冶长》篇相类似。

此外，《论语》中多见孔子对历史人物和当世之人的评价，语言亦直率剀切，可谓一以贯之。春秋时代，学优则仕，孔子弟子亦多为官从政，孔子与弟子品题人物，自是一种对为政理念的探讨。

现代教育体系中，师生之间的关系远不如孔子时代紧密，但孔门师生真诚坦率、切磋琢磨的学风，对现代学校的德育工作无疑有重要启示。在这种氛围中，学生所收获的，不会仅限于纯粹的书本知识与技能，也一定会包含人格的完善与健全，为将来独立走向社会打下良好的基础。

三、牢固的情感联结——志同道合

孔子和学生不仅仅孜孜于德性、学问的讲求，也涉及日常生活的赒急扶困，以及对求官干禄之道的提示，体现出师生之间亲密的联系。如《雍也》篇记载公西华出使齐国，冉有替他的母亲请求俸禄；[⑤] 原思担任孔子家臣，孔子给他俸米九百斗；[⑥]《为政》篇记子张学干禄，孔子教其慎于言行。[⑦] 这种关系的背后不是利益使然，而是深厚的情感联结，并且这种情感也不纯粹源于师道尊严与尊老慈幼，更多根植于求学问道过程中的志趣相投。以此眼光再读《论语》，会感受到师生之间发自内心的互相信任与期许。

《学而》篇中，子曰：“主忠信，无友不如己者，过则勿惮改。”[⑧]

---

① 杨伯峻：《论语译注》，中华书局，2009，第 44 页。
② 杨伯峻：《论语译注》，中华书局，2009，第 45 页。
③ 杨伯峻：《论语译注》，中华书局，2009，第 45 页。
④ 杨伯峻：《论语译注》，中华书局，2009，第 51 页。
⑤ 杨伯峻：《论语译注》，中华书局，2009，第 54 页。
⑥ 杨伯峻：《论语译注》，中华书局，2009，第 55 页。
⑦ 杨伯峻：《论语译注》，中华书局，2009，第 19 页。
⑧ 杨伯峻：《论语译注》，中华书局，2009，第 6 页。

求学离不开师友的切磋夹辅，同以忠信之德为依归，则身边多益友、诤友，能够及时指出自己的过错，自己也应勇于改正。下文又载有子曰："因不失其亲，亦可宗也。"① 指明选择师友当有知人之明，寓亲近仁人之意，即下章孔子所谓"就有道而正焉"② 之意。孔门师生的情谊，正是在这种进德修业的氛围中日臻深厚的。

当今互联网时代，教育的方式、环境更加丰富多变，师生关系也因此充满多元性与不确定性。一位大学教师十年间在课堂上教过的学生少则几百，多至上千；学生从小学至大学阶段，也会经历不同学科、专业的很多教师，师生之间很难保持长久乃至终身的亲密联系，带有很强的时段性与偶然性。不过现代互联网技术使人们的交流不再受到时空的局限，远程教育也成为可能，极大提升了师生之间的交流效率。在这样的场景下，相近的思想观念与志趣必将成为师生之间最核心的情感连接。

两千多年过去了，《论语》中的教育场景依然启发着我们继续思考教育的目的、方式与效果。孔门的师生关系，其精神传承不绝，塑造了深厚的师生观念的传统，对我们的现代教育仍不乏深刻的启示。

---

① 杨伯峻：《论语译注》，中华书局，2009，第 8 页。

② 杨伯峻：《论语译注》，中华书局，2009，第 9 页。

拔尖创新人才培养教材与课程建设

统编教材建构的中国化马克思主义文艺理论知识架构

李　勇

20世纪60年代初以群和蔡仪分别主编的文学理论统编教材不是一般意义上的教科书，在1960年前后的历史语境中，这两部统编教材还承担着在国家意识形态层面上对文艺理论的基本问题提供标准化论述的重任。所以，这两部统编教材也是马克思主义文艺理论中国化进程中的一次理论总结，建立起了一套相对完整且系统的中国化马克思主义文艺理论知识架构。这种完整性和系统性也使得这两部统编教材成为马克思主义文艺理论中国化进程中的里程碑。那么这两部统编教材在马克思主义文艺理论中国化的实践中主要吸收了哪些马克思主义文艺理论思想？又是如何将这些经典理论中国化的？最终它们又建构出了什么样的知识架构？

一、统编教材中的马克思主义文艺理论

以群和蔡仪分别任主编的两部统编教材是中华人民共和国成立10年之后由国家教育和宣传管理机构组织编写的第一批文艺理论教材。在马克思主义被确立为国家主导意识形态的历史语境中，两部教材到底选择运用了哪些马克思主义文艺理论？马克思主义文艺理论的核心部分应该是马克思、恩格斯的论述，所以，笔者把分析的重点集中在马恩思想在统编教材中的引用、阐述和应用。

有学者统计，以群的《文学的基本原理》中引用马克思、恩格斯的经典著作共103次，占全书总注释量的12.6%，其中引证次数最多的是《共产党宣言》（19次），其次是《德意志意识形态》（17次），随后为《给明娜·考茨基》（9次）、《给马尔加丽塔·哈克纳斯的信》（8次）、《给斐迪南·拉萨尔》（6次）、《〈政治经济学批判〉导言》（5次）、《致康·施米特》（4次）。[①] 据笔者统计，蔡仪的《文学概论》中也有类似的情况，共引用马克思、恩格斯的著作46次，占全书342条注释的13.45%，其中引用最多的是《〈政治经济学批判〉导言》（8

① 支宇：《对以群主编〈文学的基本原理〉（1964年版）的社会学反思》，《文艺研究》2008年第9期，第42页。

次），其次是《给马尔加丽塔·哈克纳斯的信》（5 次），再次是《共产党宣言》（4 次）。从这些数据至少可以看出马克思、恩格斯的著作在两部统编教材中占有重要的地位，是两部教材重要的理论依据。

如果说数据只是显示了统编教材中经典文献引用的数量分布情况，那么对引用文献的内容的分析，则可以显示经典文献在统编教材的观点上的实际影响与作用。因为在统编教材中，文学本质论是核心部分，本文仅以文学本质论部分为例进行分析。

两部教材对文学本质的界定所采用的是唯物主义认识论的立场。以群的教材把文学首先认定为人的意识，进而论证了意识是有社会属性的，并引用了《德意志意识形态》中“意识一开始就是社会的产物，而且只要人们还存在着，它就仍然是这种产物”的观点。[①] 这种社会性的意识在社会结构中处于什么位置？教材借用了恩格斯的论述来回答：“文学属于社会意识形态，而社会意识形态又是上层建筑的一个部分；上层建筑最终为经济基础所决定，而又反转来为基础服务，对基础发生反作用。”[②] 马克思关于经济基础与上层建筑关系的理论在蔡仪的《文学概论》中也被作为一个主要的理论依据，不过蔡仪的教材中主要引用的是恩格斯在《致瓦·博尔吉乌斯》中的简明论述：“政治、法律、哲学、宗教、文学、艺术等的发展是以经济发展为基础的。但是，它们又都互相影响并对经济基础发生影响。”[③] 恩格斯这段话与以群的教材中所引用的《在马克思墓前的讲话》中的论述是一致的。

在经济基础决定上层建筑这个基本原理中，还包含着意识形态反过来为经济基础服务并产生影响的思想，这在两部教材中集中体现在对意识形态的相对独立性的论述中。蔡仪的教材中直接引用了恩格斯关于文学是“更高的即更远离物质经济基础的意识形态”的论述[④]。以群的教材中则引用了恩格斯的另一段论述：“只要他们形成社会分工之间的独立集团，他们的作品包括其错误在内，就要反过来影响全部社会发展，以至影响经济发展。”[⑤] 这种相对独立性是文学作为意识形态对经济基础产生反作用的理论前提，也说明了文学与经济基础的关系是间接关系。

---

① 以群：《文学的基本原理》（修订本），上海文艺出版社，1980，第 22 页。
② 以群：《文学的基本原理》（修订本），上海文艺出版社，1980，第 24 页。
③ 蔡仪：《文学概论》，人民文学出版社，1984，第 43 页。
④ 蔡仪：《文学概论》，人民文学出版社，1984，第 45 页。
⑤ 以群：《文学的基本原理》（修订本），上海文艺出版社，1980，第 29 页。

文学的相对独立性还表现在文学发展与经济发展之间的不平衡关系上。马克思主义的不平衡关系理论是两部教材都重点阐述的一个理论观点。以群的教材引用了马克思的话："关于艺术，大家知道，它的一定的繁盛时期决不是同社会的一般发展成比例的，因而也决不是同仿佛是社会组织的骨骼的物质基础的一般发展成比例的。"[①] 教材阐述道："在文学发展的过程中，经济基础是最后的、起着决定性作用的因素，但并不是唯一的因素。这里，文学的发展除了具有自身的特殊规律外，同时还受到上层建筑的政治以及其他社会意识形态的影响。"[②] 蔡仪的教材中所引用的则是马克思在《〈政治经济学批判〉导言》中的名言："随着经济基础的变更，全部庞大的上层建筑也或慢或快地发生变革。"[③] 蔡仪的教材当然也承认不平衡原理，但是在解释不平衡关系时，提出了一种新的说法："这个变革中，那种落后的、巩固衰朽的经济基础的统治阶级文学，即要被历史的洪流所湮没，而一般有不同进步意义的文学却为人们当作遗产批判地继承。"[④] 这种解释一方面揭示出了不平衡现象是由于文学是远离经济基础的意识形态，另一方面也揭示出文学自身的进步与落后对于其是否会被淘汰具有关键性影响，突出了政治性在不平衡关系中所起的作用。

在两部统编教材中，文学与政治的关系也是文学本质论的重要内容。文学为政治服务是两部教材中都有明确表述的观点。那么这个观点在马克思、恩格斯的文献中有何依据？以群的教材中，对文学与政治关系的论述采用的是先分析文学的阶级性，再分析"文学为一定的阶级的政治服务"的方式。这个关于阶级性的观点引用的是《共产党宣言》中的一句话："压迫者和被压迫者，始终处于互相对立的地位，进行不断的、有时隐蔽有时公开的斗争。"[⑤] 压迫者与被压迫者就是两个阶级，对抗就是阶级斗争。蔡仪的教材也是从文学的阶级性出发来论述文学为政治服务这一观点的，主要引用了 4 条马克思、恩格斯的言论。其一是《德意志意识形态》中的"一旦发生任何实际冲突，当阶级本身受到威胁时，阶级内部的这种对立和敌视也就'自行消失'";[⑥] 其二是《马

---

① 以群：《文学的基本原理》（修订本），上海文艺出版社，1980，第 31 页。
② 以群：《文学的基本原理》（修订本），上海文艺出版社，1980，第 32 页。
③ 蔡仪：《文学概论》，人民文学出版社，1984，第 46 页。
④ 蔡仪：《文学概论》，人民文学出版社，1984，第 46 页。
⑤ 以群：《文学的基本原理》（修订本），上海文艺出版社，1980，第 91 页。
⑥ 蔡仪：《文学概论》，人民文学出版社，1984，第 52 页。

克思致齐·迈耶尔》中的“有才智的人总是被一条条无形的线和人民大众联系在一起的”;[①] 其三是《共产党宣言》中对阶级斗争接近决战的时期，统治阶级内部瓦解过程的论述;[②] 其四是《德意志意识形态》中关于进行革命的阶级代表全体群众反对唯一的统治阶级的论述。[③] 这4条文献都是说明阶级斗争的复杂性的，并没有直接论证文学为政治服务。换言之，文学为政治服务的观点是在阶级理论的基础上推论出来的。

经济基础与上层建筑的理论为两部统编教材奠定了一个基本框架，为文学在社会结构中确定了一个位置。但是文学自身到底应该是什么？两部教材采用的都是反映论的定义：文学是社会生活的（形象的）反映。马克思、恩格斯的哪些论述支持了这个论断？以群的教材中所引用的主要文献是《德意志意识形态》中的一段话：“思想、观念、意识的生产最初是直接与人们的物质活动，与人们的物质交往，与现实生活的语言交织在一起的。观念、思维、人们的精神交往在这里还是人们的物质关系的直接产物。”[④] 以此为依据，这部教材明确写道：“马克思主义者认为：文学艺术是一种社会意识形态，它是客观现实在作家头脑中反映的产物。”[⑤] 在蔡仪的教材中，反映论表述得更加明确：“所谓文学是社会生活的反映，社会生活是文学的唯一源泉，这正是马克思列宁主义反映论的原则在文学问题上的运用。如列宁所说：‘不言而喻，没有被反映者，就不能有反映，被反映者是不信赖于反映者而存在的。’”[⑥] 虽然教材说反映论是马克思列宁主义的理论，但所引用的是列宁的论述。教材中关于反映论所引用的唯一一段马恩经典作家的论述是恩格斯在批判“真正的社会主义者”卡尔·倍克的《穷人之歌》时所写下的文字：“情节大致相同的同样的题材，在海涅的笔下会变成对德国人的极辛辣的讽刺；而在倍克那里仅仅成了对于把自己和无力地沉溺于幻想的青年人看做同一个人的诗人本身的讽刺……”[⑦] 教材对这段话的阐述强调的是，不管是海涅还是倍克，他们的作品都是对现实生活的反映，

---

① 蔡仪：《文学概论》，人民文学出版社，1984，第53页。
② 蔡仪：《文学概论》，人民文学出版社，1984，第54页。
③ 蔡仪：《文学概论》，人民文学出版社，1984，第59页。
④ 以群：《文学的基本原理》（修订本），上海文艺出版社，1980，第61页。
⑤ 以群：《文学的基本原理》（修订本），上海文艺出版社，1980，第55页。
⑥ 蔡仪：《文学概论》，人民文学出版社，1984，第4-5页。
⑦ 蔡仪：《文学概论》，人民文学出版社，1984，第15页。

而没有认识到不同作者在对现实生活的不同书写中所体现出来的主体创造。

两部教材中所引用的马克思、恩格斯的文献远不止笔者所列举的这些。引用数量说明教材对马恩经典作家的文艺思想的依赖程度，从统编教材对这些经典文献的选择与运用则可以看出其在马克思主义文艺理论中国化实践中的某些特点。首先，从分布上看，经典文献在教材的不同部分的引用并不均匀，文学本质论最多，其次是文学发展论，再次是文学创作论，而文学作品论和鉴赏批评论最少。虽然马克思、恩格斯有丰富的文学批评实践，但在统编教材编写的年代，中国学者对马克思、恩格斯的鉴赏批评理论的研究尚未充分展开，所以，教材在引用时才呈现出这种分布状况。其次，从引用文献的文体来看，理论著作的引用多于评论著作的引用。这一方面可能是因为教材本身是文艺理论专业的，所以理论性的著作与教材的专业性质一致；另一方面也可能是因为受限于时代与文化差异，马克思、恩格斯对作家作品的评论难以被理论概括与提炼。最后，文学外部规律论述的引用多于内部规律论述的引用。从两部教材所引用的马克思、恩格斯经典文献的统计情况看，以群的教材引用最多的是《共产党宣言》，而蔡仪的教材引用最多的是《〈政治经济学批判〉导言》，都属于论述外部规律的文献，而论述文学创作、文学作品、文学鉴赏这些内部规律的文献则少很多。这一方面是因为经典作家对这些文学自身问题的论述本来就不多，另一方面也是因为在特定的历史语境中，教材的基本倾向是强调文学的社会意识形态属性，从而没有深入挖掘马克思主义经典作家对文艺自身内部规律的论述。

二、统编教材中马克思主义文艺理论中国化的路径

统编教材中大量引用的马克思主义经典文献为中国化马克思主义文艺理论提供了指导思想和依据。那么马克思主义文艺理论如何中国化？“中国化”是有特定内涵的理论范畴。周扬在解释马克思主义文艺理论中国化时有明确的论述：“马克思主义文艺观点是从外国来的，不是从我们的文学史、文艺理论批评史中发展起来的，要承认，我们的文化还是落后的。我们现在是根据马克思主义普遍真理，回过头来总结中国的文艺遗产和‘五四’以来的文学经验，再从中得出我们的马克思主义理论——中国化的理论。”[①] 周扬将“中国化”界定为先运用马克思主义的普遍真理，来总结中国文学的经验，然后概括出一套理论，这就是

① 周扬：《周扬文集》（第3卷），人民文学出版社，1990，第231页。

中国化马克思主义文艺理论，这个理论的探索过程也就是马克思主义文艺理论的中国化。

两部统编教材是如何完成马克思主义文艺理论中国化的任务的？首先是以毛泽东文艺思想为政治和知识的框架来解释马克思主义文艺理论。尽管两部教材没有把毛泽东文艺思想作为章节的结构，但是在思想内容上，都是以毛泽东文艺思想作为内在的架构的。这种做法至少有3个理由：其一，毛泽东文艺思想是马克思主义文艺理论在中国的合理发展，是马克思主义中国化的成功典范。所以，要编写中国化马克思主义文艺理论教材，就必须以毛泽东文艺思想为统帅和灵魂。其二，毛泽东文艺思想解决了中国文艺所面临的主要问题，回答了中国文艺的发展方向、功能、价值、特点等一系列问题，它代表了当代中国马克思主义文艺理论的最高成就。其三，毛泽东文艺思想也是当代中国的官方意识形态，它是当代中国文艺理论中的权威论述。所以在两部统编教材中，毛泽东文艺思想成为一种具有政治立场和知识架构双重性质的理论视野，成为所有具体论述的最终依据或解释性代码。

其次，运用马克思主义文艺理论统摄中外非马克思主义文艺理论。马克思主义文艺理论中国化的基本含义就是运用马克思主义的普遍原理来总结中国的文学经验。其中当然也包括对中国传统文艺理论的理论总结。但是中国化为什么还要吸收借鉴外国的文艺理论资源？周扬作为统编教材的组织者和领导者，提出了至少3个理由：其一，马克思主义文艺理论中国化的目标是建立中国化马克思主义文艺理论体系，其中的中国特色是对中国文学经验的总结，但是也不排斥对国外的文艺理论资源的借鉴吸收与利用，而不是只研究中国的经验。周扬指出："中国长时期处于封建社会，不及欧洲先进，欧洲产生了狄德罗、莱辛、歌德、巴尔扎克。我们要借鉴外国的经验，要总结社会主义文学的经验，但两千年历史不整理就不能有自己的理论。搞文学概论，可以充分利用外国的资料，可以借鉴，比如文艺本身的结构、悲喜剧问题、体裁问题、语言问题，可以搞搞清楚。当然要多用自己文学史上的例子。"① 周扬所表达的意思很清楚：中国人自己编写的文学概论，并不是只研究中国文学的理论，也可以借鉴外来成果以补充中国化马克思主义文艺理论体系。其二，文学的发展是关联的，不可能孤立地研究无产阶级文学。周扬说："无产阶级文艺家接受了许多资产阶级的东西，甚至有一些是颓废

① 周扬：《周扬文集》（第3卷），人民文学出版社，1990，第231-232页。

的，形式主义的，自然主义的东西。和资产阶级文学斗争，摆脱这个影响，是个长期的复杂的任务。”[①] 既然无产阶级文学与资产阶级文学有如此深的联系，不研究资产阶级文学理论，不去吸收借鉴资产阶级文艺理论中进步、合理的成分，中国化马克思主义文艺理论也不可能是全面的、深刻的。其三，不同国家的文学是有共同规律的，如果只研究中国文学的规律，就必然无法在比较中概括出共同规律，也就失去了普遍性。周扬说：“要知道共同规律是普遍的，既是共同，也就适合于社会主义文学。不要把共同规律都看成是资产阶级的东西……社会虽然变了，文学总是文学，总会有共同的东西。”[②] 既然承认文学有共同规律，那么西方的和古代的文学规律也都应该纳入中国化马克思主义文艺理论体系。

那么，中外非马克思主义的文艺理论资源是如何被纳入中国化马克思主义文艺理论体系的？两部统编教材主要采用了如下几种方法：其一是作为背景资料。两部统编教材的一个特点是尊重历史，概括介绍了中外文艺理论史上的概念、命题的历史演变。比如以群的教材在界定文学的定义前就用一节的篇幅来介绍“历来关于文学的基本性质与特点的见解”；蔡仪的教材在论述文学与社会生活的关系时，也列举了“过去有些理论家和作家”正确的和错误的观点。这些作为背景资料的中外文艺理论，使马克思主义文艺理论获得了历史根基。其二是作为马克思主义文艺理论的佐证材料。由于马克思、恩格斯没有系统、完整的文艺理论论著，所以马克思主义文艺理论本身也处在未完成的状态，对于一些具体的文艺问题的论述往往是高屋建瓴的原则性的论断。在教材的编写中，对这些论断需要结合具体的文艺现象进行细化，使其更加完整、细致。比如，以群的教材在论述“社会生活是文学创作唯一的源泉”这个马克思主义的基本论断时，就引用了别林斯基的话作为佐证：“把艺术设想成活在自己特殊的小天地里、和生活别的方面毫无共通之点的纯粹的、排他的东西，这种想法是抽象而空幻的。这样的艺术，在任何时候，任何地方，都是不存在的。”[③] 其三是作为批判的对象。有一些非马克思主义的文艺理论是与马克思主义文艺理论相反的，而且具有相当大的影响，这样的文艺理论与马克思主义文艺理论之间构成了论辩关

① 周扬：《周扬文集》（第 3 卷），人民文学出版社，1990，第 234 页。
② 周扬：《周扬文集》（第 3 卷），人民文学出版社，1990，第 245 页。
③ 以群：《文学的基本原理》（修订本），上海文艺出版社，1980，第 64 页。

系，必须予以批判澄清，而不是回避。比如蔡仪的教材中关于唯心主义文艺观的批判，不仅是对历史上不同文艺观的客观介绍，也是以批判的方式将反马克思主义文艺理论的文艺观纳入教材的理论体系。

最后，运用马克思主义文艺理论总结中国文学经验。这是马克思主义文艺理论中国化的主要方法，既体现出了中国特色，也体现出了马克思主义文艺理论的普遍性。中国文学经验包括两个部分：一是中国古代的文学传统，一是“五四”以来的新文学传统。按照教材编写时中国理论家的认知，中国古代的文学传统主要体现出的是中国特色，“五四”以来的新文学传统则被认为是由无产阶级领导的反帝反封建的文学，所以主要体现了马克思主义在中国的实践。马克思主义文艺理论中国化，就是要建构既是中国的又是马克思主义的文艺理论体系，所以必须把马克思主义文艺理论与中国的新旧传统结合起来。关于这种结合，周扬也有明确的论述：“通过这次搞教材，我们应该把中国的历史经验和几十年革命文学的理论经验条理化一下。历史就是过去的经验，没有历史就没有理论。文学理论如果不总结中国的经验就很难成为我们自己的理论。今天我们有了马克思列宁主义，我们应该用马克思列宁主义的观点好好总结中国的经验。”①

那么，两部统编教材是如何总结中国文学的经验，来实现马克思主义文艺理论中国化的？其一，以中国文学的经验为实例来支持马克思主义文艺理论的具体论断。比如，以群的教材在论述“文学发展中的继承性”问题时，主要依据的是马克思在《路易·波拿巴的雾月十八日》中关于历史继承性的论述：“人们自己创造自己的历史，但是他们并不是随心所欲地创造，并不是在他们自己选定的条件下创造，而是在直接碰到的、既定的、从过去承继下来的条件下创造。”② 教材在理论阐述之后则用中国文学史的例子作为例证：“明、清时代获得高度发展的小说……都程度不同地继承了前代的讲史、话本、戏曲以及小说创作的某些优秀的传统。”③ 这就是让马克思主义文艺理论与中国文学的经验结合起来，实现马克思主义文艺理论中国化。其二，应用马克思主义文艺理论分析中国的作家作品，从而实现马克思主义文艺理论与中国文学的经验的结合。比如，以群的教材在论述“文学作品中的典型人物”时，

---

① 周扬：《周扬文集》（第3卷），人民文学出版社，1990，第241页。

② 以群：《文学的基本原理》（修订本），上海文艺出版社，1980，第148页。

③ 以群：《文学的基本原理》（修订本），上海文艺出版社，1980，第149页。

运用了恩格斯《给马尔加丽塔·哈克纳斯的信》中所提出的“现实主义……除细节的真实外，还要真实地再现典型环境中的典型人物”[①] 这个理论，分析了茅盾《子夜》中的吴荪甫、柳青《创业史》中梁生宝和梁三老汉，从而证明了一定的环境对具体人物的性格形成和发展是起决定作用的。其三，在分析中国文学作品时提出新的理论命题。方法就是从中国文学的新旧传统中总结无产阶级文学的经验和古代进步文学的经验，提炼新的理论观点。蔡仪的教材在论述“文学欣赏的过程”这个问题时，从文学的形象性入手，结合《青春之歌》这部革命文学作品的阅读经验，提出了“欣赏是以形象感受为出发点的”这个观点：“如我们在读《青春之歌》这部小说时，一开始就在脑子里产生了林道静这个女主人公的印象，好象（像）看到一个全身穿着白衣，脸色也带着苍白的少女，寂寞地坐在火车厢的一个角落里，也就不知不觉地感到有点异样。这样的对于形象的感受，是艺术认识时初步的心理活动，也是文学欣赏的出发点。”[②]

马克思主义文艺理论中国化在统编教材中主要是通过结合中国文学的经验对马克思主义文艺理论进行具体阐释实现的，这种中国化的探索是一次大胆的尝试。周扬说：“也许将来会发现我们的书有许多缺点，但它毕竟是第一本按马克思主义、毛泽东思想总结经验写成的著作。历史上第一本书，总会差一些的。我们应该增强信心，把这‘第一本’尽可能地写好。”[③] 从历史眼光看，在 20 世纪 60 年代初建立起来的这个基本架构已经成为一个里程碑。因此我们有必要认真考察这个架构的基本面貌，认真面对这个历史成果。

三、统编教材的知识架构

统编教材的主要理论贡献在于建立起一套具有中国特色的马克思主义文艺理论知识架构。那么，这个知识架构什么样的？

首先，两部统编教材都是由 5 个部分组成的。除了文学本质论、文学发展论和文学作品论这 3 个苏联文艺学模式中已有的内容外，增加了文学创作论和鉴赏批评论这两个新的板块。[④] 从完整性看，增加了这两

---

① 以群：《文学的基本原理》（修订本），上海文艺出版社，1980，第 215 页。

② 蔡仪：《文学概论》，人民文学出版社，1984，第 314 页。

③ 周扬：《周扬文集》（第 3 卷），人民文学出版社，1990，第 256 页。

④ 支宇也认为“《文学的基本原理》则突破了这种三个部分的苏联模式，这主要表现为‘创作论’和‘鉴赏论/批评论’的凸显”。参见支宇：《对以群主编〈文学的基本原理〉（1964 年版）的社会学反思》，《文艺研究》2008 年第 9 期，第 46 页。

个部分之后，文学基本原理才算是涵盖了文学活动的各个环节，文学基本原理才形成了一个系统。这个影响至今的理论框架新在何处？其一，彰显了中国特色，并发掘出了中国传统文艺理论的当代意义。这主要体现在鉴赏批评论的部分。在中国传统文艺理论中，鉴赏是一个显著特色，诗话、词话、评点等文献中蕴含着丰富的鉴赏经验和理论资源。把这些资源纳入中国化马克思主义文艺理论体系，既是对中国传统文艺理论资源的当代转化，也是中国特色的一次集中展示。当然这也是突破苏联文艺学模式、探索中国化马克思主义文艺理论体系的成功实践。对此张法已有所察觉："60 年代中苏对立之后的统编教材中，'欣赏'与'批评'并列，一道构成了学科体系的重要部分。何以欣赏能够进来？是不是中国与世界（美帝苏修各国反对派）的严重对立中，一种无意识情结，把欣赏引入，让中西文化的差异在一种新的张力中得到呈现？"① 结合统编教材编写时的国际背景看，这些疑问的答案应该是肯定的，至少引入欣赏在客观上产生了这样的作用。其二，展示了马克思主义文艺理论在中国的发展成果。这个发展成果主要是在文学创作论中集中阐述的"革命的现实主义和革命的浪漫主义相结合的创作方法"。按照以群的教材的说法，毛泽东正是在总结我国文学发展的历史经验和"五四"以来我国革命文学的创作经验，吸取国际无产阶级文学的先进经验的基础上，根据我国当前的时代特点和群众需要，提出了革命的现实主义和革命的浪漫主义相结合的创作方法。② 依此而言，这种创作方法是对马克思主义文艺理论的新发展，是马克思主义文艺理论中国化的发展成果。

其次，统编教材在理论观点上建立起了反映论-意识形态论-政治工具论-形象特征论-语言艺术论"五位一体"的理论模式。从哲学基础看，这个理论模式是反映论，即认为文学是社会生活的（形象的）反映。从存在方式看，这个理论模式是意识形态论，即认为文学在经济基础与上层建筑的关系中属于上层建筑中的意识形态，它与上层建筑的制度部分相适应，并最终为经济基础所决定。从社会功能看，这个理论模式是政治工具论，即认为文学是为政治服务的，不同阶级的文学都是服务本阶级的利益的。从文学自身的本质看，这个理论模式是形象特征论，即认为文学区别于其他意识形态的特征在于其形象性，是用形象反

① 张法：《中国文学理论学科发展回望与补遗》，《文艺研究》2006 年第 9 期，第 34 页。
② 以群：《文学的基本原理》（修订本），上海文艺出版社，1980，第 284 页。

映社会生活的。从文学的媒介特性看，这个理论模式是语言艺术论，即认为文学区别于其他艺术的特征在于它的媒介是语言，文学是语言的艺术。这个理论模式的理论贡献到底是什么？其一，理论的系统性得以进一步完善，与20世纪50年代中国学者自编的教材相比，这一点很明显。比如刘衍文1957年出版的《文学概论》全书共5编：文学的任务、文学的特征、文学的思想性和艺术性、创作方法、文学的种类。从理论观点之间的系统性和完整性方面看，两部统编教材更加合理。与苏联的文艺学教材比，两部统编教材的系统性也更强。虽然有学者称统编教材是“仿苏”模式①，在理论观点上是对苏联模式的“打碎重组”②，但是这种模仿与重组并不是对苏联模式的重复，而是一种提炼和优化。在统编教材中的“五位一体”的理论模式中，反映论、意识形态论、政治工具论属于外部规律，形象特征论和语言艺术论属于内部规律，内部规律与外部规律达到了辩证统一。苏联模式虽然也论述了相关的观点，但这些观点之间的联系是松散的。以毕达可夫的《文艺学引论》为例，全书除了绪论外，包括文学的一般学说、文学作品的构成、文学的发展过程3个部分。关于文学本质的理论阐述集中在“文学的一般学说”部分，这个部分共有11个问题③，第一个问题“作为意识形态的文学”中论述了列宁的反映论，直到第十个问题“构成形象的方法的各种不同历史类型”才又回过头来论述“形象地反映生活的类型”问题。与苏联模式中的这种松散、割裂、烦琐的论述相比，统编教材的“五位一体”模式的确简洁而严密，系统性与整体性得到了优化。其二，统编教

---

① 王家发认为：“……60年代到80年代初。教材体系是回归‘仿苏’范式，在内容上有所调整、改造以及丰富和充实。就代表性教材来说，60年代是以群主编的《文学基本原理》，70年代是蔡仪主编的《文学概论》和以群主编的《文学基本原理》（再版），80年代是14院校的《文学理论基础》。”参见王家发：《我国当代文学理论教材体系建设的问题与思考》，《东北师大学报（哲学社会科学版）》1999年第2期，第83页。

② 李珺平认为：“这两本教材存在着许多问题。最主要是，‘左’的内容没有清理，反而增强了‘阶级论’色彩，而文学本质、文学作品分析、文学发展过程探讨几无深入，似乎只是苏式教材打乱后的重新编排。”参见李珺平：《文艺学学科建设与教材建设的思考》，《文学评论》2002年第1期，第151页。张旭春也认为：“从总体上看，这个提纲是西方模式（如1920年代所出版的温切斯特、哈德森以及日本人本间久雄等人的著作）、《文心雕龙》模式、苏联模式以及周扬个人独创的混合产物。”参见张旭春：《〈文学概论〉：周扬与蔡仪》，《文艺争鸣》2011年第9期，第21页。

③ 一、作为意识形态的文学；二、艺术形象及其具体性和概括性；三、艺术中的典型问题；四、文学的美学意义；五、形象性和艺术性；六、文学的党性；七、文学的人民性；八、文学的爱国主义性；九、艺术的历史性和全人类性的问题；十、构成形象的方法的各种不同历史类型；十一、文学的社会教育作用。

材的“五位一体”模式虽然强调的也是外部规律的决定作用，但是内部规律的论述也得到了系统的展开。与之前的教材相比，其学术性已明显增强。比如1958年北京师范大学中文系文艺理论教研室编的《文艺理论教学大纲》就是一个政策宣讲式的理论系统，共分5讲，分别是“文艺的工农兵方向”“文艺如何为工农兵服务”“党的‘百花齐放、百家争鸣’的方针”“革命的现实主义和革命的浪漫主义相结合的创作方法”“文艺批评”。从这些内容可以看出这个大纲是时效性的、政策性的，而非知识性的、规律性的。统编教材的写作要解决的问题之一就是补救这些教材的局限，提高教材的学术性、知识性。

最后，统编教材体现出创新意识，这是其在马克思主义文艺理论中国化的探索中形成的最重要的理论贡献。马克思主义文艺理论中国化的最大陷阱是教条主义地照搬马克思主义文艺理论，形成毛泽东所批评的“本本主义”。马克思主义文艺理论中国化的真正魅力在于在中国的实践中灵活运用马克思主义文艺理论，丰富和发展马克思主义文艺理论。以群的教材对此有明确的论述：“我们学习马克思列宁主义的文学理论，也必须遵循‘理论与实际统一’的原则。我们的学习，不是为了背熟几条‘定义’，背熟几项空洞的‘原理’、‘原则’，以显示自己的知识丰富；而是要掌握马克思列宁主义的理论和方法，把革命气概和科学精神结合起来，系统地周密地调查研究文学的历史和现状，不断地从中引出规律，作为我们行动的向导。”① 这种创新意识在两部教材的知识架构中具体体现在3个方面：其一是以马克思主义文艺理论与中国实践相结合的成果——毛泽东文艺思想为核心来突破苏联文艺学模式，实现马克思主义文艺理论的本土化。以群的教材中是这样论述毛泽东文艺思想的：“毛泽东同志根据我国革命文艺运动发展的具体情况，灵活地运用马克思列宁主义的一般原理来总结我国革命文艺工作的经验，解决各个时期文艺工作中出现的各种问题，使我国革命文艺赢得重大的胜利。”② 可以说统编教材强调的是毛泽东文艺思想的“理论联系实际”的创新品格。其二，突破理论教条，从中国文学实际经验出发进行理论建构。由于周扬在指导统编教材编写时大胆提出了统帅与兵将、灵魂与肉体、红线与红布的关系说，编写者在论述具体的理论问题时也对毛泽东及其他马克思主义理论家没有论述过的问题进行了大胆探索，从实际的文学

---

① 以群：《文学的基本原理》（下册），作家出版社，1964，第519页。
② 以群：《文学的基本原理》（修订本），上海文艺出版社，1980，第553页。

经验出发提出了自己的观点，比如前文所提及的对文学鉴赏中的形象感受问题的论述。尽管这些观点是在马克思主义的理论脉络中提出的，但毕竟是一种理论创新意识的体现。其三，在同一个理论框架中形成了不同的理论论述，在差异中体现创新意识。两部统编教材在理论观点上属于同一个理论范式，但是在理论建构的具体走向上仍然有差异。以群的教材在“五位一体”模式中更突出意识形态的核心地位，而蔡仪的教材则更强调反映论的重要性。这种不同的理论走向应该是编写者的创新意识的体现。这种寻求差异及对差异的宽容态度，是一份珍贵的理论财产。

统编教材所建构的理论架构当然带有那个特定时代的印迹，比如文学为政治服务的政治工具论在改革开放的新时期已不再被作为文艺政策提倡。但是这个理论架构在当时仍然是最为完善的，也可以说代表了那个时代马克思主义文艺理论中国化的最高水平。它们所体现出来的知识性和学理性代表了中国化马克思主义文艺理论学科建设的正确方向，为用马克思主义理论指导文艺理论研究树立了典范。它们所坚守的理论联系实际和自觉的创新意识也展示出了马克思主义的持久生命力。因此，统编教材不仅具有历史价值，在当代也具有启示意义。

“江南古代都会建筑与生态美学”“生活·艺术·审美”的课程构思及教学成果

王　耘

新时期以来，中国当代高等教育面对日新月异、纷繁复杂的社会环境，正大步向前。机遇与困境共生，挑战中埋伏着风险，无因可循，无旧可守，固有的教育模式乃至既成的思维模式亟须更新和改写。

具体矛盾体现在：其一，从教师角度来看，科研是科研，教学是教学，科研与教学属于两条思路，“各自为政”，互不相干，也就导致了教师在现实环境中只能二选一，要么在科研上下功夫，要么在教学上花时间。为了晋升职称和保持科研绩点，教师通常最终会偏向科研而淡化教学，为科研呕心沥血，对教学云淡风轻，这一倾向在高校教师中较为普遍。无投入，自然无产出。其二，就教学过程而言，精力是有限的，责任是有限的，课时费更是有限的。尽量少带课，是高校教师基于自我“保护”“顺理成章”的举措。这就导致了教学过程仓促而潦草。其三，在教学效果方面，试卷内容陈旧，考试形式单一，无非背诵，即便把试题改为论题，要求学生撰写小论文，学生也大有抄袭的便利，何况人工智能（AI）兴起，写手在网络上云集，免费找到一篇用来交作业的论文实在不是难事。所以，教学的效果正在迅速滑坡。

为此，笔者拟从以上三个方面着手，结合笔者所开设的“江南古代都会建筑与生态美学”“生活·艺术·审美”两门课程的课程构思及教学成果，谈谈个人的观点。

一、以研究促教学

研究和教学貌似存在不可调和之矛盾，实则一体两面、相互成就。研究型教学既可以深化研究，也可以丰富教学。

笔者所撰写的《江南古代都会建筑与生态美学》一书，由社会科学文献出版社于 2012 年 12 月出版。与此同时，这本书还是笔者 2009 年 10 月主持的 2009 年国家社科基金后期资助项目“行走的空间——江南古代都会建筑与生态美学研究”［09FZX013，已结项（20121127）］，以及 2015 年 12 月主持的 2015 年国家社科基金中华外译项目“江南古代都会建筑与生态美学”［15WZX013，已结项（20186006）］的立项依据和结项成果。另外，《江南古代都会建筑与生态美学》于2014年11月获得了苏州市第十二次哲学社会科学优秀成果奖一等奖。因此，在科研方面，这本书对于笔者来说非常重要。在此基础上，笔者还撰写过一本与之相关的《中国建筑美学史》，由山西教育出版社于2019年6月出版。这本书于2020年8月获得了苏州市第十五次哲学社会科学优秀成果奖三等奖；于2020年8月获得了江苏省第十六届哲学社会科学优秀成果奖三等奖。

于是，在此基础上，笔者开设了“江南古代都会建筑与生态美学”这门课程。2019年11月，笔者主持录播的中国大学慕课“江南古代都会建筑与生态美学”被立项为江苏省教育厅2018—2019年高等学校在线开放课程；2020年11月，入选教育部首批国家级一流本科课程（线上一流课程）。

这是一门在线开放课程，主要以江南古代都会建筑文化为例，分析其生态美学意义，将建筑学、生态学等工科类型课程与哲学、美学等文科类型课程，以及生态批评、地方文化等社会学科类型课程熔为一炉，广泛开拓学习者的知识领域与学术视野。

具体而言，课程致力于从单一的学科壁垒、藩篱中突围出来，融合文史哲工，跨接中国古代文化与西方最为前沿的哲学与生态问题，以哲学的眼光重新审视生态，为学习者打开阔大而敞显的学术视野。课程所讲述的内容并不只是象牙塔中的学思，所讨论的话题也不是与当下的社会现实无关的话题。正相反，课程是对当代西方社会的生态危机成为社会痼疾这一大背景的积极回应，是对于“生态美学”这一体系的理论建构，并表达出笔者对问题的心声与看法，以期达到师生情感与理论共鸣的双赢教学效果。

课程的主要内容致力于阐释江南古代都会建筑与生态美学二者之间的关联，旨在以江南古代都会建筑为具体的历史文本，实现中国本土思想与当代生态美学的相参互照。课程以跨学科的宏构模式切入文本的细枝末节，用充满诗意的生态体验，立体地还原了江南古代都会建筑的文化母题，为有中国特色的生态美学研究提供了一个实际案例。

课程在整体上分为导论、江南古代都会的多元品格、江南古代都会建筑的内在蕴奥、中国古代建筑的生态选择、江南古代都会建筑文化观念中生态美学的表达、江南古代都会建筑文化观念中生态美学的理性6个单元，共包含45个段落，分成45个问题进行讲述。值得注意的是，在教学过程中所讲述的内容，与《江南古代都会建筑与生态美学》一书是完全一致的。这意味着，学生既可以听取课程，也可以参照书本自主学习。

另外，笔者还在苏州大学范围内开设了一门新生研讨课（通识类选修课）——“生活·艺术·审美”，课程面向大学一年级新生（不限专业），一年2期——秋季学期（独墅湖校区）、春季学期（天赐庄校区），立意在于通过美育，塑造新人。

这门课程同样采取了研究美学的态度，开课之初，请各位同学相互介绍，认识彼此，组建微信群、QQ群，在教师和选课的学生之间搭建一个对话平台。教师和学生围成一圈，分别做自我分享，包括以下内容。

生活方面：“我是谁？”“我来自哪里？”“我所在的学院和我所学习的专业是什么？”

学习方面：“我为什么会选择这门课？”“我想在这门课上获得什么？”

艺术方面：“我如何与艺术结缘？”“我如何理解艺术？”“讲述一个我生活中印象最深刻、最让我难忘的与艺术之间发生的故事。”

心理方面：“我最近一次哭是什么时候？为什么？”“我最近一次笑是什么时候？为什么？”“什么时候我爱过一个人？”“什么时候我恨过一个人？”“我自恋还是自卑？”“我爱不爱这个世界？”

在黑板上划分出两个区域，左边的中心为“我”，右边的中心为“艺术”，分别分出上下左右四条线索。

针对“我”：我是谁？我来自哪里？我要到哪里去？我存在的意义是什么？

针对“艺术”：艺术是什么？艺术来自哪里？艺术要到哪里去？艺术存在的意义是什么？

要求每个人写出属于自己的答案，写满黑板。笔者指出，黑板上的区域分别属于本体论话题、发生论话题、目的论话题和价值论话题。未来4节课的历史介绍也将从这四个方面展开。拍照上传学生在黑板上书写时的照片，为每位学生留下初体验。这样一种课程模式的构思，以美学研究为进路，期望获得以研究促进教学的效果。

二、以开放扩视野

“江南古代都会建筑与生态美学”作为一门课程，以本科生为课程最主要的对象，同时通过网络对所有社会学习者免费开放——该课程的性质为高校学分认定课程，同时也是社会学习者课程，课程类型为大学生文化素质教育课。各类学生均可学习该课程，包括专科生、本科生、研究生、外国留学生，以及校外的已经毕业的各行各业的群体等。不限专业，无论年龄，无关行业，面向所有愿分享知识经验与人生体验的积极思考者。

该课程目前主要通过两个平台开课——在线大学（校内 SPOC 平台）和慕课（中国大学 MOOC）。两个平台均已开设 5 期，课程运行成熟。①

值得一提的是，该课程还入选了江苏省苏州中学校及江苏省苏州第十中学校的大学先修课程，数年来，为江苏省苏州中学校及江苏省苏州第十中学校的大批高中生培养和积淀了关于苏州古建筑、园林文化方面的素养。与此同时，笔者线下也积极开展与社会福利机构的合作，例如，将该课程作为苏州大学中国传统文化工作坊的课程与苏州姑苏区合作“公益课堂”，开设题为“江南-建筑的人文之美”的讲座，每班选课人数约 30 人；将其作为苏州大学继续教育学院的课程，在“苏大夜校”开设专讲。2018 年 7 月，笔者还指导该在线课程校内学习者——电子信息学院学生的“古街发展与变迁”团队的暑期社会实践活动。

课程自上线以来，在高校学生和社会学习者中共享范围广、应用模式多样，取得了较好的效果。校内教学应用情况良好，作为通识选修课程开设，已开课 18 期，选课人数共计 1 400 人。课程采用线上线下混合学习模式，线上学习包括观看视频和资料、专题讨论、专题测试和期末考试；线下有两次见面课，分别在学期初与学期末，主要内容是答疑和内容拓展。

课程于 2017 年 3 月在慕课平台上线，已开课 25 期，采用纯线上学习模式。选课人数总计超过 10 万人次，其中不乏国外高校（诸如卡耐基梅隆大学、华盛顿大学、兰卡斯特大学、加州州立大学萨克拉门托分校等）的学习者选择本课程，讨论区发帖总数 2 900 余条，学生反响热烈。

在此摘选几则社会学习者对课程的评价：

> 很有深度，通过跨界也就是交叉学科探索更深层次的问题，引发思索。在崇外及快餐文化时代，确实是一股清流，洗

---

① 平台首页网址为 https：//www. icourse163. org/。课程链接为 https://www. icourse163. org/home.htm？ userId＝1019-766859#/home/course。

涤灵魂，极赞。老师娓娓道来，不急不缓，无锋芒但字字珠玑，人心（性）安定，尤其对拙政园引童老的“满口金牙”，（让人）茅塞顿开，是我等后辈误读误解了。学建筑 30 年，被可乐毒害了，喝不来龙井但可以感应红茶之好，遂九曲红梅，祁门和滇红还是重了些，江南如是，江南都会如是，江南建筑如是，好课。

——明早悠悠

该课程让我结合本专业的知识进行融会贯通，在理解江南园林构造的基础上对其内涵有更深层次的见地，授课教师剖析大胆，又从小处着眼于园林建筑之奥妙所在，使我受益颇深。

——北岛与海

老师讲课深入浅出，把原本深奥玄妙的美学讲得生动有趣。江南园林以小见大，小中见大，虚中有实，实中有虚。这也正是哲学的真谛。

——繁恩 mooc

首先打开我的思路，通过老师的讲解，我发现原来建筑和生态在美上是共通的。在人与自然组成的这个“自然-社会-经济”复合生态系统中，建筑提供了一个容纳三者的空间，把天、地、人，自然、社会、经济容纳为同一个生态系统。其次，王老师知识渊博，通过他的讲解，我对古代都会建筑的艺术性和它所表达的人文精神有了一个初步了解，感觉收获满满。

——柳柳 ykt

“生活 · 艺术 · 审美”一课所讲授的内容、话题本身就十分开放，极大地培养了学生自由想象的能力。具体教案如下：

板块之一：历史介绍——文化形态与审美

板块之一的形式主要是历史介绍。历史介绍即以教师在讲台上讲述，学生在讲台下听讲的形式展开。艺术是人类文化的缩影，不同的人类文化形态造就了不同形态的艺术风貌。课程设置由两希（古希腊、古希伯来）文明入手，经由古印度，走向中土，形成高潮。

第一节　介绍古希腊罗马的艺术起源及其发展

本体论维度："美是什么？"

发生论维度：灵感的来源

目的论维度：Being 和 To Be

价值论维度：摹仿说、四因说和悲剧观

第二节　介绍古希伯来的艺术起源及其发展

本体论维度："信是什么？"

发生论维度：信仰的来源

目的论维度：契约与救赎

价值论维度：游牧文化之于定居文化的价值

第三节　介绍古印度的艺术起源及其发展

本体论维度："空是什么？"

发生论维度：觉悟的来源

目的论维度：从罗汉到菩萨

价值论维度：从解脱到拯救

第四节　介绍古代中国的艺术起源及其发展

本体论维度："道是什么？"

发生论维度：人性本善不是人性善

目的论维度：成圣、成仙、成佛

价值论维度：何谓圆融

板块之二：参与讨论——艺术作品与审美

板块之二的形式主要是参与讨论。参与讨论的形式为学生随机地组成 3 个小组，彼此讨论前一周布置的观看作业，经过 15 分钟的讨论后，选出发言代表上台发言，为艺术作品打出"豆瓣评分"，并凝练出 3 个关键词发表演说，告诉大家这部作品美在哪里、如何评价。3 组发言结束后，教师走上讲台，从专业理论的角度对作品作出分析和解读。

第一节　讨论电影类型之一：现实主义代表杨德昌电影《一一》

根据学生讨论的内容作出总结，并提出话题，组织深入讨论。

话题之一：如果你是电影中的一个人物，会是谁？人生会有什么不同？

话题之二：何谓“恐怖”？何谓“暴力”？何谓“生死”？

话题之三：电影中的蒙太奇手法运用在哪里？有什么意义？

第二节　讨论电影类型之二：浪漫主义代表顾长卫电影《孔雀》

根据学生讨论的内容作出总结，并提出话题，组织深入讨论。

话题之一：如果你是电影中的一个人物，会是谁？人生会有什么不同？

话题之二：何谓“理想”？何谓“成功”？何谓“角色”？

话题之三：电影中的线索和角度有什么特别之处？

第三节　讨论电影类型之三：文艺片代表金基德电影《春夏秋冬又一春》

根据学生讨论的内容作出总结，并提出话题，组织深入讨论。

话题之一：如果你是电影中的一个人物，会是谁？人生会有什么不同？

话题之二：何谓“欲望”？何谓“轮回”？何谓“超越”？

话题之三：电影中的场景具有怎样的价值？

第四节　讨论电影类型之四：动画代表宫崎骏电影《千与千寻》

根据学生讨论的内容作出总结，并提出话题，组织深入讨论。

话题之一：如果你是电影中的一个人物，会是谁？人生会有什么不同？

话题之二：何谓“青春”？何谓“爱情”？何谓“幸福”？

话题之三：动画电影的独特魅力在哪里？

第五节　讨论文学类型之一：20 世纪 80 年代朦胧诗《一代人》

根据学生讨论的内容作出总结，并提出话题，组织深入讨论。

话题之一：朦胧诗为什么是“朦胧”的？

话题之二：诗人与诗歌，哪个可信？哪个可爱？

话题之三：我们这一代人如何存在？生活在20世纪80年代的人的存在与我们的存在有何区别？

第六节　讨论文学类型之二：20世纪80年代史铁生的小说《命若琴弦》

根据学生讨论的内容作出总结，并提出话题，组织深入讨论。

话题之一：先锋小说和历史小说，与史铁生的命运题材小说有什么区别？

话题之二：我们是正常人吗？谁没有残疾？

话题之三：如何理解史铁生小说中的生死观？

第七节　讨论文学类型之三：当代科幻文学代表《三体》

根据学生讨论的内容作出总结，并提出话题，组织深入讨论。

话题之一：科学是艺术吗？

话题之二：人类会被人工智能取代吗？

话题之三：幻想如何融入科学？科学如何融入幻想？

第八节　讨论造型艺术类型之一：书法——《张猛龙碑》与王羲之

根据学生讨论的内容作出总结，并提出话题，组织深入讨论。

话题之一：魏碑是硬笔书体吗？是群体创作吗？

话题之二：帖学是软笔书体吗？是个人创作吗？

话题之三：中国书法的魅力在哪里？

第九节　讨论造型艺术类型之二：绘画——《最后的晚餐》与敦煌壁画

根据学生讨论的内容作出总结，并提出话题，组织深入讨论。

话题之一：何谓“素描”？何谓“工笔”？

话题之二：何谓“工笔”？何谓“写意”？

话题之三：建筑与艺术的关系是什么？

第十节　讨论造型艺术类型之三：建筑——故宫与留园

根据学生讨论的内容作出总结，并提出话题，组织深入讨论。

话题之一：帝王苑囿的本质是什么？

话题之二：私家园林的本质是什么？

话题之三：建筑美在哪里？

第十一节　讨论造型艺术类型之四：家具——桌椅板凳

根据学生讨论的内容作出总结，并提出话题，组织深入讨论。

话题之一：何谓“坐卧”？

话题之二：从席地而坐到垂足而坐意味着什么？

话题之三：何谓“一桌二椅”？

三、以摄影代记诵

“江南古代都会建筑与生态美学”作为一门课程，在授课过程中，充分利用信息技术的优势，在视频中配置了大量的插图、音乐、动画和电影电视片段，以配合讲解者的文案和讲解，以期达到让学习者身临其境的学习效果。同时通过与课程同步配套的线上指导，包括作业、答疑、专题讨论等，力求提供一种全新的观察视角和学习模式，让学习者能够从“生态美学”这一特殊角度自我建构对于江南古代都会建筑的认知。

更重要的是，这门课程（包括结课考核）有着无处不在的师生互动，以丰富和完善学习者的学习体验。课程注重对学习者批判性思维、分析问题和解决问题能力的培养。教学团队精心设计和组织讨论区的话题，这些话题大大激发了学习者学习知识、探索问题的浓厚兴趣。

在考核方面，每一节课在视频播放时会弹出各种小题（不计入总分），与学习者时时互动。在每一单元学习结束时，也会布置单元作业，以便考查学习者对课程的接受程度，巩固学习者业已获取的知识，引导他们进一步对话题进行各种深入思考，以期达到深层育人的教学效果。

就具体的考核方法而言，课程采用了多元组合的考核方法，包括视频观看情况、视频中的问题回答、单元作业、期末作业、平时讨论区表现等。这些考核方法不以一时一试为结果，力求让学习者在持续性的学习过程中建立良好的自我认知与评价。

课程的成绩评定主要包括三部分：平时讨论（20%）、单元作业（30%）、期末作业（50%），各项综合成绩达到60分以上者为合格，80分以上者为优秀。其中，平时讨论（讨论区）分为教师答疑区、课堂交流区和综合讨论区，讨论区得分由其发帖数和点赞数决定。为了考查阶段性学习成果，课程设置了单元作业共6题，均为开放式题目，由教师批阅评分。

期末作业分两种：试卷一，提交与课程相关的学术论文一篇；试卷二，制作一部关于江南古代建筑生态之美的视频。评分标准为，试卷一：文从字顺，能够以具体的例证说明自己的观点（60分）；表述具有逻辑性，论文眉目清楚（10分）；观点成熟，能够引用相关典籍文献（10分）；观点新颖，文词丰赡，论证充分，起承转合结构完整（20分）。试卷二：能够提供与江南古代都会建筑有关的影像内容（60分）；能够发现江南古代都会建筑中的生态意蕴（20分）；能够内涵一定的逻辑线索（10分）；拍摄唯美，感染力强，有艺术氛围（10分）。

“生活·艺术·审美”课程的教学理念则更为多元。其授课的形式主要是艺术实践。所谓艺术实践，是由教师带领，让学生具体地参与到艺术创作实践中去。艺术体验不是被动地接受，而是主动地创造，真操实干，才能积淀出审美的记忆。所以，浸润式的课堂将让学生们走出课堂，真正在艺术的世界里完善自我的心灵，放飞情感和想象的翅膀，理解艺术的力量。

例如，浸润于文学艺术，班上所有学生写一首诗，教师和学生一起写一首诗，并把这些诗抄在黑板上，发在聊天群里；浸润于书法艺术，学生各自携带笔墨纸砚，在教师的指导下，完成一幅书法作品；浸润于绘画艺术，学生各自携带笔墨纸砚，在教师的指导下，完成一幅绘画作品；浸润于园林艺术，教师带领学生，参访留园，让学生在真正的园林艺术里感受建筑的魅力。这门课程最终的成绩评定，同样是采用拍摄视频的方式来完成，评分标准与“江南古代都会建筑与生态美学”类似。

四、结语

中国当代高等教育必须在传统教学模式的基础上有所探索，有所更新，无论是教材教案、教学方式、教学过程，还是考核方式，苟日新，日日新。以研究促进教学，以开放扩展视野，以摄影代替记诵，不失为可以积极尝试的方法和路径。

人文视野中的影视艺术基础教学

邵雯艳

目前，在主要发达国家，影视教育已成为通识教育甚至公民教育的重要组成部分，因此有专家呼吁，国内高校要在观念、体系、操作三个共时态层面上，“在三个一级学科（艺术学、新闻传播学、文学）学科群的支撑下，形成以‘素质教育体系’、‘相近教育体系’、‘专业教育体系’三方面构成的完整而又有层次的影视教育运作体系”。[①] 作为素质教育体系的具体组成部分，可供不同专业学生共同选修的影视艺术基础类课程一直深受大学生欢迎。一项在多所高校学生中展开的调查研究表明，绝大多数（86.1%）的大学生认为该类课程主要起到“缓解现实生活中的压力”的作用。[②] 认为影视艺术基础类课程简单易学，甚至不用学就能轻轻松松拿学分，这也是许多人对该类课程的印象。想要即时获得选修学分的急功近利导致了对影视艺术基础教学的轻视、漠视或错误认识。课程定位不清、娱乐先行、内容陈旧、模式呆板的情况普遍存在。课程的真正价值和重要意义必须置于广阔的人文视野中才能得到正视，其教学手段和实现范式也只有在此基础上才能进行有效讨论。

一

人文视野之中，影视艺术基础教学的价值意义不在于培养直接从事影视创作的实践型人才或理论研究的专家学者（当然，也有个别学生因为接触该类课程而以影视作为日后发展的方向），而在于通过影视艺术的学习，促成学生自我内化、充实心智、陶冶情操、净化灵魂，实现更为真实和完整意义上的“人”的自由、和谐发展及真善美的有机统一。人文教育的最高目标在于培育学生的人文精神，影视艺术基础教学也同样如此。

抽离了艺术审美、情感体验和灵魂叩问的个体，失去了作为“人”的全面性、丰富性和独特性，人只能作为社会结构中某一抽象概念而盲目存在。他们纵使掌握了坚实的专业知识和强大的操控能力，于个人则

---

① 孟建：《中国高校影视教育发展战略（上）》，《现代传播》1999 年第 4 期，第 86 页。

② 艺术学编委会：《艺术研究：艺术与影像/范式与教育》，学林出版社，2005，第 201 页。

难以实现人性的完善修炼、人生的幸福圆满，于社会则难以在人文关怀的至高境界奉献才智。目前，在国内，“素质教育”人尽皆知，但偏狭的应试本质并未得到根本改善。通过高考的应试体系进入高校的青年学生，大多数未曾接受过高质量、持续性、系统化的文化艺术教育，文艺意识淡薄。影视艺术基础类课程凭借影视媒介自身生动直观的强大感染力和平易近人的亲和力，跨越文化娱乐与艺术教育、专业传授与情感培育、学校教育与社会教育的边界，对青年学生身心健康的成长具有非常重要的价值意义。

二

人文视野之中，影视艺术基础教学应该培养学生必需的影视媒介素养，发展学生的影视语言能力，在透彻解读影视作品的前提下，超越时空的限囿，勘探远去的历史，体察多元的文化，开阔并夯实知识结构，驰骋自由的感怀与想象，在声像的审美愉悦、文化浸染和深沉思索中，感知人的生命过程，关注人的生存状态，追问人的生活意义，探索人的精神世界，最终达到自我的人格完善和人性提升。

（一）影视媒介素养的培养是实现影视艺术基础教学人文化的必要前提

电影、电视在所有大众传播媒介中最具有大众性质。连续运动的图像、声音和适当的文字符号是电影、电视的外在形态。这三类传播符码的综合作用，同时作用于受众视觉、听觉两个通道。这一具象的传播方式直观可感、通俗易懂，使受众不需要经过如接受印刷文化那样的特殊训练就能接近。因此，许多人认为影视艺术是不学即会、无师自通的，并不需要专门的学习和培养。而上升到艺术层面的影视作品不同于一般影视作品，它更讲究以独特的影视语言和严密的章法结构来隐晦地表达深刻的主题。在影视艺术基础教学中，笔者发现绝大多数学生对电影、电视作品的接受仅停留在追逐情节的低层次上，也有少部分学生注意到人物形象的分析。总体来看，学生大多以文学或戏剧的方式来看待电影、电视，对影视语言非常陌生，无法领会声画所传达的丰富信息，难以驾驭时空转换的繁复结构，不能深入剖析作品所蕴藏的深意，甚至在面对诸如表现主义电影、抽象电影、超现实主义电影、非理性主义电影、左岸派电影等具体作品时，连故事内容层面的解读也一筹莫展。可见，要充分而深入地理解影视艺术作品，必须具备一定的影视媒介素养。因此，影视艺术基础教学需要广泛介绍影视美学特性、影视语言、影视发展简史、影视思潮流派等相关知识，扫清学生对理论知识的缺失导致的认知盲点。

影视美学特性的界定包括分析电影和电视的综合性、动态性、逼真性与假定性等，综述影视艺术属性和鉴赏含义。影视视听语言的讲解，涵盖构成影视视听语言的各元素及其意义、功能，指导学生细致捕捉一切影像和声音讯息，寻找解开作品主旨的钥匙。如通过对景别的梳理，学生可以体会以特写流露人物隐秘心理的表现手法，如《花样年华》；以大远景呈现人与环境关系的意境，如《黄土地》。蒙太奇作为影视艺术的结构手段、艺术形式和独特的思维方法，应该予以突出讲解。在了解蒙太奇的界定特性、类型手法和意义效果之后，学生才能深刻认识诸如《海角七号》中尘封已久、迟迟未能发出的信件所隐藏的逝去的爱情在影片整体架构中的举足轻重的作用，而不是断章取义，仅仅关注现时恋人的悲欢离合。通过对视听基本要素和蒙太奇的讲授，培养和锻炼学生的影视媒介素养，改变其影视接受的习惯模式，以声画语言和时空特征来接近电影、电视的本体。

对影视发展历史的简单介绍可以贯穿影视美学特性、视听语言的讲解，可以单独列出，更可以与影视思潮流派两相结合，令学生深化对电影、电视技术与艺术发展历程的了解，尤其是对戏剧化、纪实主义、现实主义、现代电影电视等不同表现手段、艺术风格和美学理念的领悟。如在世界电影再现与表现美学胶着的背景中，《偷自行车的人》的特征和价值更能凸显；置身于华语电影发展的历史链上，《卧虎藏龙》的文化坚守和跨越才能体现其开创性意义。课程内容也可以针对当代影视艺术的发展趋向，如对影视艺术的社会性与时代性、民族性与国际性、文化品格与艺术创新等方面予以前瞻式的探讨，以开拓学生的影视思考。

（二）在影视艺术中获得对历史、现实、本土、异域等人所处的情境概念的人文认知，是人文化的影视艺术基础教学的重要构成

影视艺术的确具有愉悦感官、舒缓情绪的功用，但这仅仅是受众对影视艺术低层次的使用和满足。如果说寓教于乐是教育所追求的理想状态，它在教育对象的接受心理、教育内容的有效实施和教育效果的最大化之间达成了某种协调，那么影视艺术基础是非常适合推行寓教于乐的教学领域。影视艺术作品的首要任务是供给受众美妙的审美体验和心理释放，同时大容量的知识伴随着多元的观念夹杂而来，受众在潜移默化、不知不觉中受到影响。电影、电视是栩栩如生的全方位的“人学”。海洋之大，毫发之细；千里之遥，咫尺之距；上至天文，下至地理……电影、电视将社会和自然生活的各个角落尽收眼底。电影中，既

有讲述生活、爱情、战争、历史、神话、地理、未来世界等内容的故事影片，也有真实客观的纪录影片，以及介绍丰富的科学知识的科普影片。电视节目中，自然科学、社会科学无所不包，物质生活、政治生活、文化生活知识无所不有。影视艺术是反映无限时空生活的一面镜子。

影视艺术通过对影像和声音语言符号的自如运用、声画表意与情节表意的互相结合，在风云变幻的历史纵贯与异彩纷呈的空间横亘中确定坐标定位，以“情境化”或“境域化”的方式来演绎人文之“道”，使隐喻的人文知识获得还原现实的基本境域，令受众身临其境，深切感受特定的时代与环境，并从符合一般意义上人性本质的角度去审视与品评，形成辨识世界、体认历史的基点和依据。时间和空间的经纬交织能够帮助受众很好地理解特定的人文境域的内涵：《法国中尉的女人》渲染着19世纪欧洲的禁锢、压抑和感伤；《美丽人生》中父子情深的交融、游戏人生的乐观反衬着鲜血与死亡、恐怖与阴冷；《现代启示录》中越南战争烽烟再起，人因欲望膨胀而失去约束、荼毒生灵，最终丧失理智、自取灭亡；《霸王别姬》围绕京剧这一传统文化精粹勾连起自清朝至20世纪70年代的中国记忆……艺术属性与人文属性的叠加通过时空艺术获得再现和表现。影视艺术在遵循客观的前提下，始终不放弃主观的人文思考，这一可贵的努力使其能够超越政治、经济等功利因素的藩篱，在个性的自由张扬、观念的多元冲撞中，回归人性的统一，在更高的层面上达到真实。

因此，影视艺术基础教学要注意强调对具体作品历史和文化背景的阐释、探讨。在作品分析中，把与作品内容相关的时代和地域信息、尘封往事和价值观念、民族个性和文化差异整合之后介绍给学生，让学生超越具体作品的视听技术分析，站在人文的高度去感受作品情境的感性细节和理性蕴含，更深切地理解创作者和他们的创作，形成对于历史和世界的人文关怀。

（三）在影视艺术中感受高扬的人文精神，在审美情感的共鸣中获得关于人之所以为人及人如何为人的根本认同，是人文化的影视艺术基础教学的最高诉求

马尔库塞指出，在大众传媒所造成的单向度社会中，古典的优秀艺术正在当代社会逐步失效，现代艺术所蕴含的反抗精神正在被高度同一

化，这其实是一种对自由与个性的扼杀。① 流水线生产、大批量复制的影视工业产品，类型化、模式化、世俗化、娱乐化的缺陷普遍存在。平庸的影视作品容易让学生陷入伪审美、伪快乐，在梦幻般的视听境界中宣泄情感、补偿现实、安抚心灵，随波逐流地被动观看，丧失了理性批判精神和深度思考的能力。影视艺术不仅敞开了审视外在时空的视野，更引领了主体向内看的心灵关注。因此，影视艺术基础教学应该特别强调影视构成中位居高层次的艺术基因。尽管迄今为止，人类对艺术的界定并未完全，但在艺术与人类情感不可分割这一点上并无严重分歧。艺术作品及其相关的艺术活动不同于其他人类创造物及其创造活动，它总是与人类的情感和心灵世界相呼应。在影视发展史上，艺术大师们前赴后继，运用他们的智慧和才华，不断地探索影视艺术的表现潜力，使他们的作品蕴含了深幽莫测、难以穷尽的人类情感表达，并以诗情画意的独特表述建构起文化品位相当高的艺术本体形态，使得电影、电视超越了杂耍、游戏的低级身份，与其他种类的艺术精品比肩而立。在日益机械化、程序化和符号化的当今社会，拜金主义、享乐主义、追名逐利的价值观念侵蚀着人类善良、淳朴的本性，人生观尚未成熟的青年学生更需要超越强烈的物质欲望，在审美中培育美好、和谐的情感和心灵；更应当乐于深刻思考，对精神世界进行人文观照，修炼理想人格。

艺术作品是创作者与接受者之间情感的连通器。影视艺术基础教学必须以高层次文艺单元作为主导，以经典作品的介绍和鉴赏为中介，触发学生通过审美感知沉醉于屏幕呈现的艺术形象世界，并运用合理的联想和想象，就自己的文化修养、审美积累等实施必要的心理完形，以丰富和补充影视艺术的心理图示；同时，激发学生释放自己的情感，将自我的主观情感与作为对象的影视艺术相融合，物我两忘。在深度认同的基础上，学生能够分享影视艺术中隐含的人文精神的言说快感，从和善、纯净的人的本性出发，思考人生的价值归属，努力建立个人与外在世界的和谐关系，从而构筑起坚强而稳固的精神家园。《克莱默夫妇》《金色池塘》《那山那人那狗》《太极旗飘扬》《金婚》等影视作品中丈夫与妻子、父母与孩子、兄弟姐妹之间的芥蒂隔膜化解于日常生活细节中的亲情流露，浓郁的人情打动人心；《法国中尉的女人》《英国病人》《看得见风景的房间》《牵手》等影视作品以对真爱的追寻来诠释生命

① 赫伯特·马尔库塞：《单向度的人——发达工业社会意识形态研究》，刘继译，上海译文出版社，1989，第59页。

的意义；《理智与情感》在理性与感性的双重制约中平衡与协调……影视艺术的精英文化品质和丰富人文内涵赋予学生心灵意义上的爱的能力，而这种能力较之于专业知识或技能，同样会令学生终身受益。

三

人文视野之中，影视艺术基础教学绝非“看”电影或电视这般简单，教师绝非放映员，学生也并非自在的观众。手段的丰富和常新、模式的规范和稳定、教学规律的探索和总结等，影视艺术基础教学涉及的诸多领域亟须整合人文科学和自然科学的智慧和力量，开展研究和实验。

人文化的影视艺术基础教学需要强化师生之间的对话和互动。科学教育讲求扼要、精简与准确，而人文教育具有强烈的隐喻性、开放性与不确定性。影视艺术基础教学不苛求知识传授的立竿见影，更崇尚学生内在人文感悟的意义建构。影视艺术情境化的声画表意、复杂曲折的叙事陈述，提供了多元和个人解读的可能。因此，课程的讲述及影片的分析必须保证充分的探索性，允许不同理解和体认的自由表达。以师生间的对话式交流来补充和丰富教师一人独白的呆板授课，弥补个体意义建构的偏颇，尤其针对具体影视作品的艺术分析及某一影视思潮的评价面向学生提问，鼓励学生独立思考，积极参与课堂讨论和辩论，撰写影评或感想，这是影视艺术基础教学的有益方法，更能体现教学中的人文精神。

人文化的影视艺术基础教学需要突出多媒体技术的创新和实践。形、声、光、电合一的记录、储存、传输和调节教育信息的多媒体技术、手段和模式在现代教育中已臻成熟。当今时代正经历着纸质文化向视觉文化的转变，这种现象被称为“影像狂欢”。在这一背景中成长起来的大学生，其形象化的直观感知胜过对教师语言和板书的接受。影视艺术基础恰恰适合多媒体的组织和表现。教师要精心准备影视资料与收集信息，以视频资料的播放调动学生的兴趣和求知欲；可以在教学内容的讲解中穿插精彩的影视片段，便于学生理性联系感性去认识；可以就某个专题讲解的需要，选择经典作品或有代表性的作品完整播放，之后进行专题剖析的深度教学；由于课堂时间的限制，也可以择取情节主干片段或规定情景片段放映，用串讲的方式勾画情节线索，对作品进行局部分析；可以为学生提供网上资源，充分发挥互联网资源的共享性及不受时间、空间限制的优势，扩大教学范围。

人文化的影视艺术基础教学，要实现知识传授、影视鉴赏与制作运用的多维综合。随着科技的进步，数码摄影设备、编辑软件，以及网络、手机传播日益完善与普及，影视创作的门槛已降低到可供个人操作的层面，每个人都可以编织自己的影像世界。影视艺术基础教学也可以适当鼓励学生在课外尝试影视短片的创作。成为影视艺术创作主体而不仅仅是接受客体，能让学生明白自己知识体系和实践操作的不足，有目的地积极投入课内外影视学习，让学生在传统的纸笔之外寻找到承载人文情感的有效媒介。此外，青春洋溢的艺术创作通过亲和的传播平台，更能将影视艺术的人文精神四处播撒。

“语言学概论”的教学创新实践

杨黎黎

一、“语言学概论”的课程概述

“语言学概论”（以下简称“语概”）于大三开设给汉语言文学专业的学生，具有承前启后的作用，上承大一、大二的语言学课程“现代汉语”“古代汉语”，是语言学大类基础课中对汉语本体知识的总结；后启研究生语言学课程“计算语言学”“认知语言学”“社会语言学”，它们作为语言学的各个分支，其概况都在“语概”中体现出来。“语概”课程“概”的是两个方面：一是对汉语本体知识的总结，二是对人类语言学规律和语言学分支的概括。所以，从整个语言学课程架构来看，“语概”是从“汉语”到“人类语言”，从“汉语本体知识”到“语言应用”的层层递进。

苏州大学文学院的“语概”课程立足于 2 个国家一流本科专业、1 个国家特色专业、1 个省品牌专业等优势和深厚的历史积淀，培养学生具备扎实的汉语言文学专业功底，拥有宽阔的人文视野和独立获取知识、提出问题、分析问题、解决问题的基本能力及开拓创新的精神，使其毕业后，能胜任文化、教育、出版、传媒等企事业单位的文字写作与运用工作，或顺利取得硕、博士学位，成为未来在高校、研究机构或相关部门从事学术研究与文学文化传播工作的专门人才。

二、教学过程中遇到的痛点问题

（一）教学理念滞后

传统教学理念及其模式依然根深蒂固，教师现代信息意识不强，教育技术能力与素养不高，信息技术与教学过程各自处于孤岛或松散联合状态。

（二）课程目标单一

单一的课程目标难以有效支撑专业培养目标，专业适用性差。“语概”面向汉语言文学、汉语国际教育、秘书学、播音主持等不同专业的学生，其培养目标不同，专业特色不同，势必要求课程目标也不能完全相同。

（三）知识理论性强

学科理论性强，知识点晦涩枯燥，内容陈旧封闭。“语概”作为语言学的基础理论课，其自身的学科内容和学科性质决定了这门课程的知识理论性较强，因而与文学类课程相比就显得枯燥乏味。但由于语言学的研究对象是与生活息息相关的语言现象，这就需要教师善于挖掘日常生活中的语言现象。从语言现象入手，运用语言学理论去解释相关现象，达到深入浅出、学以致用的目的。

（四）内容缺乏更新

现行教材没有及时更新内容，导致历史与现实脱节、国外与本土割裂。“语概”的知识体系中存在不少厚古薄今的问题，对当前的现实语言生活不够重视，而新文科建设的核心要义是立足新时代，回应新需求。此外，“语概”教材的内容大多为西方语言学理论，对中国本土的语言学理论和语言现象不够重视。

（五）理论和实践割裂

仅仅传授语言学理论知识，忽略对学生综合能力的培养，导致学生理论与实践脱节，不能满足社会需求；造成许多学生职业道德缺失，学习能力不足，无法融会贯通、举一反三。

三、课程教学目标

（一）知识目标

能够列举出语言的性质和功能，通过具体的案例引导学生了解语言的普遍特征和规律。掌握人类语言的本质、结构和演变的规律，厘清世界各种语言的共性。理解我国语言资源的多样性和濒危性。能够用语言学的基本研究方法分析语言学现象，掌握语言学研究的基本思路，并理解语言学的流派和分支的主要观点。

（二）能力目标

应用语言的基本性质和功能，将语言服务于社会。引导学生从了解语言功能进阶到对语言资源的现状进行分析，培养学生从语言功能信息迁移到语言服务的能力，能够用语言服务特殊人群、应对突发事件；通过分析我国语言资源的多样性和濒危性的成因，培养学生的批判性思维。

（三）素养目标

通过对语言功能和语言资源的学习，让学生感受到语言资源的多样性，热爱汉语和中国传统文化。通过对保护语言资源的各种跨学科手段的学习，让学生具有开拓创新的精神，珍视我国的语言资源，领悟民族团结精神，拥护党的民族理论和民族政策。通过语言功能的学习，培养学生尊老爱幼的中华民族优秀传统美德和家国情怀。培养学生认同和坚持优秀的中华传统文化，树立文化自信。通过阐释当前中国社会热点问题，引领学生树立中国特色社会主义道路自信、理论自信、制度自信、文化自信。语言的多样性使学生认识我国各个民族的语言、世界上不同国家的语言，在多元语言文化的碰撞中坚守中国文化的立场。

四、教师的教学创新实践

（一）教学理念创新

坚持以学生为中心，将西方语言学理论和中国特色语言学融合，坚持树立学生的文化自信，促进多元文化交流交融。培养学生传承中华优秀传统文化中的思想观念、人文精神、道德规范，提升人文素养、跨文化能力。努力实现传统文化的创造性转化、创新性发展，使之与现实文化相融相通，共同服务以文化人的时代任务。

（二）教学内容创新

在新文科建设中，学科融合的出发点是人才培养、文化创新、产业革命等方面的实际需要，而非刻意寻求两个学科之间形式上的交叉，注重以问题导向为引领，侧重于问题是否得到妥善解决。基于此，“语概”从跨学科的知识角度解决若干原因问题，诸如如何利用语言的思维功能探究自然语言跟人工语言的区别？如何利用新技术保护语言的多样性？如何通过多种语言的语音识别软件保护语言的多样性？

以往，“语概”这种基础理论性的学科跟企业结合的案例较为少见。苏州大学文学院从语言服务的视角开展“政产学研”一体化驱动的语言服务课程体系。按照语言服务公司的操作模式完成项目的启动、分工、推进、管理、结项、售后服务和评价（主题和分层教学），并制定合理的报酬分配原则，指导学生从一件事做起，从岗位做起，在项目实施中了解各种语言服务，掌握对外传播等工作的重要性。在此基础上，可以引导学生对实践进行理性反思和总结，形成实习实践报告或研究成果（内省与评估）。教师还可以跟踪学生的职业发展情况，完成认知、心理、能力等相关研究课题，充分发挥基地作用，实现产学和科研的有机融合。

五、课程思政建设

课程思政建设将人才培养目标、课程思政、职业素养有机融为一体，重视学生职业素养的提升，进一步丰富学生的职业教育内容，将职业精神、职业能力、职业道德意识等内容融入专业教学，包括爱岗、敬业、忠诚、奉献、正面、乐观、用心、开放、合作等。在“语概”课程教学中，基于辩证唯物主义和历史唯物主义，设计理论联系实际、矛盾分析等教学方法，达到“知识传授—能力与素质培养—价值观塑造”的教学目标。在其中设置两条授课内容线条：一条是专业知识的“明线”，一条是课程思政的“暗线”，暗线有效嵌入明线，达到同向同行的效果。

六、评价体系的改革

“语概”在多年的教学实践中改变了一卷定分的模式而使用过程性评价。更重要的是，课程具体说明了如何过程化：结合学生线上线下的各种表现打分，分为知识、能力、素养三个维度，包括课堂表现、线上表现、新媒体互动、语言学实践活动、期末考试。前三项具体考核要求如下。

（一）课堂表现

课堂表现包括出勤、课堂问答质量、课堂汇报、学生发言积极性和质量、课程思政学习程度。出勤按照指纹打卡统计，按照考勤比例与分值权重计算。课堂问答采用记录式，一次 2 分，上限 5 分。课堂汇报分展示和讨论两部分，展示部分占总成绩的 10%，学生根据教师预先下发的问题查阅资料，制作 PPT，进行课堂汇报展示。评价主要根据课堂汇报与课上讨论的情况给出，具体权重比例包括汇报内容（占总成绩的 5%）、口头表达（占总成绩的 2%）、PPT 制作（占总成绩的 3%）三个方面。讨论主要包括教师的提问、学生的答问和组间讨论，占总成绩的 10%。教师对知识要点进行归纳总结，同时抛砖引玉，引发学生对于知识点的可行性与拓展性进行深入讨论和思考。

（二）线上表现

线上表现包括视频观看进度、学习资源完成进度、学习资料库观看次数，以及与视频配套的随堂作业、章节测试。学习视频对应每个章节的碎片化知识，按照观看的视频段数与总视频段数之比，并乘分值权重来计算视频学习成绩。随堂作业是每段视频配套的作业题，按照答题正确率与分值权重的乘积来计算随堂作业成绩。章节测试是每章节结束后针对重点和难点配套的测试，按照答题正确率与分值权重的乘积来计算成绩。

（三）新媒体互动

参与新媒体互动教学的次数和质量、思维导图的绘制质量、头脑风暴呈现、弹幕、提问答疑活动讨论区发帖及回答各占 2.5 分，“口水”

帖不得分，精华帖得 1 分，无意义回答不得分，有帮助回答得 2 分，上限分各为 2.5 分。教师可就讨论区发帖及回答的数量及质量予以调节分，上限为 5 分。

七、结语

在教学创新实践中，苏州大学文学院也收获了很多创新成效。立足于“语概”，教师带领学生在语言文字类比赛中获得国家级和省级最高奖项，完成了省级“大创”项目；汉语国际教育成功申报了国家级一流本科专业。创新还推动了课程在苏州大学的推广，主讲教师又开设两门跨学科“语言+”全校通识课程。

地方语言文化资源在“语言学概论”课程中的应用

——以苏州地方语言文化资源为例

陶家骏

“语言学概论”是高校中国语言文学类本科专业必修课程之一，通常在中高年级开设，学生在此之前已完成“现代汉语”“古代汉语”等相关课程的学习，具备了一定的基础知识，因此“语言学概论”课程应以巩固、提升学生对语言学相关知识的认知为目标，使其扩展视野，深化对语言学基本理论和基本概念的理解和掌握。“语言学概论”课程理论性较强，一向被认为是一门难教、难学的课程。为了激发学生的学习兴趣，提升他们对语言现象及理论的理解和掌握，笔者经过多年教学实践，提出将地方语言文化资源与“语言学概论”课程进行多模态结合的思路①，并将国外科学教育领域广泛使用的5E教学模式引入课程教学②，取得了较好的教学效果。本文将着重以苏州地方语言文化资源为例，探讨如何将地方语言文化资源在“语言学概论”课程中更好地加以应用。

一、苏州地方语言文化资源简介

苏州话属吴语太湖片苏嘉湖小片，作为吴语的代表之一，可用于“语言学概论”课程教学的苏州方言文化资源相当丰富。

首先，苏州话在历史上有着很高的地位。苏州话以软糯著称，自古便有“吴侬软语”的说法，堪称最好听的方言之一。昆曲和评弹都使用苏州话，流行于整个吴语太湖片。中国近代有四大白话——京白、韵白、苏白和粤白，而苏白无疑是江南地区最流行的语言，甚至京剧在一开始都曾使用过苏白。此外，作为历史悠久的方言之一，苏州话保留了许多中古汉语要素，例如平上去入四声、全浊声母、尖团音等，还有许多中古字词，可以与《广韵》等古代韵书相互印证。对于当地学生来

---

① 杨黎黎、周品、陶家骏：《地方语言文化资源与“语言学概论”课程的多模态结合——以苏州大学为例》，《教育现代化》2019年第83期，第210-212页。

② “5E”即吸引（Engagement）、探究（Exploration）、解释（Explanation）、迁移（Elaboration）和评价（Evaluation）。参见陶家骏：《基于5E教学模式的语言学概论课程教学改革实践》，《教育现代化》2020年第70期，第81-85页。

说，接触和了解苏州方言文化有着得天独厚的地域优势，同时这对增强他们保护和传承方言的语言意识也有着重要的意义。

其次，苏州方言研究较为充分，成果丰硕，可为“语言学概论”课程教学提供许多宝贵的材料。从明代到近代，以苏州话为主的吴语文学作品众多，涵盖小说、传奇、弹词、民歌等各种体裁，如明代冯梦龙、凌濛初的“三言二拍”中收录了不少苏白。清末韩邦庆的《海上花列传》更是将人物的对白全部采用苏白，也是我国第一部方言小说。石汝杰、宫田一郎主编的《明清吴语词典》① 引用文献400多种，收录词语16 843条，可谓集大成之作。此外，赵元任撰写的《现代吴语的研究》② 是我国第一部应用现代语言学方法调查吴方言的专著，开启了汉语方言研究的新时代。改革开放以来，石汝杰、张家茂的《苏州市方言志》③、叶祥苓的《苏州方言志》④、钱乃荣的《当代吴语研究》⑤、叶祥苓的《苏州方言词典》⑥、汪平的《苏州方言语音研究》⑦、李小凡的《苏州方言语法研究》⑧、丁邦新的《一百年前的苏州话》⑨、汪平的《苏州方言研究》⑩、翁寿元的《无锡、苏州、常熟方言本字和词语释义》⑪、汪平的《苏州方言词语》⑫ 等论著对苏州话语音、词汇、语法等开展了十分深入的研究，从中可以找到很多可资利用的教学资料。

最后，苏州话多模态资源日益丰富。多模态指采用多种构建意义的手段和符号资源，尽可能地将人的视觉、听觉、触觉等多种感觉同时结合起来进行信息传递和交际的行为。张德禄指出随着网络多媒体教学技术的广泛运用，课堂上的交流不再是单一模态，图像、音乐、颜色等符号已渐成多模态交流方式，成为表达意义的手段。⑬ 随着现代科技的飞

---

① 石汝杰、宫田一郎：《明清吴语词典》，上海辞书出版社，2003。

② 赵元任：《现代吴语的研究》，商务印书馆，2011。

③ 石汝杰、张家茂：《苏州市方言志》，苏州市地方志编纂委员会办公室，1987。

④ 叶祥苓：《苏州方言志》，江苏教育出版社，1988。

⑤ 钱乃荣：《当代吴语研究》，上海教育出版社，1992。

⑥ 叶祥苓：《苏州方言词典》，江苏教育出版社，1993。

⑦ 汪平：《苏州方言语音研究》，华中理工大学出版社，1996。

⑧ 李小凡：《苏州方言语法研究》，北京大学出版社，1998。

⑨ 丁邦新：《一百年前的苏州话》，上海教育出版社，2003。

⑩ 汪平：《苏州方言研究》，中华书局，2011。

⑪ 翁寿元：《无锡、苏州、常熟方言本字和词语释义》，苏州大学出版社，2014。

⑫ 汪平：《苏州方言词语》，华中科技大学出版社，2020。

⑬ 张德禄：《多模态话语分析综合理论框架探索》，《中国外语》2009年第1期，第24-30页。

速发展，可用于“语言学概论”课程的各种苏州话多模态资源不断涌现，为教学带来了极大的便利。

在音频资源方面，汪平长期致力苏州话的研究与保护工作，编著了多种苏州话普及图书，图书所附带的音频资料是极好的教学资源，如《标准苏州音手册》[①] 配套的苏州话读音光盘，又如汪平、车玉茜的《学说苏州话》[②] 收录了打招呼、讲物事等 42 个专题的对话音频。邢雯芝的《实用苏州话》[③] 共有称谓与时间、学校与教育等 10 个单元，配有中英文对照录音光盘。黄志良等的《苏州话 900 句：吴侬软语苏州话》[④] 收集了苏州话常用词汇、俗语和歇后语 856 句，并配有录音。以上这些鲜活生动的语料，可择取用于“语言学概论”教学。此外，汉语方言发音字典网站（zh. voicedic. com）及其 App 提供了包括苏州话在内的国内主要方言字音及《广韵》拟音，使用极为便利；吴语学堂网站（www. wugniu. com）是一个含有丰富内容的吴语学习教育网站，提供了收录吴语区各地方言字音、词汇的在线吴语词典，特别是检索结果能以方言字音地图方式呈现，非常直观，可直接用于教学。

在视频资源方面，网络上有不少带有字幕的昆曲、评弹等视频，可根据需要加以选用。值得一提的是，2006 年 10 月开播的《施斌聊斋》是第一档苏州话方言脱口秀电视节目，由国家一级评弹演员施斌主持，内容多为时事笑话，颇受人们欢迎，其中的苏州话介绍栏目兼顾实用性与趣味性，适用于与方言语汇相关的教学。

值得一提的是，目前一些以苏州话为主题的自媒体公众号也含有许多优秀的内容。车玉茜、华莉、徐来等组成的苏州大学团队成功申请成为“语保”志愿者高校代言人，由该团队创立运营的“说苏哉”公众号由汪平把关，苏州话发音人担任指导。作为一个“轻学术”方言分享平台，“说苏哉”定期发布各种与苏州话相关的文章及音视频资源，其“实用苏州话”栏目提供了苏州话与普通话相对照的音频，是了解和学习苏州话的极好途径，也可以作为“语言学概论”的教学资源。

除了上述资源外，苏州许多古老的地名不仅有着深厚的文化底蕴，同时一些地名还保留着古音。如以羊肉闻名的藏书镇，传说西汉朱买臣

---

① 汪平：《标准苏州音手册》，齐鲁书社，2007。

② 汪平、车玉茜：《学说苏州话》，苏州大学出版社，2012。

③ 邢雯芝：《实用苏州话》，北京大学出版社，2011。

④ 黄志良、沈洁红、周明华：《苏州话 900 句：吴侬软语苏州话》，苏州大学出版社，2018。

家境贫寒，放羊时读书导致羊只丢失，为免家人烧书，只得一边放羊，一边藏书苦读，最终当上了会稽太守，后人为纪念他，将其家乡命名为“藏书”。有意思的是“藏书镇”之“藏”究竟读 zàng 还是 cáng，颇有争议，苏州人普遍认为应该读 zàng。“藏”字《广韵》属全浊声母从母，有两个反切：平声昨郎切、去声徂浪切，今天普通话分别读 cáng、zàng，而苏州话保留了从母，仅有一个读音作［zã^{231}］，当地人根据此读音折合成普通话读 zàng，而不读 cáng。又如在苏州话中，地名“斜塘”的“斜”［zia^{223}］、“相城”的“相”［siã^{44}］仍读尖音，“平望”的“望”［mã^{231}］仍读重唇音，这些都保留了中古音。了解这些，就能对相应的音韵学知识有所体悟。

二、苏州地方语言文化资源在“语言学概论”课程中的应用

叶蜚声、徐通锵编著的《语言学纲要》① 以清晰严谨的理论构架、精当全面的内容选择、深入浅出的阐述方式，颇受读者欢迎，也是目前“语言学概论”课程的主流教材。特别是经过王洪君、李娟修订后，补充了新的研究内容，增加了例证和解释说明，并修正了个别观点和材料，该教材更为完善和严谨。以下笔者将结合《语言学纲要（修订版）》内容，简要举例说明如何将苏州地方语言文化资源融入“语言学概论”课程。

（一）语音和音系

在“语言学概论”课程中，对学生来说难度最大的莫过于语音和音系部分。发音原理是最重要的基础知识之一，而要让学生由感性认识上升到理性认识并非易事。如果从学生容易理解或熟知的方言语音现象入手，往往可以起到事半功倍的作用。篇幅所限，这里举几个典型例子。

教材在说明发音原理的重要性时举了一个很有趣的例子：相声中有个笑话，说上海人把洗头叫作“打头”，这个笑话在上海人听来就不真切，因为上海人说的是“汏头”而不是“打头”，“汏”伴有喉头的浊气流，和没有浊气流的“打”有很大的差别。学生仅从字面上看，对两者的区别不容易产生感性认识，此时教师可演示发音或利用方言发音字典等展示苏州话“汏”［da^{231}］的字音，并请学生模仿，触摸喉头，感受浊气流带来的声带颤动，并可顺带展示苏州话中的全浊声母字，如“平”“才”“倍”“坐”“读”“达”等，请学生模仿感受，就能够帮

① 叶蜚声、徐通锵：《语言学纲要（修订版）》，北京大学出版社，2010。

助学生对清浊音理有更为深入直接的感受和理解。

在介绍鼻音时，教师可以为学生展示苏州话“五”［ŋ^{231}］、“我”［ŋəu^{231}］、“饿”［ŋəu^{231}］、“外”［ŋɑ^{231}］的字音，帮助学生了解鼻音ŋ也可以作声母，甚至可以独立充当音节使用，进而询问学生，为什么苏州人把“鹅”称作“白乌龟”［bɑʔ^{23} əu^{44} tɕy$_{j}^{44}$］？学生通过思考，会发现苏州话从“我”之字的发音都很接近，“鹅”［ŋəu^{223}］与“我”［ŋəu^{231}］仅声调小异，为了避讳，故而将“鹅”唤作“白乌龟”，这也反映出社会文化对语言所产生的影响。

调位是学生最熟悉的非音质音位，然而不少学生只熟悉普通话四声，对中古汉语平上去入四声，特别是入声缺乏感性认识，通过保存入声的方言开展相关多模态教学是极为必要的。教师可以请学生反复听苏州话数字“一”到“十”的录音，并进行模仿，自主找出其中的入声字。在教师引导下，学生最终发现其中竟有多达5个数字是入声，分别是“一”［iəʔ^{43}］、“六”［loʔ^{23}］、“七”［ts^{h}iəʔ^{43}］、“八”［poʔ^{43}］、“十”［zəʔ^{23}］。此外，苏州话保留全浊声母，有多达7个调位：阴平44（“诗高低边”）、阳平223（“穷陈唐难”）、上声51（“等走碗比”）、阴去523（“正对唱怕”）、阳去231（“是厚大饭”）、阴入43（“急一笔尺”）、阳入23（“六读滑十”），教师可通过例字的字音演示，帮助学生对调位有更为清晰深入的认识和理解。

在教授音位聚合群时，古代鼻音/m/、/n/、/ŋ/在结构上是平行对称的，虽然声母/ŋ/在北京话等方言中消失了，但在苏州话中得到了保留，如“瓦”［ŋo^{231}］、“岸”［ŋø^{231}］、“硬”［ŋã^{231}］等都以/ŋ-/为声母，通过字音展示可以很好地说明这一点。

此外，在语流音变和韵律层次方面，苏州话既有丰富固定的连读变调调式，又有不同于普通话音步型的音节型节奏，教师可通过对话、评话、脱口秀等苏州话多模态音视频将其很好地展现给学生，并通过与普通话的比较和分析，帮助学生更好地理解和掌握相关知识。

（二）语义和语用

在教授词语搭配方面，教师可以用苏州话动词“吃”［tɕiəʔ^{43}］与北京话“吃”作对比，向学生展示以下例句。

(1) 相公今日吃酒，怎么这般醉得快，却又这般醒得快，想是吃了空心酒之故耳。(《铁花仙史》第二十三回)

(2) 进仔大厅到后堂，百客堂里吃茶汤。(《赵圣关·

进门》)

(3) 你吃鸦片便有钱，我正经讨亲便无钱。(《花柳深情传》第十七回)

还可配合有关饮食等的苏州话音视频材料，请学生找出相关搭配，从而发现苏州话“吃”不限于固体食品，还可以“吃粥”“吃酒”“吃茶”“吃咖啡”，乃至于“吃香烟”。为何苏州话与北京话有如此大的不同呢？教师可以引导学生通过思考发现，在北京话中除了“吃”还有“喝”“吸/抽”，而苏州话中只有“吃”，从而帮助学生对词语搭配受语义场中其他成员制约这一点有更为深入的理解和认识。

在教授“指示”范畴时，教师可以以苏州话为例说明不同于普通话两分的情况，方言中指示词还存在着三分，并展示以下例句，请学生寻找其中的指示代词：

(4) 大人耐明朝末覅再忘记仔，倪格先生末说着仔该样物事，巴勿得马上拿到手里。(《海天鸿雪记》第七回)

(5) 何仙姑结识吕纯阳，推转纱窗房里张，搿点人情勿肯做，木樨花能有几时香？(《赵圣关·谈九州》)

(6) 横竖横竖格哉，倪归碗断命堂子饭也吃得勿要吃格哉。(《九尾龟》第十回)

通过分析例句，引导学生发现苏州话中有“该”[kE^{44}](近指)、“搿”[gəʔ^{23}](中指)、“归”[kuE^{44}](远指)三分，从而体会人类不同的经验映像对语义范畴所产生的影响。

(三) 文字

语言是第一性的，文字是第二性的，文字是对语言的再编码系统。由于汉字在汉语中具有重要地位，一些人存在着误解，将汉字看作汉语言的本位，而不仅仅是汉语书面语的本位，导致了认识上的误区。苏州话中有大量方言语词，虽然可以通过古书找到其中一些的本字，但事实上，通过展示苏州话音视频片段，就能让学生明白语音是最重要的，当地人无须借助文字就可以听懂日常语言。

当然，汉字的重要性是毋庸置疑的，在苏州地区也出现了一些合乎方言字音规则且符合六书的汉字，如合音字“覅”[fiæ^{523}](意为“不要”)、“朆”[fən^{44}](意为“不曾”)。苏州人也是无法接受将

“氿”作为“酒”的异体字的，因为苏州话分尖团，“九”［tɕy^{51}］和“酒”［tsøʏ^{51}］并不同音，“氿”字不符合苏州话内部的形声字规则。通过以上例子，能够很好地加深学生对汉字形音义系统的认识，提升对汉字的认知。

在语言演变、地域方言、语言接触、文白异读等诸多方面，教师都可以从苏州语言文化资源中挖掘相应材料，合理运用于教学，从而取得较好的效果。

三、结语

以上以苏州地方语言文化资源为例，介绍了如何将其应用于“语言学概论”课程。我国地域广阔，地方语言文化资源丰富，“语言学概论”课程应尽可能依托当地语言文化资源，深入挖掘，为抽象的理论找到生动鲜活的多模态材料，并启发学生开展对当地方言与普通话、自身方言的比较分析，这样既能够提升学生的学习兴趣，加深其对语言学理论知识的理解和掌握，又能够深化学生对方言文化知识的理解和认知，从而起到推广、保护乃至传承方言的作用。

“语音学”课程改革刍议

莫　娲

汉语的语音随着时间的推移，不断发生着变异，语音研究又不断推陈出新，各种新视角、新方法、新学科、新成果纷至沓来，“语音学”课程改革势在必行。为了使新的教学体系更全面、更具创新性和时代特征，课程合理利用学生自身语音的第一手宝贵资料，把具有中国特色的方言历史文化结合语音学理论纳入教学计划，以多模态教学为辅助，结合地理语言学的原理，使语音教学理论既深入浅出又生动形象，并切实将理论和实践相结合，让课堂教学与实际生活紧密相连。

一、研究现状及趋势分析

（一）方言地理学研究现状

我国方言地图的研究起步较晚。在利用方言地图的方法研究汉语方言方面，汉语方言学界也进行了许多探索。方言地图的发展经历了从简单的语言分区图（《中华民国新地图・语言区域图》，《申报》，1934），到汉语方言特征图（《湖北方言调查报告》，赵元任等，1948），到运用语言地理学研究汉语方言（贺登崧，1945—1958），再到单点方言地图集（《苏州方言地图集》，叶祥苓，1981），最后到涵盖整个汉语方言的特征地图集［《汉语方言地图（稿）》，岩田礼等，1992—2007］这样一个漫长的过程。[①] 但是除了少数日本学者所编写的地图集以外，大部分方言地图都是直接或间接地为方言分区服务的，很少用于地理语言学其他方面的研究。[②]

（二）多模态教学研究现状

“多模态”在西方已经成为一个跨学科的热门话题，涉及语言学、认知科学、哲学、脑科学、临床医学、计算机科学等领域。多模态主要在外语教学研究中应用较多，在教学设计过程中运用两种及以上符号资源和手段呈现教学内容的教学模式即多模态外语教学。欧美学者早在

---

① 曹志耘：《汉语方言地图集・语音卷》，商务印书馆，2008，第1页。

② 曹志耘的《汉语方言地图集》是个例外，这是一套以西方地理语言学的理论和方法为指导，根植于中国语言的事实，全面收录方言地点和方言项目的地图集。

20世纪90年代便开始了多模态话语在教学领域的应用研究。在中国，基于系统功能语言学研究的多年积淀与国内外多模态话语分析的兴起，多模态相关理论在外语教学领域的应用研究也引起了诸多学者的关注，并逐渐成为研究焦点。最早将多模态引入外语教学研究的是胡壮麟和顾曰国两位学者。胡壮麟解释了多模态识读概念并指出学生的任务是将教师的多模式和符号资源转变为理解。[①] 顾曰国区分了多媒体学习和多模态学习两个概念，多模态学习本质上是大脑调动各种感官的认知过程。[②] 张德禄等学者对多模态外语教学的宏观模式和框架进行了系统研究，并重点关注外语教学中多种模态的协同与配合、模态调用、模态互动与转换等，其研究既具有可操作性又具有理论高度，代表了国内该领域自主创新性研究方向。[③]

（三）“语音学”课程改革发展趋势

“语音学”在本专业课程体系中占有重要的地位，理应得到足够的重视。然而，就不少大学的情况看，这门课的教学状况并不令人乐观。在学科调整、文科课程系统建设迫在眉睫的背景下，讨论语言学基础理论课的教学改革问题是非常必要的。其改革趋势主要是，其一，“语音学”课程将进一步得到重视并确立其专业基础理论课的地位；其二，教师应当更注重培养学生语音理论方面的专业素养，发展学生认识和研究语音现象的能力；其三，教学内容的调整要体现语言观的进步，完善用例，合理利用汉语方言语音特征和地域差异，将学生自己的方言及文化带入课堂，使课堂理论变得生动有趣。

二、“语音学”课堂教学中存在的问题

（一）理论性、专业性过强，需综合运用语言学相关学科知识

语音学具有专业性、理论性、科学性等特点，在整个课程体系中具有不可替代的地位。但“语音学”课一向被认为是一门难教、难学、难掌握的课程。原因在于，其一，其主要讲述语音学的基础知识和现代

---

① 胡壮麟：《社会符号学研究中的多模态化》，《语言教学与研究》2007年第1期，第1-10页。

② 顾曰国：《多媒体、多模态学习剖析》，《外语电化教学》2007年第2期，第3-12页。

③ 张德禄：《多模态话语分析综合理论框架探索》，《中国外语》2009年第1期，第24-30页。张德禄、王璐：《多模态话语模态的协同及在外语教学中的体现》，《外语学刊》2010年第2期，第97-102页。张德禄：《多模态外语教学的设计与模态调用初探》，《中国外语》2010年第3期，第48-53页。张德禄、丁肇芬：《外语教学多模态选择框架探索》，《外语界》2013年第3期，第39-46页。

语音的共时结构及历史演变，其理论背景主要是西方语言学，与汉语的语音结构有很大的差异，学生不易理解语音实例和语音规则，需要学生在掌握诸如“现代汉语”“语言学概论”等其他语言学课程的基础上参与讨论与实践。其二，课程内容必然要回归汉语本身，所以又与传统音韵学有较多重复的地方，缺乏新鲜感。其三，相较于语言学的其他课程，其性质更接近自然科学，林焘明确表示“语音学今后的发展需要理科来推动”①，学生需要在掌握语言学基础知识的同时，熟练掌握数学、计算机技术及手段，对于文科学生来说难度较大。

（二）可选教材少，通用教材方法和用例陈旧，不能与时俱进

目前，各高等院校汉语言文学专业教材中，使用最普遍的是1992年王理嘉、林焘编著的《语音学教程》，该教材在2013年进行了再版，吸收了初版二十余年来国际和国内的语音研究成果，更新了语音学研究的技术手段，教材内容的选择与编排注重培养学生的研究能力，是语音学教材中的经典之作。遗憾的是，该教材对语言学系列课程的衔接重视不足，与“现代汉语”“语言学概论”等课程所用的主流教材多有重复之处。另外，该教材列举的方言语音资料较之1992年版基本无改动，不能体现语音的动态变化。另一本比较流行的教材是朱晓农编著的《语音学》，该教材主要讲授实验语音学，对“语音学”课程初学者而言难度过大。

在当今日益多元化的社会，语音学理论和材料都日益更新和完善，老旧的教材显然已经跟不上时代的脚步。也有一些新的教材陆续出版，但由于当代的语音学研究更多地需要仪器设备等进行科学测量，而拥有独立语音室的院校极少，因此教材中涉及的一些实验和统计结果无法切实展现给学生，在实际教学过程中，受教学设施的限制，教材使用不够充分。

（三）缺乏地域特点，与学生实际语音环境脱离

由于语音学是西方语言学家按照印欧语系的语音格局发展而来的学问，很多汉语语音，特别是丰富复杂的各类方言，与西方理论并不能很好地结合并得出合理的解释。在对“语音学”课程的讲述中，高校教师对语音在各民族语言系统中不同的文化内涵关注不够，很少结合当地的实际情况及听课学生实际生活环境的真实语言使用情况来说明理论问

① 焦立为：《现代语音学的方向——访林焘教授》，《语言教学与研究》2001年第2期，第46页。

题。学生初学语音学，听音辨音的能力尚在形成之中，教材中大量的外国语音、少数民族语音不仅不能帮助学生巩固理论知识，反而会使学生产生畏难情绪。根据调查问卷的结果，学生对自己所使用的方言具有强烈的好奇心与敏感，同时对自己所处地区的方言语音也充满探索的欲望。这是研究语音学不可多得的材料和工具，但在目前的教学中，教师对于引导学生透过自己的语音情况反观语音学原理这一方法尚未充分使用。

（四）教学模式套路化

从“语音学”课程课堂教学情况来看，目前大多数院校基本上仍采用传统的“老师说讲稿，学生记笔记”的教学模式，或者用 PPT 等多媒体教学手段加以辅助。受学校硬件设施和教师个人多媒体应用水平的限制，这种教学模式难以调动学生的积极性，也激发不了学生的兴趣。很多学生认为课堂参与度低，在对课程的认识上也觉得该课程没有太多实用价值。从课后辅导情况来看，学生渴望教师给予更多的帮助，如参考书目的推荐、网络资源的分享等。

三、“语音学”课程改革建议

基于上述问题，“语音学”课程的教学改革已是大势所趋，具体建议如下。

（一）以汉语方言的语音为框架，融入方言的历史文化特色

汉语方言的语音南北差异极大，学生来自全国各地，对方言及地方历史文化有着极为浓厚的兴趣。“语音学”课程以汉语方言的语音为框架脉络，依托地方语言文化资源，将使课程的讲授更鲜活有趣。以笔者所在的苏州大学为例，苏州话是吴方言的代表，苏州方言的语音系统保留了很多古音，反映了中古时代的语音面貌。学习语音学不仅要从共时的角度看当代的语音情况，还要从历时的角度观察语音演变的历史，苏州方言及其体现的历史文化正好是从古至今演变的一个停靠站，在教学中带领学生了解并研究日常耳濡目染的苏州方言和吴地文化，有利于我国“非物质文化遗产”的记录和保存，有利于中华民族文化经典的传承与研究工作。

（二）语音学和方言地理学相结合，利用直观的语音地图辅助理论教学

作为汉语言文学的基础课程，“语音学”课程以专业性、理论性和推理性见长。在教学过程中，语言事实的恰当使用一直是教师关注的重要问题。而语音地图这种用先进的技术绘制并演示图片的方式，非常适

合解决理论教学枯燥、难理解的问题。对汉语复杂的语音教学来说，如何把方言地理学的理论运用于“语音学”课程是一项迫切的任务。比较合适的方法是既要充分利用汉语悠久的历史中保存下来的文献资料，同时又要重视活在民众口中的语言。需要学生掌握自己口中的语言，甚至可以对照语音的地理分布图，尝试绘制语音地图，更形象地从地图所反映的事实理解语音学概念和理论。

（三）记录和保存当代语音面貌，提供优质教研资源

语音处在一个动态的变化过程中，及时记录和保存当代的语音面貌是一项长期而且艰巨的任务，一方面有助于后续研究顺利展开，另一方面也是对濒临消失的语言现象的即时保留。当今的科学技术完全有能力完好地保存这些语音。通过“语音学”课程的学习，学生可以参与到这项事业中，及时又准确地把自己所说的方言或者实践调查的语言点用语音学的体系存档保留，为今后的教学和研究提供有用且宝贵的优质资源。

（四）革新“语音学”课程教学内容，改变教学模式

一方面，对与其他课程重复的内容，教师应以学生自主复习、拓宽学生知识面为主要教学任务，通过各种文献、网络资源，开阔学生的视野，培养学生的独立钻研能力，切实做到温故知新。

另一方面，教师应运用多模态理论，在课堂教学方面，综合情景式、引导式与讨论式教学法，充分发挥学生学习的主观能动性。教师应退出“主演”的位置，扮演“导演”的角色，突出学生在学习过程中的主体地位。

“互联网+”背景下影视艺术通识课程微课、慕课、私播课设计与教学探究

邵雯艳

《哈佛通识教育红皮书》（《自由社会中的通识教育》）对通识教育的定义是，“通识教育不是关于‘一般’知识（如果有这样的知识的话）的空泛的教育；也不是普及教育意义上的针对所有人的教育。它指学生整个教育中的一部分，该部分旨在培养学生成为一个负责任的人和公民”①。在急剧分化的专业所带来的教育分裂中，通识教育旨在拓展知识结构、提升综合素养，在宽广的视野和多元的思维中，培养和健全独立人格，形成正向的价值观、世界观。在跨学科甚至超越学科的普遍性通识教育中，其核心是关于人文主义的教育。影视艺术通识课程将影视知识、影视鉴赏、创作方法的讲授与美育和德育相融汇，引导学生关注影视作品所折射的社会政治、时代文化和审美心理等广阔的人文领域，潜移默化学生的审美观和道德观，在专业的“教”的基础上，凸显人文熏陶的“育”。然而在传统的教学实践中，由于对影视艺术通识教育的重视不够，相关课程一直处于尴尬的边缘地位，其实际效应堪忧。

近年来，网络数字化的微课、慕课、私播课所引领的教学形态、模式、资源、理念等方面的开拓创新，引发了“互联网+”背景下全球教育领域极为引人注目的变革。短短数年间，在网络平台上可供搜索和学习的在线微课、慕课及在校内开展的私播课在数量上和质量上均获得了惊人的提升，并且呈现出强有力的发展势头。同时，微课、慕课、私播课也正在成为越来越多的求学者的学习习惯和学习需要。作为传统课程和教学手段有益补充的微课、慕课，结合慕课与课堂教学优势的私播课，正逐渐成为教育新常态。

“微课”（Micro-lecture）是“在线网络微视频课程”的简称，“微课”又名“微课程”，它是以微型教学视频为主要载体，针对某个学科知识点（如重点、难点、疑点、考点等）或教学环节（如学习活动、

① 哈佛委员会：《哈佛通识教育红皮书》，李曼丽译，北京大学出版社，2010，第40页。

主题、实验、任务等）而设计开发的一种情景化、支持多种学习方式的新型在线网络视频课程。[①] 目前，一般的微课时长在10分钟左右。在繁忙的信息社会中，短小精悍的微课能够保证在学生充分集中注意力的时限内，高效地展开教学活动。慕课（Massive Open Online Course，简称MOOC）则是大规模开放式的在线课程。慕课和微课都是网络在线课程，其教学材料主要是微视频，都有明晰的教学目标、教学计划、课件教案、辅助资料等，都有一定的教学评价方法，并注重教学的双向互动。慕课的实质是把整体的课程分割成一个个短小的课程，是建立在微课基础上的课程群，使利用零散时间学习系统知识成为可能。如果说微课是小规模的，那么慕课是大规模的；如果说微课是零散的、碎片化的，那么慕课则是完整的、集合化的。微课、慕课资源的共享性，打破了院校的壁垒，突破了传统教学的时空限制，向所有学习者敞开了大门。微课、慕课学习的个性化，使得每个学习者都可以根据自己原有的知识体系、兴趣爱好和学习条件，自主选择课程，自由决定学习进度。微课、慕课的互动性改变了以讲授为主的传统教学模式，借助以互联网线上平台为主的交流，一改以往以教师为主导的知识的单项灌输，促使学生更为主动地参与整个教学过程，领会、发现、探究，真正实现教学相长。同时，在慕课平台的沉浸式、社交化学习环境中，师生之间及学生彼此之间较长时间的深度交流，可以促进对知识的深度理解。

SPOC是英文Small Private Online Course的首字母缩写，字面意义上可以解释为“小规模限制性在线课程”，国内有学者将其简译为“私播课”。[②] “Small”和“Private”是针对慕课中的“Massive”和“Open”而言的。“Small”是指学习者人数一般为几十人到几百人，“Private”是对学习者设置限制性准入条件，也就是必须达到一定要求才能参与私播课的学习。私播课通常被认为是慕课发展的新趋势和有效改进，是慕课这样的网络课程与传统课堂教学的结合，一般是在校学生在本地使用。在私播课中，讲授知识的环节主要由学生通过慕课自学来完成；课堂教学则主要采用启发式、研讨式、协作式等多种教学方式，开展讨论与辅导等。

影视艺术视听兼备、时空自由的综合性艺术特征正适合微课、慕

---

① 胡铁生、黄明燕、李民：《我国微课发展的三个阶段及其启示》，《远程教育杂志》2013年第4期，第37页。

② 《“后慕课”时期的在线学习新样式》，《四川教育》2014年第21期，第5页。

课、私播课以视频为载体的传播方式。微课、慕课、私播课的共享性、个性化和互动性对影视艺术通识教育的普及发展有着积极的推动意义。新兴的影视艺术通识课程的微课、慕课、私播课目前尚处于起步阶段，存在着诸多不成熟之处，值得我们认真研究，并努力于实践中将其完善。本文将结合笔者讲授的微课“影视声画组合艺术”和慕课“影视中的戏曲艺术”及在苏州大学开展的试验私播课“影视中的戏曲艺术”的实践经验和理论研究，探索影视艺术通识课程的微课、慕课、私播课的设计和教学问题。

一、主题凸显的混合式知识迁移

较之于传统课堂时间充分的大体量教学，微课和慕课真正体现了浓缩即精华的课程理念。10 分钟左右的微课、慕课视频让学习者可以用手机、平板电脑等随身携带的轻便设备进行碎片化学习，应和了当下快速的生活节奏。如何充分组织、编排这短短的课程时间，围绕某一知识点，层次分明、有条不紊、重点突出地讲解，同时突出影视艺术的媒介特点，利用课程视频的传播特性，并尽可能在散漫的学习情境中调动学习者的思维，有效实现知识源从发出端到接收端的迁移，需要仔细、精密、反复的设计。

无论借助何种平台或载体，优质的内容才是核心吸引力。微课的内容不是对传统课堂讲解的机械切割，每一个微课都需要制定清晰、缜密的脚本，对教学目标、教学步骤、教学内容等各个环节都要考虑周到，确保在短时间内集中澄清某个问题，主题突出、指向明确。如微课“影视声画组合艺术”，首先以声音在画面中的出现方式为引子，引出声画组合的问题，随后紧扣要点，从声画合一、声画对立到声画平行，依次阐述常见的声画组合手段，在讲解概念性知识的同时，注意分析各种技术手段在影视作品叙事表意中的艺术功用，基本上形成了对声画组合艺术问题的封闭式讲授。慕课“影视中的戏曲艺术”在微课的基础上对内容进行了系统编织。目前一般的慕课容量大概是每门课 45 课时左右，每课时 10 分钟左右，真是千头万绪。正如李渔所说“结构第一”，结构的重要性，“如造物之赋形，当其精血初凝，胞胎未就，先为制定全形，使点血而具五官百骸之势”。[①] 在慕课设计之初，就需要宏观规划结构，布置一张严密的知识之网，确认每一个课时的整体定位，将碎片化的知识点组织成逻辑严谨、彼此联结的体系。慕课“影视中的戏曲艺

---

① 中国戏曲研究院：《中国古典戏曲论著集成》（七），中国戏剧出版社，1959，第 10 页。

术”分为两大板块：其一是影视剧对戏曲题材内容、表现手法、歌舞表演的融合，如影视剧对戏曲人物及其人生故事的再现、影视剧对戏曲故事题材的改编、影视剧对戏曲表现手法的借鉴、影视剧中戏曲段落的艺术功能等。其二则为戏曲与影视结合而产生的独特影视作品类型，如戏曲电影、民族戏曲歌舞片、戏曲电视剧、戏曲动画片、戏曲纪录片等。这两个板块不同层面的讲述，基本涵盖了影视艺术对戏曲艺术从形式、内容到美学风格各方面的吸纳、融汇、改造。

微课、慕课的教学主要依靠视频呈现。对于学习者来说，如果屏幕内容过于单一，很容易因为缺乏现场情境的刺激而产生厌倦感和疲劳感。教师授课视频与丰富的多媒体资源（PPT、案例视频等）的混合式叠加，单纯的出镜讲解、结合多媒体资料的幕后讲解或一侧讲解、案例视频全屏演示等灵活多变的视频呈现方式整合而成的信息量充沛的微型教学资源环境，能够有效提高学习者的专注力。PPT 是授课文稿的精要，是对教学内容的提示、说明和归纳，将基本概念、重要问题、思想观点等通过 PPT 进行演示，能让学习者掌握要点、理清思路，较之纯粹的“听”课，可以产生“过目不忘”的更好效果。在技术的支撑下，微课、慕课的 PPT 比课堂使用的 PPT 有更为强大的表现力和更为丰富的表现形式。微课、慕课中的 PPT 已经不局限于页面的整屏展示，字符、图片可以出现在屏幕任意位置，色彩、形态可以千变万化，动画的采用使其更为生动活泼。对于影视艺术通识课而言，影片欣赏是必不可少的环节。对影视本体界定、审美特征、传播特性、文化意义、视听元素的基本构成、影视文学及影视拍摄、影视表演、影视片的类型和风格、电影电视发展历程等内容的把握都要建立在知悉一定数量的具体作品的基础上。此外，直观、形象、跃动的影视作品视频，能够让学习者对影视艺术获得感性认知，提高其影视鉴赏水平和审美能力，同时提升微课、慕课的吸引力。由于时间的限制，微课和慕课的案例视频必须简而又简，故应在海量作品中精挑细选，结合知识点精剪最有典范性和说服力的片段，同时兼顾视频的艺术性和人文性。例如微课“影视声画组合艺术”在分析声画同步的手法时，调用了《霸王别姬》的 40 秒片段；在分析声画平行的手法时，调用了《海角七号》的 30 秒片段。慕课“影视中的戏曲艺术”所采用的视频数量繁多，可以组织成一个视频资料库。制作案例视频，从资料搜集、仔细审看到精剪及后期处理，需要花费大量的时间和精力。

二、互动参与的内化式深度学习

美国学者马飞龙和罗杰·萨尔乔提出了浅层学习和深度学习的概念。“浅层学习是深度学习的开始，对知识的获取方式主要是机械的记忆，对知识的理解停留在表面，属于一种被动的学习方式……深度学习是相对于浅层学习而言，是指基于理解的学习，是‘基于知识的内在结构，通过对知识完整处理，引导学生从符号学习走向学科思想和意义系统的理解和掌握的学习。’”① 微课与慕课（尤其是慕课）带来的最大变革在于通过网络交流，将单向的知识灌输变更为教师与学习者、学习者与学习者之间的多维的有质量的互动式教学，教师的作用由讲授知识，转为帮助学习者展开主动的思考和探究；学习者的任务由机械地对知识进行浅表记忆，转为发现知识和形成思想，融入原有的认知结构，实现埃里克·马祖尔所说的知识的“吸收内化”②，达到深度学习的目标。

回答问题和完成作业是学习者参与微课和慕课的重要方式。譬如，微课和慕课视频中可以嵌入对学习者的提问来激发思考。如微课“影视声画组合艺术”中，在课程最后要求学生根据《赛德克·巴莱》中的简短剪辑片段，判断其声画组合的方式并分析其功用。目前很多慕课平台都提供了在视频进行中暂停视频播放、内置问题（如客观选择题）的功能，避免学习者被动观看视频的倦怠，提醒对知识点的即时理解和接受。每一章节之后的形式多样的网上作业、在线提供的拓展参考资料和课程考试等也时时帮助学习者更有效地掌握和运用所学知识，综合考察学习情况并迅速反馈给教师，以便于跟踪学习效果。

微课、慕课充分运用了互联网技术来展开不拘形式的互动。目前，慕课平台一般提供学习论坛和站内短信功能。在学习论坛中，学习者可以自由发帖回帖、发表观点、彼此交流，助教和教师作适当点评，也可以有目的地布置讨论题目和引导讨论话题、形成热点。站内短信则用来答疑解惑、订正作业等。

三、网络课程与传统课堂的融合互补

就近几年影视艺术通识课程的微课、慕课的教学实践来看，许多学习者因为微课和慕课的便捷平台获得了接触影视艺术的机会，短时间的

---

① 喻昌学：《促进学生深度学习理念下的核心问题教学研究》，《教育科学论坛》2017 年第 2 期，第 12 页。

② 张渝江：《翻转课堂变革》，《中国信息技术教育》2012 年第 10 期，第 118 页。

高效学习、多元的教学手段、丰富的教学资源、充分的互动交流和内化式学习的启发等，使得微课、慕课弥补了传统教学的不足。然而，微课和慕课毕竟只能是课堂教学的补充和拓展，而不能从根本上替代课堂教学。目前，微课、慕课的课程实践中逐渐显现的问题有些是可解的，譬如通过严密监控来处理论坛信息的泛滥。但是，有些问题是属于本质上的缺陷，很难根治。首先，学校课堂提供的“学习场”比网络环境更有凝聚力和可控性。学校课堂本就带有严肃的集体仪式感，学习者进入其间自然会沉浸于认真、肃穆的氛围中。“在场”教学中，教师可以根据现场情况，灵活地调节授课内容、改变语气语调及因地制宜、因人而异地采用各种手段来保证学习者的注意力和专注力。在网络环境中，随意涣散性强，干扰因素多，教师无法加以控制，全靠学习者自觉调整和安排。目前的慕课教学平台对视频和参考资料等自学环节设置了种种限制功能，譬如必须按章节依次观看视频，不能快进，以及参考资料打开识别等。但是所有的限制只能体现观看、打开的数量，并不能体现学习者观看视频和阅读参考资料的具体情况和投入程度。其次，学校课堂的“人际传播”较之于纯粹依赖网络的“人机传播”，更能实现精神情感的沟通。影视艺术通识课程这样的艺术类课程传授的不仅是显性的知识，还包括人生修养、艺术情趣、人文精神等隐性信息。传统课堂不是一个单纯的物理空间，教师与学习者存在着讲台上与讲台下直接的情感交流和辩证互动关系，人与人之间面对面的互动互感中存在着微妙的情绪感染。在微课、慕课的学习中，学习者面对电子屏幕，讲台上下直接的情绪交流不复存在，影视艺术课程特殊的审美性和情感性也很难体现。最后，由于准入门槛低，学习者的基础和素养参差不齐，又由于在学分认可度和证书权威性等方面的问题，慕课注册率高、完成率低。学习者往往出于兴趣爱好来选择课程，而非将其作为正式的课程来对待，这也在一定程度上影响着教师和学习者的态度。

有学者认为，“SPOC＝classroom+MOOC”（私播课＝课堂+慕课）①，私播课将慕课的优质在线资源运用于传统课堂面对面的教学中，融合了网络课程与实体课堂教学的模式，彼此取长补短，实现两者的重构与创新。私播课充分发挥了网络平台知识传授载体的功能，学习者通过慕课自学来获取知识；私播课中的课堂教学则承担掌握教学规划、引导学习

① 康叶钦：《在线教育的“后MOOC时代”——SPOC解析》，《清华大学教育研究》2014年第1期，第92页。

过程、保证教学效果、维护人际交流等的功能。笔者在苏州大学进行了“影视中的戏曲艺术”的私播课试验。目前，在苏州大学天赐庄校区和独墅湖校区选修这门课的学生除了要按要求完成苏州大学在线课程平台上“影视中的戏曲艺术”的慕课自学环节外，每学期还需要到课堂上 2~3 次面授课。

面授课主要用于反馈作业情况、解答疑难问题、提示重点难点、交流学习心得，同时也探索形式新颖的以小组为单位的团队合作，锻炼学生的自主学习能力、小组协同素养和团队意识。根据布卢姆的教育目标分类法，认知过程维度六大类目标分别为记忆/回忆、理解、应用、分析、评价和创造。① 小组团队协作往往在记忆/回忆、理解基础上的应用、分析、评价和创造方面对认知有更高要求。在苏州大学开设的“影视中的戏曲艺术”课程设置了线下翻转课堂的教学环节，将学习者按 4~5 人一组划分为若干个小组，要求每个小组线下自行选片进行观摩，并就某部具体影视作品进行解析，研讨电影、电视与戏曲的关系，线上递交一份研讨报告，并结合 PPT 进行线下课堂的主题演讲，教师现场一一点评。这项任务要求学生了解戏曲艺术和影视艺术两种不同艺术本体特征的异同，并把握影视艺术对戏曲艺术从形式、内容到美学风格各方面的吸纳、融汇、改造，即认识、理解“同化”问题，以及开展对于实践的启发式思考，激发学习者探索和思考现代艺术对传统艺术的传承和创新。作为翻转课堂的尝试，该课程有很大的延展和发散的空间，类似教学活动的设计在经验的交流与观点的碰撞中，能够促使学习者积极主动地深化认知。

四、结语

从微课、慕课到私播课，影视艺术通识课程与互联网的相遇是艺术与技术的对话。在日新月异的“互联网+”背景下，相信未来有更多的新型课程形态不断涌现。然而，无论技术发生何种衍变，课程形态如何变化万端，影视艺术通识课程的精神本质不会发生偏移。以影视艺术为媒介，在审美感知、情感体验中培养识见通达、知识博雅的和谐发展的完整意义上的“人”，所有关于课程的内涵、方法、模式、规律等的探究都要置于这一基本前提下展开。

① 洛林 · W. 安德森等：《布卢姆教育目标分类学：分类学视野下的学与教及其测评（完整版）》，蒋小平、张琴美、罗晶晶译，外语教学与研究出版社，2009，第 21 页。

拔尖创新人才教学探索与实践

作为方法的“跨学科”：文学类专业民俗学课程教学刍议

李　晨

民俗学作为一门学科，其招生面向研究生。目前，诸多高校的文学、社会学等专业面向本科生开设民俗学课程，课程名为“民俗学概论”或“中国民俗学”等。一般来说，一门课程既然作为一门学科的投影，只要遵循学科本身传统的“教”“研”内容与理路，小范围内进行教学模式的更新，即可完成教学任务。不过，民俗学的情况较为特殊，它的学科根基并不扎实，直观的特征是“杂”，因涉及学科前景，学界亦不乏对此有所忧虑者。客观来说，民俗与每一个人的生活密切相关，属于热点议题，但民俗学是冷门学科。热与冷的拉锯在教学上的表现，便是民俗学的教学有其重大意义，但民俗学的教学如何凸显民俗学的特征是争议性问题。对于本科生，仅仅讲授冗杂的民俗常识失之于浅，过早强调所谓的“田野调查”失之于陋，那么关键仍需在理论与方法之间进行考量。本文以“作为方法的‘跨学科’”为话题，就文学类专业民俗学课程教学提出笔者的意见。

在此之前，不妨简要说明文学与民俗学的分合关系。

在学科体系中，民俗学属于社会学之下的二级学科，对应的学科门类是法学。由此，民俗学的性质似乎更偏向社会科学范畴。就此而论，民俗学与人文科学范畴的文学存在不小的差距。但从另一方面来看，历来论者多会强调民俗学的交叉学科特征。“交叉”，直接表现为民俗学与文学、历史学、社会学、人类学、民族学、宗教学、语言学、心理学、哲学等学科颇有联系。如果在民俗学的这些学科关系中强分亲疏的话，民俗学与文学则又密切非常。究其原因，可从三方面考虑：其一，中国现代民俗学发端于歌谣运动，歌谣运动的初衷与文学革命相呼应。赵世瑜撰有《中国现代民俗学初创时期的多学科参与》一文，分析文学、历史学、宗教学等学科对民俗学的影响，但从中不难发现最为重要的仍是文学，相关人物多系五四新文学革命的主力军，如胡适、沈尹默、刘半农、周作人、茅盾等著名作家。而早期民俗学研究中，在研究范式上具有典型性的民歌研究、孟姜女传说研究、神话研究等也与文学研究有着千丝万缕的联系。其二，民俗学学科的建置与民间文学密不可分。民间文学研究曾经长久地在民俗学内部一枝独秀。事实上，时至今日，民俗学与民间文艺学的关系也未真正厘清。而在民俗学学科建置上发挥奠基作用的钟敬文先生，其首要研究领域也是民间文艺学。其三，尤为重要的一点是理论上的呼应。民俗学的理论在个案问题上纷繁多样，如讨论“民俗”概念，有“遗留物”“传统文化”“民间文学”等理论模式；讨论“民间信仰”，有“弥漫型宗教”“神-鬼-祖先”等理论模式；讨论“人生仪礼”，有法国学者范热内普提出的“过渡礼仪”理论模式。但上述理论模式之间无法形成合力。民俗学的理论在整体上深受神话学的影响，王娟在《民俗理论教程》中列举了“比较神话学”“神话-仪式学派”“功能主义”“民间故事形态学”“精神分析理论”“分析心理学”“结构主义”[①] 等理论学说，其所列诸学说基本也属于西方文论的教学范畴。乌丙安将民俗学原理分为“民俗主体论”“民俗控制论”“民俗符号论”“民俗传承论”，成一家之言。总之，理论层面上的民俗学格局混乱，其中具有规模性和连贯性的神话研究理论落入文学理论范畴。

问题又不断回到原点：如何看待民俗学与民间文学的关系？乃至民俗学是否可以成为独立学科？作为一名文学类专业的民俗学课程教师，至少应该保证两个方面的平衡：一方面，大可不必囿于人为划定的学科分野；另一方面，在教学过程中仍要凸显“民俗”之为“学”。虽略感矛盾，但两方面并非不可调和，而调和的手段即在于强调“方法”。如果将教学内容分为常识、理论与方法，那么关键便在于方法。常识与理论是固定的，方法却是灵活的。在理论层面上，民俗学容易受到周边学科“围剿”。用一个不够恰当的比方来说，也许采用方法上的“游击”更有利于民俗学学科站住脚跟。更何况，“无限风光在险峰”，民俗学本身的学科魅力也许正是彰显于各学科板块之间的碰撞与震荡。“作为方法的‘跨学科’”，一方面在于强调民俗学的交叉学科特征，并将之视为文学类专业学生相关教学的工具和路径；另一方面在于开拓文学研究的民俗学视野。

“作为方法的‘跨学科’”，首先在于民俗学教学拓宽了文学类专业学生的学科视野。在日新月异的信息时代，尤其在“新文科”逐渐“发热”的当下，对于文科学生而言，开阔的视野似乎比单一领域的深

① 王娟：《民俗理论教程》，北京大学出版社，2018。

耕更加适应时代的需求。所谓“新文科”，是“相对于传统文科而言的，是以全球新科技革命、新经济发展、中国特色社会主义进入新时代为背景，突破传统文科的思维模式，以继承与创新、交叉与融合、协同与共享为主要途径，促进多学科交叉与深度融合，推动传统文科的更新升级，从学科导向转向以需求为导向，从专业分割转向交叉融合，从适应服务转向支撑引领”①。从某种意义上说，民俗学之于“新文科”，相当于一个方便法门。它不需要开设各类课程，只由一门课程的教学，学生就很容易接触到社会学经典如费孝通的《乡土中国》，宗教学经典如杨庆堃的《中国社会中的宗教》，历史学经典如孔飞力的《叫魂》，人类学经典如弗雷泽的《金枝》等。这里各举一例，无疑挂一漏万。民俗学的书目可谓五花八门、炫人眼目，大量的经典著作分布在众多学科领域，甚至也有精彩纷呈的普及性读物可供学生寓学于乐，如涉及物质生活民俗，有孙机的《中国古代物质文化》；涉及古代建筑，有赵广超的《不只中国木建筑》；涉及饮食文化，有梁实秋、汪曾祺、唐鲁孙、逯耀东、赵珩撰写的各种谈“吃”的著作，均妙趣横生。在教学过程中，教师应当做好课外阅读方面的引导，引领学生与民俗学同游。

“作为方法的‘跨学科’”，其次在于民俗学教学提升文学类专业学生的现实关怀。较之文学，民俗学更为容易联系当下社会热点问题。非物质文化遗产的传承与保护是当下时政与文化热点，所谓非物质文化遗产，包括口头传统和表述、表演艺术、礼仪节庆、有关自然界和宇宙的知识和实践、传统的手工艺技能、传统美术书法六个方面，均系民俗学的讨论对象。又如大运河文化的传承与保护，容易形成文学与民俗的联动。运河流经的江浙地区，自古以来是文学重镇，所以运河沿线产生了丰富的文学作品，既有名动一时的大家诗文，又有长久流传的民间故事，较有代表性的白蛇传说故事即发生于镇江至杭州的江南运河。从民俗学角度对白蛇传说进行剖析可以进一步丰富运河文化的内涵，这其中包括商业民俗、交通民俗、信仰民俗等，可以为白蛇传说的新时代演绎提供借鉴。再如热点话题家风与家规，作为家族文化问题，本身即社会组织民俗的组成部分，又与文学教育中的文化经典解读产生联系。史哲文认为：“传承家族文化更适合从君子文化角度入手，使得二者统一起来。在坚决摒弃部分守旧腐朽内容的前提下，当代文明自身进步的同

① 王铭玉、张涛：《高校“新文科”建设：概念与行动》，《中国社会科学报》2019 年 3 月 21 日，第 4 版。

时，也需要适当向古典时代借鉴优秀传统文化内容。”① 而君子文化的理论源泉即“四书五经”。因此，民俗学教学可以让文学类专业学生在书斋内外，在现实与思想层面，均获得一片天地。

“作为方法的‘跨学科’”，在实践层面表现为处理好文学与民俗学的关系，包括三个方面：其一，文体形态归属民俗。如歌谣、神话、传说、民间故事，属于文学与民俗学交集部分。其二，文学活动构成民俗。如上巳修禊，文人墨客宴饮集会、诗歌唱和；如端午祭屈原等祭祀文学家的活动；再如重阳、中秋、上巳等特殊节日，见载于历史文献，但后世流传亦多依靠历代文人的诗文记录，其节俗意义多与文学活动相关。其三，文本研读关注民俗。如果说前两点属于常规教学内容，那这第三点对于文学类专业学生别具意义，要求学生在尝试进行文学研究的过程中，始终持有民俗视野。对此，又有以下若干教学方向。

在教学过程中，不妨通过民俗强调对文学作品的地域解读。从文学作品理解地方文化，又或者从地方文化理解文学作品，门径较多，民俗无疑是其中可供选择的桥梁。无论老舍笔下的北京、沈从文笔下的湘西，还是陆文夫笔下的苏州，民俗都在其中扮演重要的角色。而在古代文学作品中，“竹枝词”“纪事诗”等常运用韵文的形式展现地方民俗特色。更深层次的，是以宗族或社区层面的社会组织民俗为纽带，形成地域文学与地域文化之间涉及多学科的综合考察，徽州文学研究便是极好的样板。

在教学过程中，不妨通过民俗强调对文学作品的时代解读。比如以“竹枝词”来说，清代诗人创作了“海上竹枝词”“甬上竹枝词”等，反映了《南京条约》开埠以后，西方文化大量涌入，上海、宁波等地生活习俗的“新气象”，充满了时代转型的气息。再如鲁迅笔下的浙江民俗，成为辛亥革命前后最真实的时代图景。

在教学过程中，不妨通过民俗强调对文学作品的文化解读。比如关于钟馗的民俗文化，涉及文学、绘画、民间信仰等多方面要素。再如解读《红楼梦》，可从民俗角度入手，关注其饮食、游艺、信仰等文化问题。

综上所述，笔者提出“作为方法的‘跨学科’”，庶几可以为文学类专业民俗学课程教学提供一些新的思考方向。

---

① 史哲文：《论家族文化传统与君子文化体系——兼谈“君子”对弘扬传统文化的独特意义》，《社会科学论坛》2019 年第 3 期，第 84 页。

田野课堂视角下的俗文学教学改革

裘兆远

新文科是在全球化背景下，围绕新科技、新经济和新时代中国特色社会主义发展应运而生的研究视角，在突破传统文科思维模式的基础上，积极鼓励跨学科研究。在新文科建设的大背景下，如何在中国立场上对俗文学研究作出解读？俗文学学科的话语体系该如何建立？这些都是“新俗文学”学科建设所面临的追问。俗文学主要相对于雅文学而言，它主要指各个历史时期在广大社会底层群众中传播的文学类型。郑振铎在《中国俗文学史》中认为，俗文学指中国古代“通俗的文学”，主要包括：歌谣、曲子；讲史、话本；宋元以来的南北戏曲和各种地方戏；变文、弹词、鼓词、宝卷等讲唱文学及民间传说、笑话、谜语等杂体作品。① 在新文科建设的背景下，通过田野课堂，推广俗文学教学改革，使俗文学教学符合时代发展轨迹，又贴近它从群众中来到群众中去的一般研究思路，以及让学生看清并了解俗文学的本来面目，显得尤为迫切。

一、俗文学教学研究的新趋向

一个国家的发展水平，既取决于自然科学的发展水平，也取决于哲学社会科学的发展水平。哲学社会科学的发展水平反映着一个民族的思维能力、精神品格和文明素质，关系到社会的繁荣与和谐。新时代的新文科建设有助于把握中华民族伟大复兴的战略全局，提升国家文化软实力，促进文化大繁荣，增强国家综合国力。

（一）新文科建设的时代命题

俗文学研究正是乘着新文科建设的东风，在坚定文化自信、培养时代新人、建设高等教育强国、实现文科教育融合发展的大趋势中，积极发挥学科优势，积极拓展社会服务空间，开拓学科研究领域，转变学术研究视角，充分利用好田野中蕴藏的俗文学文艺资源，打造新时代俗文学教学的新模式。历年来，高校都在加强批判性思维与创新素质的教育。对于生化环材、医学等自带实验属性的学科而言，批判性与创新性

---

① 郑振铎：《中国俗文学史》，团结出版社，2006，第1-9页。

是肉眼可见可以进行校正的，但对人文学科尤其是俗文学这样归属模糊的新兴研究方向来说，如何才能体现批判性与创新性？俗文学作为一门大众学科，从诞生之日起便肩负起走入社会、保护文化遗产、传承优秀传统文化、维护社会优良习俗的社会使命。传承保护文化需要深入田野，了解基层群众的民风民俗。毋庸置疑，了解俗文化最有效的途径就是走进田野，走进寻常百姓文艺生活的方方面面。

（二）打破课堂与社会的空间局限

课堂与社会间不仅仅存在地理上的区隔。俗文学立足于创新，需要第一手的全新材料。传统的文学史把笔墨都着重用在各个时代的名家名作之上，而很少关注社会底层民众的文艺，以致今天要搜求古代俗文学的资料十分费力，只能通过一些古代文学作品中的只言片语来还原古代传统民间文艺的样貌，做古代俗文学的研究如此，做古代俗文学的教学也是如此。如何对它进行系统化的梳理总结并且准确传达给课堂上的学生，是一个难题。传统的教学方法和教学模式在俗文学的教学中显得捉襟见肘，此时，其他学科的研究范式与方法给俗文学研究提供了更好的教学路径。人类学研究中常用的田野调查法便是诸多助益俗文学研究的方法之一。“田野调查”是博物学家创造的学术词汇，后被哈登引入人类学研究，随后它在自然、社会、历史研究诸多领域都被广泛借鉴并得到高度认可，俗文学研究领域也不例外，因为俗文学的载体主要是一般社会群众，他们创造民间通俗文艺，又在日常生活中消费它，这种循环生产、消费的模式给俗文学提供了赖以生存的基质与养分。

受学科发展影响，之前的文学研究大多集中在对传统经典文本的研究，各地馆藏图书中的大量俗文学文本，如宝卷、唱本、子弟书等文献却没有得到重视。近年来，人文社会科学的研究开始重视民族志与地方志研究，依托田野调查，挖掘出大量未被开发的民间文献，取得了显著成效。截至今日，在围绕俗文学开展田野调查方面，国内很多专家学者都具备并积累了针对神话、竹枝词、族谱等内容开展田野调查的经验。但比较之下，神话、风物、民俗、仪式、口头文学等方面尚缺乏较为典型的专题研究与个案分析。在俗文学研究领域，唯有田野调查可以获得非“正史”记载的第一手材料。因而，对致力于深挖被掩埋的历史与文化的俗文学研究来说，要做出成果并不难，而要做出原创性成果，倘若不经过田野调查这个途径，则难以达成。

（三）俗文学研究的新起点

纵观各种俗文学研究，带着田野调查与跨学科融汇的人类学研究方法标签的论说与研究俯拾皆是，却鲜有人真正通过田野调查做出一些与众不同的研究。俗文学研究中的田野调查究竟是一种怎样的方法？俗文学研究应该如何开展田野调查？俗文学的“田野”与人类学的“田野”究竟有何差别？这些问题值得学界进行深入探讨。在俗文学研究中，田野调查是研究人员以具体地域为基点，通过实地考察、访谈等方式，在群众中获取第一手资料的研究方法。坐在象牙塔中高谈阔论是无法进行微观研究的，一味地进行“宏大叙事”无法揭示规律或阐释因果关系。大项目与大叙事应建立在对文献资料的具体阐述上，着眼于事实，构建抽象概念与宏观理论，凸显研究的共识性和普世性。

在宏大叙事中，个案分析遭遇冷眼。这种研究结构将叙事形式简化到极致，导致新材料的缺失，研究人员丧失对问题进行深入研究的兴趣与动力，为国外理论与虚假史料的进入开辟了通道。在教学中，进行宏大叙事会使学生脱离教学实践和教育情境，无法从学习中汲取养分、打下坚实基础。除博士研究生外，本科生与硕士研究生实际上并不具备对复杂对象进行理论性研究的能力，宏大叙事只是学生为了能用简单的方法来应对课堂任务而采用的一种模式，其批判意识和质疑精神无法落实在具体研究之中。史料的来源是多样的，充满了诸多的不确定性，只有学会田野调查，关注细微的生活故事与情境，俗文学研究才有可能获得旺盛的生命力。鉴于象牙塔式研究的种种弊端和局限，教学方式需要作出转变。如果说传统教学是为学生提供理论指导，那么田野调查就是检验理论的实践步骤。走出大学，走进原野田间，研究就能接地气，才能与理论研究的需要相契合。

二、教学改革中的田野走向

从教学角度来说，教师要培养学生挖掘第一手材料、深入第一线开展研究工作的能力与习惯，做一名沉得住气的科研人员。学生需要学会将结论建立在大量材料上，注意将理论与研究对象相结合，将田野调查与课堂学习相勾连，使传统静态式的教学转变为动态式的研究。

（一）建立田野与实际的桥梁

搜集到第一手文献，是田野调查最基本的成效。事实上，进行田野调查的好处远不止于此。就俗文学而言，田野调查可以让研究者了解相关文献为何未被记载、未被保存，为何进行删改等。换言之，经过一系列复杂流程，最终在图书馆和档案馆得以保存的文献只属极少数。到田野进行实地考察，会启发学者思考文献在进入馆藏之前经历了怎样的曲折过程。在该方面取得较好成果的是厦门大学，“在二十世纪三四十年代，本系的傅衣凌先生（当时先后任职于福建协和大学、福建省研究院等机构）就注意民间文献和口述资料的搜集，以此补充官方记载的不足。他从三十年代开始的明清乡村社会经济史研究，除广泛搜求地方志和文集外，还搜集、征引、解读了大量的契约、谱牒、碑刻等民间历史文献及口述资料，开创了中国社会经济史学派，对中国现代史学的发展产生了一定影响。在傅先生的倡导和影响下，厦大历史系在整理、利用民间历史文献和口述资料的过程中，相对自发地形成了与国际学术进展遥相呼应的，基于民间视角的社会经济史和社会文化史研究路径"①。厦门大学历史系在田野调查上首先发力，经过多年的经营，确实取得了不少的成果。

（二）田野设计的学术要求

在教学中，教师也要注意不能将田野调查等同于出门旅游，因为旅游去的是景点，是人为改造过的景观，大多数人接收的信息都大同小异。进行田野调查，切忌定点定期调查，否则田野调查就使固定群众成了固定内容的汇报员。走访田野，还需要尊重当地的风俗人情。每个调查对象都是独特的个体，他们具有不同的世界观与方法论，都具有各自的利益关系和社会关系。以太湖流域的文化传统而言，"渔民"和"岸民"的信仰不同，在非物质文化遗产的申报过程中，普遍存在着利益争夺的关系，俗文学的研究要能处理好文化保护和社会发展的利益平衡。因此，在俗文学中，最需要保护的是民众个体的话语权和民众的文化权利。虽然大多数高校教师都知晓实践的意义和价值，但长期的象牙塔式的教育模式让他们越来越漠视田野调查的研究方法。文本分析、闭门式研究依然是教学研究的主流，在这种主流教学论的引导下，教师和学生推崇经典、引用名言、寻找规律、构建理论是必经之路。在这种教学背景下，大多数研究成果都是通过逻辑推理、文献梳理获得的，导致其研究成果与结论大多大相径庭，呈现抽象、晦涩难懂等特征。

（三）田野调查的方法论实践

立足国内田野调查教学理论稀少的现状，国内高校大都直接采纳西方的田野调查方法，这种简单移植理论的方式造成了对国外前沿理论的盲目推崇，忽视了本民族的文化传统和特色。在俗文学领域开展田野调

① 厦门大学民间历史文献研究中心：《田野学步——厦门大学历史系本科田野调查报告集（2004—2010）》，厦门大学出版社，2017，第1页。

查教育，可以采取“学院+社会”[①] 的双重培养模式。在该模式中，田野调查具有双重属性：一方面是研究方法，另一方面则是各式各样的科研实践项目。项目可以是本科生与硕士研究生进行的学术基金项目、“挑战杯”竞赛项目，也可以是其直接参与的导师的相关科研项目。围绕学生专业知识与理论的学习实践田野调查，可以培养学生的学习兴趣，提高其调查能力，进而增强专业认同感。围绕针对学生探索精神的训练实践田野调查，可以培养一批深扎中国大地、研究中国实际的人才，尤其是发掘被埋没的民间文艺的人才。因此，有学者提出“学院+社会”教学模式，集学生专业学习、思辨训练、实践能力于一体。田野调查于社会工作而言，已经超出了方法论的范围，而成为保护民间俗文学的关键要素。

关于“田野”中对俗文学生态的洞察，张士闪在论述中国艺术学的田野转向时提到：“在上述两次转向中，发生在20世纪90年代中期以来艺术学的‘文化研究’转向，不单单是产生了一些被调侃为‘食洋不化’的各种新异艺术理论，更收获了意想不到的成果，那就是：在20世纪90年代以来日益现实化、批判性的当代中国文化发展的大气候中，艺术学在‘文化研究’方法论的引带和启示之下，产生了向中国本土返归、强调艺术发生现场的重要转向，并终于在20世纪末走出了书斋内的对空玄谈，走向对当下现实生活的关注与省察，田野研究由此成为最具活力的研究方法。”[②] 俗文学研究的一个重要问题是理解各种形态的俗文学文艺，包括南歌、北曲，历代俗文学的文本类型与曲牌如何配套，以及格律、音韵等方面的讲究。这些文学文艺类型受时代与地域的影响，显示出多样性、复杂性和专业性等特点。面对这些错综复杂的俗文学文艺，没有哪个教师能够精通中国几千年来积累的丰富多样的曲艺、曲调，也没有哪个民间艺人能够精通全部民间技艺。这时广泛的田野走访调查就可以弥补以上教学和传承的不足。

三、建设新时代的田野课堂

人文学科的生命力在于对接国家社会改革中的现实之需，围绕重要理论问题与社会问题开展研究。人文学科专业教学的一个根本目的是继

---

① 刘卫平、陈敬胜、王路路等：《“田野+项目”：社会工作创新性人才培养模式的实践与探索》，《湘南学院学报》2018年第3期，第100页。

② 张士闪：《眼光向下：新时期中国艺术学的“田野转向”——以艺术民俗学为核心的考察》，《民族艺术》2015年第1期，第17页。

承和发扬优秀传统文化，恪守“从群众中来，到群众中去”的实践原则，以学生为根本，以学术为基础，做到以文化人、以文育人，为俗文学研究培养合格的接班人。

（一）项目化的田野课堂设计

本科生做科研项目，存在理论体系较为薄弱、经验不足等问题，但通过有意识地让学生参与教师的科研项目或有意识地培养学生独立承担科研任务，有利于激发学生的主观能动性和创造力。学生在科研活动中，可以从前期准备工作做起，如田野调查地点踩点、问卷设计、甄别采访对象等。这相当于让学生在实践中学习，通过对田野调查方法的具体运用，提高学生的认知与能力。项目与田野调查的开展离不开与地方文化部门的对接，这种社会交往方式对提升大学生认知社会、服务社会的能力大有裨益。新时期以来，中国文学获得了跨越式的发展，田野调查作为西方人类学在中国本土化发展的产物，得到了广大人类学者的普遍推崇，在文学研究领域尤其如此。“这种学术背景的结构性生成，决定了在中国，文学人类学作为跨学科研究领域之‘越跨’，必然是立足于‘文学’之基础面向‘人类学’进行的理论借鉴与方法移植，而不是反之。”① 在此意义上，田野调查超出了一般的研究方法，打破了开展具体研究的地理空间概念的束缚，把区域史、地方文化、社会关系和人文风貌等多种元素进行整合研究。走出象牙塔，走向田野，才能洞悉文本来源、探索文化变迁、找到活态文本、解密历史疑问、继承民间传统。田野调查为俗文学在文本之外找到了更多答案与可能，也为深入探索俗文学与民俗研究领域的某种“集体意识”或“集体无意识”提供了可能。

（二）多学科背景下的田野课程设置

立足于跨学科的人类学研究，我们必然会思考俗文学与田野调查的关系，如何处理这一关系不仅关系到学科内部的对话整合、良性发展，也关系到这门人文学科对来自人类学等社会学科的质疑与挑战的回答。赵月梅在《树立眼光向下的文化观——邢莉民俗文化研究述评》中也提到：“民俗学者在田野调查中要使自己‘情境化’。所谓‘情境化’，就是亲历其中，体验民众的语言、行为、情感以及其背后的民俗心理。被称为‘写文化’的民俗学的担当是书写‘民俗志’，只有进行田野作

① 李菲、邱硕：《“田野”的再概念化：兼论文学人类学跨学科研究方法的同一性问题》，《民族文学研究》2019 年第 3 期，第 23 页。

业，才能摒弃传统民俗志的书写方式，描绘生活中的‘民’‘习得’‘俗’的过程，体悟民俗在社会生活中的结构、功能和价值。田野作业的目的就是把文化主体纳入研究的视野，改变以往民俗文化主体的失语状态。”①《新文科建设宣言》强调：“推进新文科建设，要坚持不懈挖掘新材料、发现新问题、提出新观点、构建新理论，加强对实践经验的系统总结，形成中国特色文科教育的理论体系、学科体系、教学体系，为新一轮改革开放和社会主义现代化建设服务。”② 从一定意义上说，田野教学是一种旨在回归基层的研究方法。这种基于实践的教学法，是一种将科研与实践相结合的研究方式。唯有如此，这种方法才能于广博的文学研究中开辟出独属自己的研究天地。在多学科融合的田野研究视角下，田野课堂的课程设置应以多元化、结构化为方向，着重体现田野研究的方法论优势，结合俗文学研究的学科特点，完善并优化田野课程，使田野课堂的课程设置实现最优配置。

（三）文化引领下的田野教学实践

挖掘开发汉族民间社会和乡村文化也是新时代社会主义事业的重要组成。当下在中国这样一个文化传统深厚的多民族国家中开展现代化建设，文化遗产变得日益重要，这也是国际化发展的必然趋势。国家提倡保护自然生态环境的同时也积极鼓励发展新兴产业，促进经济文化和社会协调发展。传统文化的价值越来越受重视，大量的传统知识成为人类不可再生的智慧之源。今天，文化的重要性已经不亚于经济的发展。尹虎彬提到：“在新的历史条件下，我们把经济建设、传统文化与生态系统的可持续性作为一个发展方向提出，体现了国家倡导的科学发展观念。在国家、地方和民间社会的多元互动过程中，人们或许会找到一个较好的办法来达到对民族传统文化的有效保护、科学利用和促进发展的目的。就民间传统文化保护来说，边疆少数民族传统文化保留的较好，因为历来有民族政策的保护，但是汉族的乡村文化相比之下却伤痕累累。”③ 这种社会现实背景下，开展俗文学教学，带领学生走向田野，积极投身保护传统文化已经是义不容辞的责任。学科发展的迫切需要与文化保护的责任感，促使我们进一步走向田野，深入群众，在广大人民

---

① 赵月梅：《树立眼光向下的文化观——邢莉民俗文化研究述评》，《民族艺术》2018 年第 2 期，第 15 页。

② 教育部：《新文科建设工作会在山东大学召开》，2020 年 11 月 3 日，http://www.moe.gov.cn/jyb_xwfb/gzdt_gzdt/s5987/202011/t20201103_498067.html，访问日期：2025 年 5 月 8 日。

③ 尹虎彬：《“眼光向下”才能认识传统》，《中国文化报》2009 年 3 月 15 日，第 3 版。

群众中开设课堂，既吸收群众文艺的精华，也培养搜集一手资料的经验和方法。

田野教学为独创性学习和研究性教学提供了绝好的契机。在研究型大学的日常教学活动中，应该说这种理论与实践互动的双赢模式是一种良性的教学趋势。田野教学法越来越成为有助于观察、提出和解决问题的俗文学研究方法。新时期以来的俗文学研究，涉及艺术学、民俗学、文化学、人类学、历史学等诸多学科和领域，其不断挖掘的成果给学术界带来不少意外的惊喜。田野课堂的建设，将为未来俗文学教学改革带来更多的机遇与挑战。将来的青年学子也将以其鲜活的田野考察成果拓宽研究者的学术视野，从一个崭新的角度为中国俗文学研究提供历来缺少又至关重要的资料。

人文视野下的线上教学模式探究

刘阳扬

2020年2月4日，鉴于疫情对高等学校的正常线下教学工作造成的影响，教育部应对新型冠状病毒感染肺炎疫情工作领导小组办公室发布《关于在疫情防控期间做好普通高等学校在线教学组织与管理工作的指导意见》（以下简称《意见》）。《意见》指出，在特殊时期，各高校应充分利用线上优质课程教学资源，依托各级在线课程平台，积极开展线上授课和线上学习等在线教学活动，实现“停课不停教、停课不停学”，保证教学进度和教学质量。在《意见》的要求下，各高校按照教育部统一部署，积极采取教师培训、建立沟通平台、进行学情分析等有效措施，顺利开展教学工作，高质量地完成了教学任务。

2020年的大规模在线教学，是对近年来高校信息化建设普及程度的真实测试，也显示出现代教学技术在传统教学内容上的应用和突破。尽管当下高校已相继复课，但是全面的线上教学活动已经在很大程度上改变了传统的线下教学模式。调查显示，近七成学生愿意继续参加在线学习，在线学习已经开始从“战时措施”向“平时机制”过渡。[①] 因此，在线教学已经给高校带来了实质性影响和深刻变革，并给今后的教学实践活动提供了新的方法和启示。

一、在线教学与教学内容的优化调整

有学者表示，20世纪以来，中国高等教育的人才培养模式主要受到“教学系统化设计运动”和“在线教学”两大潮流的影响。[②] 在这两大潮流的影响之下，高等教育的课程建设已经开始逐步优化，呈现出动态的课程建设模式，这一模式要求教师系统设计课程，在落实以学生为中心的理念的前提下，充分挖掘优质教育资源，完善在线教育体系，以线上教学模式形成对传统教学的补充，使得学生不仅能够掌握具体知识

---

① 吴岩：《应对危机 化危为机 主动求变 做好在线教学国际平台及课程资源建设》，《中国大学教学》2020年第4期，第12页。

② 郭文革：《高等教育质量控制的三个环节：教学大纲、教学活动和教学评价》，《中国高教研究》2016年第11期，第58页。

点，还能进一步深挖知识背后的系统逻辑，从而养成较好的独立思考能力和批判性思维能力。

人文学科的开放性和探索性致使课程教学内容驳杂多元，教师在教学的过程中需要引经据典、旁求博考，从而形成对知识点多方位、多角度的解读。因而，传统的线下教学模式对人文学科教师的知识储备具有较高要求，如果增加线上教学模式，有利于迅速搜集整合课程相关材料，使教师能够更好地拓展教学的深度和广度。新时代的媒介发展给教学工作提供了灵活多样的教学方式，根据以往的教学经验，依托网络平台，如腾讯会议、Zoom 会议室、微信会议、QQ 直播等媒介形式，能够实现跨时空的学习交流。例如在教学文本研读课程时，采用在线教学模式，可以事先将涉及的文本、理论资料、评论资料等上传到线上授课平台，并要求学生事先阅读材料。在授课的过程中，教师可以随时要求学生打开文本或材料的某一章节进行集体研读，并随时展开讨论，以巩固和加深对文本的理解。有学者表示，人们现在已经可以随时随地加入学习，“在线教师可以在课堂中邀请专家与学习者进行实时讨论和异步讨论。除专家之外，偏远地区的学习者还可以与世界各地的同学和辅导教师进行合作或互动”①。

在教学语境中，偏远乡村的学生与城市学生相比，更难获得优质教学资源，乡村教育面临严峻的挑战。但是，在线上教学语境中，乡村学校可以充分利用网络平台上现有的视频资源，由省、市教育部门统一调整教学计划，指导教师、学生适应在线教学系统。线上教学虽然使用的是虚拟场景，却能够提供不亚于真实课堂的教学效果，还能突破时空限制，利用移动客户端随时加入课堂，给新时代的教学提供了更多可能。在教学的过程中，教师需要注意重点培养学生的自主学习能力和创新能力，促进学生高级思维的发展及综合素养的提升。

二、课前阅读材料的丰富与完善

在资料、论文的阅读方面，线上教学模式对人文学科的线下教学提供了很大的补充。以文学类作品解读课程为例，当教师针对具体作品进行解读时，需要学生围绕该作品进行全方位的知识掌握，除了熟悉作品，还需要对作品的写作背景、写作环境、作家境况和同时代文坛的基本情况有一定的了解。在此前的线下教学过程中，这些资料往往通过教

---

① 柯蒂斯·邦克、伊莲·邱：《激励和留住在线学习者的 100 个活动——TEC-VARIETY 应用宝典》，陈青、彭义平译，中央广播电视大学出版社，2016，第 3 页。

师口述或者课件资料得以呈现，学生接触时间较短，难以获得深刻印象，不利于对作品的深入理解。如果引入线上教学环节，有效利用现有慕课等资源，并事先在相应平台上传扩展资料，就能通过在线交流模式让学生提前熟悉课程内容，从而在线下的教学过程中更加注重对问题的深入分析和理解，获得更好的教学效果。同时，为了提高学生的科学研究能力和自主思考能力，实现对已有知识的突破，获得新的思考路径，需要锻炼学生的文献搜集和阅读能力。传统课堂很少培训学生的资料搜集和整合能力，但是在线上教学模式下，教师可以通过共享屏幕的方式直接传授收集资料、阅读文献的基本方法，使得学生能够尽快掌握基本的文献阅读能力，从而加深对授课内容的理解。

线上教学模式还能够为学生提供直观影像资料，从而加深学生对教学内容的认识。例如在技术支持下，慕课的教学 PPT 比线下课堂的 PPT 具有更加强大的表现力，其图片、文字、影像的排列可以千变万化，更加生动活泼。文学作品的影视改编是人文领域教学容易涉及的教学环节，因而，影视艺术作品的欣赏是此类教学课堂必不可少的内容。微课、慕课、直播等线上教学模式能够直接调用网络影视资源，通过剪辑、拼接等方式截取经典影视片段，从而吸引学生的注意力，提高课程关注度。

三、线上教学与“以学生为中心”的教学理念

美国心理学家罗杰斯是人本主义心理学的代表之一，他提出了“以人为中心的治疗”[①] 思想，并运用于心理治疗。在罗杰斯的理念中，心理医生需要给来访者提供一个良好的心理氛围，并帮助来访者进行自我理解和自我指导，以达到心理健康的水平。罗杰斯认为，当事人对自己的情况最为了解，治疗师应创造充分接受、尊重和理解的氛围，帮助当事人用自己的力量解决问题。后来，罗杰斯将这一理论向外拓展，并逐渐发展出“以学生为中心”的教育观。他认为，“个人在某种程度上和他自己特殊的世界沟通，而使用的程序鼓励他如此做。提高了的沟通能力逐渐把更多的体验带到了意识的领域，如此传达了更加精确完整的个体的体验世界”[②]。这种教育观以学生经验的自我成长为中心，能够激

① 卡尔·罗杰斯：《个人形成论：我的心理治疗观》，杨广学、尤娜、潘福勤译，中国人民大学出版社，2004。

② 卡尔·罗杰斯：《当事人中心治疗：实践、运用和理论》，李孟潮、李迎潮译，中国人民大学出版社，2004，第 434 页。

发学生主动学习的能力。在罗杰斯的理念中，教育的目标在于帮助学生提高学习和思考能力，形成独立而自由的人格。为了达成这一目标，教师要充分尊重学生、信任学生，在思想上、感情上与学生形成共鸣，才能取得良好的教育效果。

在中国，体现“以学生为中心”理念的教育思想古已有之。《论语》中的“学而不思则罔”“不愤不启，不悱不发”“温故而知新”等论述，都强调自主学习、自主思考的能力。有专家指出，“以学生为中心”的教学理念是一场深刻的变革：“我们要来一次教育思想的深入学习，重新认识教育，认识教育思想、观念、方法，逐步转变教育思想、观念、方法。我们应当认识到，学校教育作为一种活动，是向学生提供学习服务，学生通过自己的理解、消化而接受学习服务并凝结在自己身上，进而实现学生本人及其家庭、社会的需要。”① 线上教学能够强化“以学生为中心”的教学理念，给师生提供便捷的互动和交流平台。清华大学的数据显示：“清华深圳国际院 2020 秋季学期共开展 1 636 个课堂教学活动，师生互动高达 52 168 次，习题互动达到 36 784 次。”② 在线上教学的实践中可以发现，每当教师提出问题和讨论的时候，因为采用了学生熟悉的互联网平台或移动客户端，学生参与讨论的人数和频率都高于传统的线下教学。在线平台的课堂讨论正是“以学生为中心”的教学模式的重要一环，能够促使学生更加自信、自如地发表观点。

随着现代科技信息技术发展，以教师为主的传授式教学模式已经无法完全适应时代的变化，学生应该成为现代教学体系的中心。实现“以学生为中心”的教学改革，需要借助互联网、多媒体、人工智能等现代科技手段，让师生能够在屏幕上可视可见，实现实时互动，及时交流讨论、答疑解惑，并通过动画演示、仿真实验等教学手段促使学生对教学材料产生深入理解。

四、线上教学与知识传播方式的变革

线上教学也体现出知识传播方式的颠覆性改变。传统的人文课堂受到教具和教学媒体条件的限制，难以让学生真正达成对知识的深入理解和掌握，而引入线上教学模式，能够利用智能技术手段，提升教学平台的有效性，从而突破传统教学条件的束缚。丹尼尔表示，学习是独立活

① 刘献君：《论“以学生为中心”》，《高等教育研究》2012 年第 8 期，第 5 页。

② 李琼、杨格丹、李敏辉：《“以学生为中心”的融合交互教学模式研究——以清华大学深圳国际研究生院为例》，《现代教育技术》2021 年第 10 期，第 115 页。

动和交互活动的综合。学生既需要通过阅读、听课、写论文等独立活动获取知识，也需要通过对话、讨论和反馈等交互活动获得更好的学习效果。在传统社会，与独立活动相比，实现交互活动可能需要较高的人力成本。丹尼尔认为，当两类活动在学习中同样重要时，教育面临的挑战就在于“努力将交互活动的成本结构尽量接近独立活动的成本结构”①。事实上，网络和计算机的普遍发展，以及随之而来的在线教育，极大地控制了交互学习的成本，也为人文学科的教师和学生提供了更为便捷的对话平台。

远程教育理论的先驱霍姆伯格强调一种“有指导的教学会谈理论”，该理论“强调了教师与学生之间交互的重要作用，认为过程强化交互影响可以为远程教育中的学生带来学习的愉悦，从而激发、强化其学习动机，并最终对学习活动产生积极影响”。② 霍姆伯格的远程教育理论认为，远程学习材料的设计也应当有所选择，比如“学习内容的呈现方式应易于被接受，所含的信息量应该适中；应能明确而有说服力地给予学生学习建议；鼓励学生相互交换观点并提出问题；培养学生对学科产生兴趣”③。事实上，线上教学模式对于加强师生之间的交流有着线下教学无法比拟的优势。当下的高校学生是“网络原住民”，利用网络和移动客户端进行交流活动已经成为其日常生活的组成部分。在传统课堂，教师提问的参与度不高，有些学生因为害羞、害怕答错等原因不愿参与课堂互动。但在线上教学的实践过程中，这一情况得到了很大改善。教师一旦提出问题，大多数学生都愿意采用开麦、弹幕、留言等形式参与问题讨论，教师也能够即刻回应学生观点，迅速答疑解惑，加强了学生对课程内容的掌握。数据表示，“90%以上的学生愿意在线上互动”④，因而，线上教学模式为师生互动提供了宝贵的技术支持与心理支持。通过线上教学，师生建立了更为紧密的联系，这也是高校应对互联网时代师生关系的新的举措。

线上教学模式在教学数据的日常管理上也具有优势。首先，线上教

---

① 约翰·丹尼尔、丁兴富：《巨型大学：对规模、成本和质量的巨大冲击——在 2003 世界开放大学校长会议上的报告》，《开放教育研究》2003 年第 6 期，第 21 页。

② 李兵：《知识管理与现代远程教育发展研究》，广西人民出版社，2014，第 59 页。

③ 唐燕儿、关淑文：《基于霍姆伯格远程教育思想的在线教学创新策略研究——以疫情期间成人高等教育在线教学为例》，《中国电化教育》2020 年第 5 期，第 31 页。

④ 胡小平、谢作栩：《疫情下高校在线教学的优势与挑战探析》，《中国高教研究》2020 年第 4 期，第 20 页。

学省略了传统课堂的点名环节，通过线上签到、线上通知，简化了教学流程，节约了课堂时间。其次，教师利用教学平台能够便捷地掌握学生的学习数据与学习进度，及时了解学生学习情况，为下一次的课程复习和补充做好准备。

五、结语

尽管新型教学模式为突破教学的空间限制提供了很大帮助，但是线上教学模式依然具有进一步提高的空间，在教学资源分配、教师技术培训等方面还需更加有力的支持措施。

打破区域、校际差异，推动优质资源开放共享是“线上+线下”教育模式需要解决的问题之一。各高校应该在教育主管部门的统筹规划下，进一步加强高校之间的协同合作，推动不同区域高校共建在线教育资源，让欠发达地区的高校学生通过在线方式直接接触名校优质师资和优质课程，从而实现优质教育资源的共享。

对教师进行技术培训、鼓励教师利用线上教学资源也是发展“线上+线下”教学模式的一条路径。厦门大学教师发展中心的一项问卷调查也显示，在疫情之前开展过线上教学的教师，仅占 20.43%，而未开展过线上教学的教师则占 79.57%。虽然经历了线上教学培训，大部分教师对线上教学平台的熟练程度也只在“一般”和“熟练”之间。① 中国人民大学的学者通过调查，将高校教师的在线教学能力概括为三个维度，即信息技术能力、教学设计能力和教学呈现能力②，这些能力包括 Office、Photoshop、Flash、Audition 等软件的使用，PPT 的制作，教案的设计，教学环节的安排等多个方面，需要教师在掌握必备的信息技术能力的同时，优化教学设计，创造出有利于学生自主交流和思考的教学环境。该调查显示，教师对教学策略设计、在线教学平台工具使用、在线教案的制作等方面都有很强的培训需求。由此看来，虽然在疫情期间我国成功实现了从线下教学到线上教学的切换，但大部分师生对于线上教学这一新型模式还处在探索阶段。因此，高校需要进一步推进教师信息化发展计划，设计专项培训课程，加大培训力度，切实解决教师的在线教学培训需求，并采用配套奖励和考核手段鼓励教师参与在线教学创新。

---

① 邬大光、李文：《我国高校大规模线上教学的阶段性特征——基于对学生、教师、教务人员问卷调查的实证研究》，《华东师范大学学报（教育科学版）》2020 年第 7 期，第 3 页。

② 张伟：《高校教师在线教学需要发展哪些能力——基于疫情期间开设在线课程的 422 位高校教师调查分析》，《中国人民大学教育学刊》2021 年第 2 期，第 66 页。

互联网条件下的汉语网络教学平台构建策略

曹晓燕

随着全球汉语热的兴起，汉语国际传播需求进一步加大。然而，在新形势下，汉语国际传播也面临很多挑战与困难，传统的教学模式由于受到时空限制，已不能满足现实需求。在互联网正塑造全新的传媒生态的今天，随着网络科学技术的日益发展，汉语国际传播应不再拘泥于传统单一的传播方式，而应积极推动创立“互联网+教育”的新模式，利用网络推动教学，打造优质教育资源共享平台。然而，汉语网络教学起步较晚，还不够成熟，目前还存在很多问题。

一、影响网络汉语教学成效的原因

许多学者都曾指出网络语言学习的现状不容乐观，如容易半途而废，易辍学，产生孤独感、挫折感，约束力差，没有与同伴的互动，没有足够的反馈，教学方法单一，缺少现场教学的效应，学习效果难以控制等。① 这些问题普遍存在于线上汉语教学平台，影响了线上汉语教学的发展。主要原因在于很多网站不重视学习服务系统，鲜有为学生答疑解惑的平台；缺少有效的社会交互性；对学习效果缺乏控制；教学方法单一，现场感较差。

二、汉语网络教学平台构建对策

一个完善的网络教学平台应有基本的学习模块，也应有辅助模块。大体来说网站设计可以从“技术层面”“教学系统”“教学模式”“教学内容”“辅助板块”等五个方面入手。

（一）技术层面

1. 语言学习中的虚拟现实技术（VR）

随着学习科学的发展，研究者逐渐意识到语言的实际应用与一般的语言学习相比，蕴含了更多的复杂性和不可预测性。传统的教育方式由

---

① 陈小盟：《中国汉语网网站建设的几点思考》，《语言文字应用》2006 年第 S1 期，第 19-34 页。熊霄：《基于网络环境下的对外汉语教学模式研究》，博士学位论文，华东师范大学，2011，第 52-54 页。徐小涵：《网络汉语教学平台的开发与应用》，硕士学位论文，吉林华桥外国语学院，2011，第 37-38 页。

于教学时长、空间、教学经费等限制，在教材和参照模型上只能围绕情景组织语言材料和音像材料，做到尽量贴近真实。“学习者从简单交互里所习得的知识难以迁移到更复杂的交互情境中。”① 21世纪初，国外研究者对信息技术的功能定位发生重大转变，即从学习工具转变为实现与母语者交互、合作的虚拟环境。“而将日常教育与VR技术相结合，通过三维建模及场景搭建，可以为学习者提供近乎逼真的教学模型”②，能产生强烈的沉浸感，为语言学习者创造一个介于课堂模拟环境与真实社会环境之间的“浅水区”，有效地为学习者突破时间场地的局限，极大地提高学习者的体验度，帮助学习者尽快适应现实语境。

2. 基于WebRTC的实时通信技术

目前许多视频教育网站的课程属于录播课程，即使是线上实时授课环节，大多也用第三方聊天软件，如Skype。但近年来实时音视频工具发展迅猛，功能强大，可操作性强。WebRTC（Web Real-Time Communication）就是一项支持跨平台的实时音视频处理的解决方案，只需要在网站内置快捷键，就可以让教师和学习者进入课堂面对面授课。

（二）完整科学的教学系统

1. 全方位的课前测评

了解学习者是制定教学策略的前提，多层次、全方位地对学习者进行课前测评较之简单地依赖经验判断其学习情况更为准确。为了给学习者量身制定学习计划，网站可以提供调查问卷和评测软件，来为学习者推荐合适的学习难度，建立学习档案，从而保证教学效果。

2. 必要的预习环节

完整的课程系统应包含课前预习—上课—课后作业，网络授课也要遵循所有步骤。预习视频里有专业教师对教学内容的详细讲解，初级阶段还会配以学生母语的说明，这将节省课上的讲解时间，最大限度地促进学员与教师进行操练和交流。

3. 全面的总结和反馈

根据“艾宾浩斯遗忘曲线”的规律，人们在学习之后的初期，遗忘的速度最快，因此课后系统自动发送给学员当节课的练习，单元中、

---

① 叶新东等：《基于虚拟现实技术的语言学习生态模型研究》，《电化教育研究》2019年第2期，第109页。

② 高天寒、李颖：《基于虚拟现实技术的汉语言教学系统设计与实现》，《工业和信息化教育》2018年第8期，第79页。

单元结束都有测验任务，能促使学习者有效地对所学知识进行复习。

不同学生的学习能力、汉语水平、认知程度都会在教学过程中表现出来，教师对学习者当课学习重点、难点及薄弱环节的总结和学习建议有助于对学生进行高效的教学指导。

（三）自主+辅助的教学模式

基于对汉语自身规律的研究，汉语网络教学可通过多元化教学模式满足不同学习者的学习需求和学习目标，帮助学生在多种学习模式中获得完整的汉语学习体验。

1. 线上实时交互式一对一或一对多学习

利用实时音视频工具，教师可以与学生面对面授课，还可以共享PPT、音频、视频，双方都可以在课件上标注、圈画、写字，还有白板可以使用，极大地还原了真实课堂的交互性，弥补了网络课堂缺乏“板书”、不够灵活直观的劣势。

2. 非实时免费公开课

为了让学生在学习汉语的同时能足不出户地了解中国和中国的交际文化，网站应开设中国风俗文化的公开课，文化点主要选取日常生活交往方面的交际性文化，如中国人怎么打招呼、中国人的餐桌礼仪、中国人送什么礼物等；或者专门介绍汉语中有特殊文化意义的俗语、成语，如“汗牛充栋”“目无全牛”等，一旦照字面意思理解非常容易引起误解。因为任何一门语言都是经过长期的演变而来的，其间必然会产生实际含义与字面意思不相符的情况，容易让学生望文生义，最终影响交际的顺利进行。所以教师在搜集教学资源时，要选取涉及一定文化知识的内容，尤其对特殊含义的词汇和俗语要重点讲解，必要时可以开设专门的俗语词汇课程。

3. 线上语伴计划——远程沉浸式教学

在线汉语教学如果想要提供沉浸式体验，面临着很多难题——缺少语言环境、课后教师和学生无法继续互动、难以接触到汉语母语者等。因此网站可以为学员提供线上语伴服务，使远程沉浸式学习成为可能。语伴是来自全国各地的有意参与汉语国际传播的相关专业人员。学生可以向语伴提任何有关汉语的问题并得到及时、专业的回复，避免了学生在学习中遇到问题只能等到下次上课，而又可能面临不同教师的尴尬。

（四）教学内容丰富而真实

教学内容将按照课程设置来规划，并依据汉语水平考试（HSK）、中小学汉语考试（YCT）、商务汉语考试（BCT）等考试分级标准与国际汉语能力标准，从低到高分为不同级别。课件可以分为两种：一种是配合语言点讲解的PPT，另一种是VR课件，让学习者在VR场景中与周遭进行互动，可随意点击周围的事物，并看到文本、物品的词汇或情景动作的翻译。在这样的学习环境中，设置符合学习者发展的任务活动，营造与目的语应用相适应的丰富的社交场景，让学习者能够在交互和协作中完成复杂的学习目标，并获得教师的及时反馈和指导。

（五）提供全方位支持的辅助板块

1. 学员交流区

网络教学与传统课堂相比，最大的缺憾是缺少课堂学习氛围。一对一的学习尽管增加了课上练习的机会，但学习者容易感到孤独，兴趣降低，没有归属感。学习者如何跟其他学习者交流、分享经验就是网站平台必须思考、解决的问题。开设学员交流区可以为学习者提供一个非常好的关于汉语学习的社交网络平台，实现学习者之间的交流，教师也可以参与进来进行答疑和交流。通过交流区，学习者可以提出问题、找到学习伙伴、分享学习经验，降低学习过程的孤独感，增加网站的凝聚力。

2. 营造目的语“小社会”

对于在非目的语国家学习的人来说，由于缺少学习和训练的真实环境，一出课堂就回到母语环境，很难提高交际能力。因此，通过VR技术来营造一种目的语社会氛围，比如创设真实的目的语“小社会”，让学生在仿真环境中漫游，从而获得更多的与语言有关的信息，例如上海城隍庙的杂货店、苏州观前街的美食街、乌镇民宿酒店大厅等。学习者通过电脑或VR技术的头戴设备，达到足不出户就能体验这些环境的目的。在虚拟的“小社会”里，学习者可以控制代表自我的虚拟角色对环境持续探索、体验，并不断与环境中的虚拟对象、其他学习者或母语语伴产生交互。

四、结语

网络汉语教学平台的建设起步晚，经验少，是一项长期的系统工程，但对于热衷汉语学习而没有时间或条件来华留学的学习者来说，该平台是非常便捷的学习途径，可以弥补师资力量匮乏的问题。随着实时音视频技术及VR技术的成熟，网络教学的策略和方式将更具有现场性、灵活性的特点，教师和学生可以通过网络进行实时互动，将传统教学与网络技术融合，这在某种程度上克服了学习环境不同造成的距离感和孤独感在语言学习过程中带给他们的消极影响。交互式网络课程和线上语伴、交流平台和虚拟社会环境的结合，将给学生提供更多机会参与连续的语言交流，大大增加了语言输入和输出的机会。

“探究式教学法”在汉语教学中的模式构建与应用

姜 晓

“探究式教学法”最早由美国芝加哥大学的学者萨奇曼在伊利诺伊州的小学课堂中提出并采用。[①] 该教学方法经过不断改进和完善，最终定型并发表于《教学方法总述》[②] 一书中，被称为萨奇曼探究模型。之后，美国《科学教学研究》发表了一篇元分析报告[③]，该报告对 138 种综合分析方法进行了数据分析及为期 4 年的后续结果跟踪确认，其中就涵盖了运用探究工具的教学方法。研究最终发现，不仅“以探究为基础的教学实践活动作用大，效果非常明显”，而且“学生主动参与学习的教学策略比传统的被动教学策略能取得更大收获，学生对探讨主题会有更深的理解和认知”。该研究报告还表示，长期接受“探究式教学法”的学生在多年后仍然保持着独立搜集、整理、论证、总结资料文献的能力。

近年来，美国克拉克森大学教育学院的斯奈德教授与其他几位教育界同行通过反复实践与改进，设计出了一种适应于多种学科的“探究教学模式”（The Inquiry Learning Model，下文简称 ILM）。[④] 该教学模式要求教师通过一系列精心设计的提示和线索，让学生自主探索学习知识。教师在提示与反馈时，仅回答学生“是”或“否”，完全将学习和认知的主动权交还到学生手中。此教学模式在美国教学界推广以后，受到无数教师与学生的欢迎，也引起了多个学科研究者的关注。

---

① Suchman, R. J., *The elementary school training program in scientific inquiry*, University of Illinois, 1962.

② Gunter, M. A., Estes, T. H., & Schwap, J., *Instruction: A models approach* (4th ed.), Allyn and Bacon, 2003.

③ Minner, D. D., Levy, A. J., & Century, J., "Inquiry-based science instruction——what is it and does it matter? Results from a research synthesis years 1984 to 2002", *Journal of Research in Science Teaching*, 47 (4), pp. 474–496.

④ Snyder, C., Eads, M., O'Connell, S., & Lasselle, R., *The Teaching with Inquiry Sourcebook*, Teachers Discovery, 2016.

传统的对外汉语教学多采用语言点讲解、口头与书面操练、小组讨论、完成任务或视频学习等方法，尽管一直在强调要“以学生为中心”，但大部分课堂教学仍易走入以教师为主导的困境。ILM 恰好应和了第二语言教学的核心理念，有助于突破传统汉语教学的思维限制，促进学习者自我探究与构建个人第二语言系统。为此，本文尝试将对外汉语教学与 ILM 相结合，探索构建对外汉语 ILM，并针对初级汉语综合课的教学特点，拟开展以下研究：

① 对外汉语 ILM 需包含哪些教学步骤？

② 在对外汉语 ILM 的帮助下，学习者可完成哪些语言练习？

③ 对外汉语 ILM 的教学效果如何？

④ 对外汉语 ILM 的价值与启示。

一、“四段九步”汉语 ITLM 构建

ILM 将课堂教学步骤分解为 7 步，分别是：① 精选问题与开展探究（select the problem and conduct research）；② 介绍流程与呈示问题（introduce process and present problem）；③ 收集探究数据（gather data）；④ 形成观点与论证（develop a theory and verify）；⑤ 陈述结论与解释观点（state the rules and explain the theory）；⑥ 讨论探究过程（analyze the process）；⑦ 自我评估与小组评估（evaluate）。这 7 个教学步骤将课堂上教师与学生的行为明晰化，极大地凸显了学习者的主体地位。不过，这些步骤将教师与学生的课堂行为融合在了一起，不易区分出哪些步骤属于教师行为，哪些步骤属于学生行为。

因此，本文综合借鉴了对外汉语教学界近年来较为常用的“任务—活动”型教学模式[①]、“翻转课堂”教学模式[②]、产出导向法的“驱动—促成—评价”教学流程[③]，结合 ILM 的 7 个步骤，形成了“四段九步”的汉语探究教学模式（The Inquiry Teaching and Learning Model，下文简称“汉语 ITLM”）（图 1）。

---

① 姜丽萍：《“任务—活动”型汉语课堂教学模式的构建》，《语言教学与研究》2013 年第 6 期，第 1–8 页。

② 沈庶英：《翻转课堂“三步十环节”班级教学模式构建探索——以商务汉语翻转学习为例》，《语言教学与研究》2019 年第 6 期，第 21–30 页。

③ 文秋芳：《“产出导向法”与对外汉语教学》，《世界汉语教学》2018 年第 3 期，第 387–400 页。

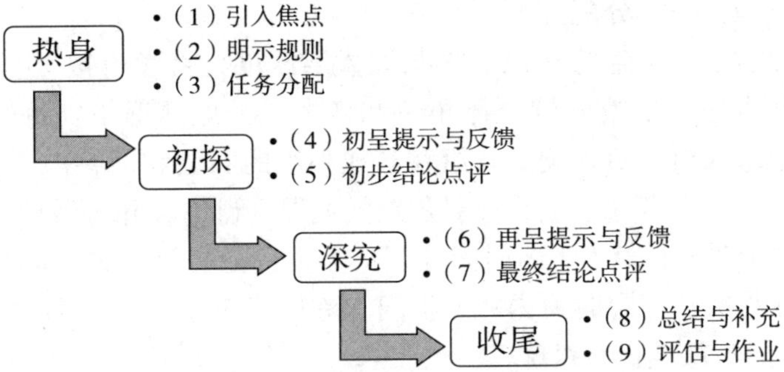

图1　“四段九步”汉语 ITLM

（一）阶段一：热身阶段

教师需依据核心教学目标提纲挈领地准备好上课材料，并通过下面的步骤，迅速抓住学生的注意力。

第一步：引入焦点。

教师需在课下细化授课内容，确定教学目标中的核心词句、语言点及文化知识等，再据此准备授课的焦点问题与提示信息。在第二语言习得的过程中，认知学习策略的推理策略表明，学习者可通过原有知识及新获得的语言知识，进行概括推理或演绎推理及分析、归纳等思维活动，以实现规则内化。[①] 因此，教师需从全局角度出发，精心设计一个在一开始就能激发学生好奇心与探索兴趣的焦点问题，以便引领学生展开后续的深入思考。这个焦点问题的答案只有在学生基本达到本堂课的教学目标之后才能探析而出。同时，教师还需根据授课内容和教学目标挑选出几条能引导学生一步步自我探究出焦点问题最终答案的提示信息。这些提示信息应按照逐渐指向最终答案的顺序梯度进行排列，既能帮助学生适当复习已学知识，又能帮助学生逐步理解和掌握生词与新知识。

第二步：明示规则。

教师将汉语 ITLM 的课堂规则分发至每位学生手中，加以解释和说明，请学生仔细阅读并签名，再将签好字的课堂规则贴在每张课桌上，方便学生在课堂中随时参阅和执行。最重要的是，教师要让学生理解如何在课堂上进行小组讨论和提出问题，并且明白教师的答案只会为“是/否”。

---

① 刘珣：《对外汉语教育学引论》，北京语言大学出版社，2002，第 231 页。

第三步：任务分配。

教师需根据学生的知识水平与课堂活跃度，将学生按 2~4 人分为一组，并为每位小组成员分配角色和任务。一般情况下，每个小组有 1~2 名记录人员，负责记录本组和其他小组的问题和回答内容；1 名归纳总结员，负责带领小组成员对焦点问题展开讨论，并将讨论结果与理由在课堂上进行陈述；1 名时间控制员，负责把控每一轮提问环节的时间，保证小组在规定时间内完成提问、陈述等任务。

（二）阶段二：初探阶段

在“初探”与“深究”教学阶段，教师每次只能给学生展示一个提示内容，促使学生充分运用已学知识，在有限信息的帮助下，自发思考与合作探索。小组提问与结论点评可形成一个微型的竞争机制，以激发学习者的上进心，进一步刺激近景动机，更好地调动学习者的积极性。

第四步：初呈提示与反馈。

此步骤的流程为，教师展示提示内容—小组讨论—各组提问—教师回答。此步骤是汉语 ITLM 的核心。每展示完一条提示内容，教师就让学生分组进行讨论，时长为 3 分钟左右。小组讨论时，教师在课堂上巡视并聆听学生的讨论内容，并提醒学生记录下每一个问题和相关讨论。每次讨论结束，每组只能提出一个问题求证，教师亦只能以“是/否”回答。另外，教师需根据巡回时听到的各组讨论，决定各组的提问次序。这个顺序需有利于学生逐步理解焦点问题，或者有利于学生逐步接近焦点问题的答案，同时，应尽量避免每次都由同一小组发起第一个提问。

第五步：初步结论点评。

随着提示内容展示过半，各小组逐步拼凑出自己的初步答案。此时，教师可让学生进行快速总结，并派代表上台说出或写出初步结论并陈述理由。教师只可给予正向的、与学习进度相关的反馈，旨在让学生明白自己的结论与正确答案之间的距离。

（三）阶段三：深究阶段

第六步：再呈提示与反馈。

教师继续引领学生研讨余下的提示内容。余下的提示内容往往是一两个与焦点问题较为直接相关的内容，可带领学生迅速发现正确答案。教师需在此时提醒学生认真倾听其他小组提出的问题，从各种途径获得更多信息，鼓励他们展开多角度思索，以便改进自己的最终结论。

第七步：最终结论点评。

当所有提示信息全部展示完毕，教师可让学生修正完善本组结论，并邀请每个小组派代表上台朗读其观点与理由。此时，教师应重点关注学生在陈述时出现的语音、词汇及语法错误，尤其要注意本堂课教学目标中核心词句的准确度，及时纠正并适当带读与操练，但切记不可对任何结论进行褒贬评价。

（四）阶段四：收尾阶段

第八步：总结与补充。

此时，教师可公布焦点问题的最终答案。根据授课内容与教学目标，这个答案可以是客观统一的，也可以是主观多样的，学生的答案只要与教师的答案相似即可。接下来，教师需带领学生回顾和复习本堂课的主要知识内容。教师可在此时将一些未包含入提示信息的知识点讲授给学生，同时展开紧凑而多样的语言点操练，以帮助学生完成知识点的巩固与强化。

第九步：评估与作业。

这一步骤需学生在课后完成。教师下发评估反馈表，请学生在课后对本堂课的学习进行自我评价，回顾整堂课中自己作为小组成员的课堂表现、努力程度与学习效果。对于每张评估反馈表均不划分优劣等级，以便鼓励和培养学生形成自我审视、调整及提高的能力。课后作业多与本堂课的教学目标相关，一方面旨在考查学生对本堂课知识点的掌握程度，另一方面旨在促进学生创造性地运用目标知识点。

二、应用研究

为检验“四段九步”汉语 ITLM 在实际教学中的效果，笔者选择了一堂 50 分钟的初级汉语综合课展开应用探讨。

（一）教学对象

本堂课的授课对象是来自美国 CLS（关键语言奖学金）短期强化项目初级一班的 6 名大学生（男生 1 名，女生 5 名）。他们均在美国学过 2 年汉语，OPI 成绩在 NH 至 IL 之间①。

---

① OPI 是美国外语教学学会（ACTFL）采用的语言水平测试，全称为 Oral Proficiency Interview。水平等级划分为 Novice（初级，内部细分 Low/Mid/High 三级）、Intermediate（中级，内部细分 Low/Mid/High 三级）、Advanced（高级，内部细分 Low/Mid/High 三级）、Superior（优秀）、Distinguished（优异）五级。本次教学的 6 名学生有 2 名 OPI 成绩为 NH（Novice High），4 名为 IL（Intermediate Low）。

（二）教学内容和时长

本堂课选取的教材为《发展汉语：初级口语 2》① 第 3 课《咱们去爬山吧》课文二，包括 12 个生词与 5 个语法点。上课前已完成前序课文一的教学内容，并且未要求学生预习课文二。教学时长为 1 课时 50 分钟。

（三）教学目标

通过汉语 ITLM，使学生能理解所学生词和语法点的形、音、义，能掌握并熟练运用 6 个核心生词（风景、优美、新鲜、郊外、集合、野餐）与 4 个重要语法点（去+P+V、愿意+V、和+sb. +联系、忘了+V+O），能掌握中文“通知”的正确格式与写法。

（四）教学过程

1. 引入焦点

本课的焦点问题设为“汉娜忘了什么？”旨在激发学生的充分想象，为后续“通知”格式的学习埋下伏笔。

2. 明示规则

教师向 6 位学生简单解释汉语 ITLM 的课堂规则，请学生阅读、签名，并将课堂规则贴在每张课桌上，方便学生随时参阅和执行。

3. 任务分配

教师根据 6 位学生现有的 OPI 成绩与课堂活跃度，将其分为 2 人一组，共 3 组。同时，教师为每位小组成员分配角色和任务：每组有 1 名记录员兼时间控制员，1 名归纳总结员；记录员负责填写“是/否”问答表，归纳总结员负责填写结论汇总表。

4. 初呈提示与反馈

（1）提示内容 1 与反馈

第一个提示内容是一则天气预报：“周末天气：晴，气温 15 度左右。”此提示信息较为宽泛，但可以帮助学生复习与拓展天气领域的词汇与表达方式，如“天气预报”“气温”“度”的表达方式、“左右”等词语。为了让学生有足够的时间讨论提示内容，教师给予了 3 分钟让学生准备第一个提问问题。教师在这段时间巡回于各小组，留心倾听学生的讨论与准备提出的问题，并提醒各组记录员及时填写“是/否”问答表。各组学生通过这则天气预报提出以下 3 个问题：汉娜忘了周末出

① 王淑红、么书君、严褆等：《发展汉语：初级口语 2》（第 2 版），北京语言大学出版社，2012。

去玩吗？汉娜周末忘了写作业吗？汉娜忘了今天是周末吗？教师均用“否”的回答给予提示。

(2) 提示内容2与反馈

第二个提示内容是一幅山水图、一些食物及“有山有水”“空气新鲜”“风景优美”3个短语的线索信息。学生可以根据这则提示内容复习与食物有关的旧词和学习生词“风景”“优美”“空气”“新鲜”“有山有水”等。教师在3分钟的小组讨论时间中，帮助部分学生纠正个别生词发音与理解个别生词的含义。讨论时间结束，各小组提出了以下3个问题：汉娜周末忘了去爬山吗？汉娜周末忘了拿食物吗？汉娜忘了拿纸吗？这3个问题都使用到了本节课的重要语法点“忘了+V+O”。教师均用“否”的回答给予了提示，并提醒各组记录下其他组提出的问题，以拓展自己的思考。

(3) 提示内容3与反馈

第三个提示内容是汉娜与朋友友美有关周末出游的一次聊天记录（图2）。

图2 汉语 ITLM 课堂提示内容3

聊天记录中显示，汉娜与友美两人正计划一次周末之旅，并打算请其他同学参加。学生可以通过聊天记录复习旧词“漂亮”“参加”“一定”和语法点“打算+V”“S+再……”“就……了”。同时，通过小组讨论、咨询老师和查询资料，学生可以学习生词“郊外”“野餐”与语言点“去+P+V”“愿意+V”“和+sb. +联系”。当3分钟的讨论时间终止时，各小组提出了以下3个问题：汉娜忘了请别的同学去爬山吗？汉娜忘了告诉别的同学去哪里爬山吗？汉娜忘了买吃的去野餐吗？这3个问题继续用到了本节课的重要语法点“忘了+V+O”。教师均用“否”的回答给予了提示。

5. 初步结论点评

此时，学生已经渐渐接近了焦点问题的答案，于是，教师暂停继续提问环节。教师要求每个小组在3分钟内总结出一个焦点问题的初步答案及几条支撑答案的详细理由，由归纳总结员填写在结论汇总表上。教师在各小组之间来回巡视，帮助学生修正用词与句式。

讨论结束，各小组由归纳总结员到讲台上陈述本组的初步结论与理由。此时，各小组已经能较为熟练地使用重要语法点“忘了+V+O”。各组初步结论如下：① 汉娜忘了和友美去爬山。② 汉娜忘了告诉别的同学和她们联系。③ 汉娜忘了告诉别的同学可以去野餐。教师仅仅给予每组结论正面的评价，并不评判结论的正确与否。不过，教师重点凸显了第二个结论，并鼓励学生参考这个结论，继续展开思考。

6. 再呈提示与反馈

（1）提示内容4与反馈

第四个提示内容是一张计划表（表1），上面列举了汉娜和友美即将要做的事项。

表1　汉语ITLM课堂提示内容4

序号	事项
1	写通知 （内容：去哪里、天气情况、集合时间、集合地点、联系人、电话）
2	把通知贴在宿舍楼门口
3	买野餐的食物

学生通过这张计划表可以了解到更多有关周末出行的信息，一方面复习旧词“打电话”“写通知”“宿舍楼”，一方面学习生词“门口”

“集合时间”“集合地点”及语法点“贴在+P”。此时，学生已经越来越熟悉 ITLM 的流程。小组讨论结束时，各组提出了如下问题：① 汉娜忘了贴通知吗？② 汉娜忘了写集合地点吗？③ 汉娜忘了写集合时间吗？教师均用“否”的回答给予了提示，但对第二和第三个问题给予了语调和表情上的凸显。

(2) 提示内容 5 与反馈

最后一个提示内容是一则写好的通知（图 3）。学生可以通过这则通知初步了解“通知”的基本格式与措辞。而焦点问题的最终答案就隐含在这则通知里。

通知

大家好！天气越来越暖和了，周末我们打算去郊外爬山、野餐。那里有山有水，空气新鲜，风景优美。有愿意参加的朋友，请和我们联系。

周末天气：晴，气温 15℃左右。

集合时间：周六（4 月 20 日）早上 7 点。

集合地点：宿舍楼门口。

图 3 汉语 ITLM 课堂提示内容 5

学生可以据此较为完整地回顾本堂课前面刚学过的新词“郊外”“野餐”“新鲜”“风景”“优美”“集合”“门口”和语法点“去+P+V”“有……有……”“愿意+V”“和+sb. +联系”。同时，学生还可以通过这则通知学到一些长句的表述方法。细心的学生会发现这份通知里缺少了联系人和电话。各小组提出的最后一个问题分别是：① 汉娜忘了贴通知在宿舍楼门口吗？② 汉娜忘了写联系人吗？③ 汉娜忘了写联系人和电话吗？前两个问题教师给予了“否”的回答，最后一个问题给予了“是”的回答。

7. 最终结论点评

此时，教师要求学生重新回看他们的初步结论，进行修改与完善，并由归纳总结员将最终结论与理由填写在结论汇总表上。教师在各小组之间巡视，帮助学生再次修正用词与句式。3 个小组分别上台陈述了各组对焦点问题的最终答案与理由。由于教师在提示内容 5 的问题反馈环节已经给予了其中一组肯定的反馈，因此，此时 3 个小组的最终答案均为“汉娜忘了写联系人和电话”。教师只纠正学生表述中的语音、词汇和语法错误，仍不对任何结论和理由进行褒贬评价。

8. 总结与补充

教师公布正确答案：“汉娜忘了写联系人和电话。”以答案为契机，教师向学生展示了中文“通知”的完整写作体例（图 4），并引导学生展开关于“通知”内容与格式的讨论。

通知 大家好！天气越来越暖和了，周末我们打算去郊外爬山、野餐。那里有山有水，空气新鲜，风景优美。有愿意参加的朋友，请和我们联系。 周末天气：晴，气温 15℃左右。 集合时间：周六（4 月 20 日）早上 7 点。 集合地点：宿舍楼门口。 联系人：汉娜。 电话：188-1234-5678。

图 4　汉语 ITLM 课堂结论

教师根据课文内容，补充最后一个语法点“加在+P 就可以了”的教学。教师带动学生一起复习今天所学的 12 个生词和 5 个语法点，同时采用听说法、视听法等多种以练为主的操练方式对本课的 6 个核心生词（风景、优美、新鲜、郊外、集合、野餐）与 4 个重要语法点（去+P+V、愿意+V、和+sb. +联系、忘了+V+O）展开适当的言语技能训练。

9. 评估与作业

本课的最后一个步骤是让学生课后评估并反馈他们的课堂学习情况，然后完成课后作业。教师制作了较为详细的评估反馈表供学生填写，包含了小组结论、分析过程、自身表现等内容。目的仅是帮助学生回顾整节课所学的主要内容及让教师了解学生的课堂参与度与留存疑问。

课后作业是教师为学生创设了模拟情景，让学生拟写一则格式完整的通知（表 2），以便让学生进一步理解与掌握课堂所学内容，最终达到目的语正确输出的效果。

表 2　汉语 ITLM 课后作业

作业内容	周日（6 月 23 日）天气多云，16℃～20℃。 马丁想请同学们一起去郊外爬山。请帮他写一则通知
参考词语	越来越、气温、打算、野餐、有……有……、风景、空气、愿意、联系、集合、联系人

三、效果检验

笔者通过课堂录像、课后评估反馈表与课后作业等途径收集数据，展开了过程性与结果性相结合的教学效果检验。

（一）过程性教学效果检验

我们对 6 名学生的评估反馈表中关于课堂内容与课堂参与度的 5 道选择题答案进行数据分析。前四道选择题采用的是三级量表，可通过数据统计观测到学习者对课堂内容的理解程度及其课堂参与度的高低（图 5）。最后一题为多选题，可据此了解学习者在此次课堂学习中采用了哪些学习方法，以此发现汉语 ITLM 是否激发了学生更多的学习主动性与创造性。

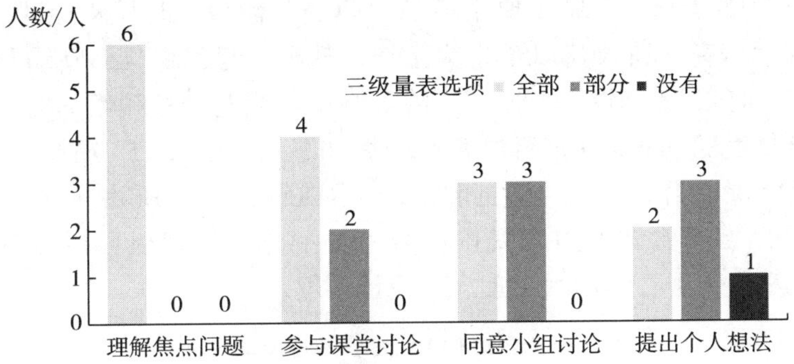

图 5　汉语 ITLM 的学生课堂参与度

通过观察课堂录像与分析课后评估表格，我们发现，通过“四段九步”汉语 ITLM，6 名学生全部理解了教师最初提出的焦点问题，即理解了本堂课的核心教学内容，也基本能写出每次小组讨论的论据和材料。同时，学生的课堂参与度普遍较高，对每次小组讨论的结论基本同意，2/3 的学生参与了课堂所有的分析与讨论，1/2 的学生在每次小组讨论中积极提出了自己的观点与想法。整堂课不仅体现了“以学生为中心”的教学理念，也实现了促进学生理解课堂内容的教学目的。

在课堂学习参与方式方面，通过课后反馈表格，我们发现所有学生都采取了“问其他小组”的方式，2/3 的学生还选择了“查资料”的方式，1/2 的学生“问老师”，只有 1 位学生对 3 种方式均采用了。根据课堂录像记录，我们发现部分学生在课堂互动中就该课的生词及语法点向教师提出了问题，比如“郊外”的发音、“优美”和“漂亮”的区别、“S+再……”和“就……了”是什么意思等。而另一些学生则会通过手机在网络上查找信息，自行了解部分生词及语法点的含义。学生之间的互动多集中在焦点问题的答案方面，诸如“你觉得汉娜忘了贴通知吗?”“汉娜是不是忘记了爬山?”“通知要写什么?”等。可见，汉语ITLM充分地调动了学生的课堂积极性，激发了学生的探究兴趣，也增强了学生之间的良性互动，教师多起到辅助、支持的作用，把学习的主动权完全还给了学生。

（二）结果性教学效果检验

我们通过观察与记录课堂教学录像中汉语ITLM各环节的师生主导时间，试图检验汉语ITLM是否真正实现了“促使学习者自发探究”与“培养和锻炼学习者运用汉语进行交际”的核心教学目的。

根据课堂录像，我们将整堂课的教学时间分配情况总结为表3。一节50分钟的课堂，教师主要主导了“热身”阶段，时长4分钟。“初探”与“深究”阶段均以学生为主导，教师只起到引领、互动与反馈的作用，时长31分钟。“收尾”阶段则是师生互动最频繁的时刻，教师引导学生复习全文并进行语言点操练和总结，时长15分钟。由此可见，整堂课教师所占主导时间在20%～30%，学生所占主导时间在70%～80%。整堂课的内容安排与时间分配充分体现了“以教师为主导，以学生为中心”的教学理念，设计合理。

表3　汉语ITLM内容安排与课堂用时

<table>
<tr><th colspan="2">ITLM模式</th><th>教学内容</th><th>主体</th><th>时长（分钟）</th><th>用时比例</th></tr>
<tr><td rowspan="3">热身</td><td>引入焦点</td><td>提出焦点问题：“汉娜忘了什么?”</td><td rowspan="3">教师</td><td>1</td><td rowspan="3">8%</td></tr>
<tr><td>明示规则</td><td>解释课堂规则，学生签字</td><td>2</td></tr>
<tr><td>任务分配</td><td>分组并为每位成员分配任务</td><td>1</td></tr>
<tr><td rowspan="5">初探</td><td rowspan="3">初呈提示与反馈</td><td>提示1：天气预报</td><td rowspan="3">学生</td><td rowspan="3">12</td><td rowspan="3">24%</td></tr>
<tr><td>提示2：山水图+食物图</td></tr>
<tr><td>提示3：聊天记录</td></tr>
<tr><td rowspan="2">初步结论点评</td><td>每组陈述结论与理由</td><td rowspan="2">师生</td><td rowspan="2">6</td><td rowspan="2">12%</td></tr>
<tr><td>教师回答与纠错</td></tr>
<tr><td rowspan="4">深究</td><td rowspan="2">再呈提示与反馈</td><td>提示4：计划表</td><td rowspan="2">学生</td><td rowspan="2">7</td><td rowspan="2">14%</td></tr>
<tr><td>提示5：写好的通知</td></tr>
<tr><td rowspan="2">最终结论点评</td><td>每组陈述最终结论与理由</td><td rowspan="2">师生</td><td rowspan="2">6</td><td rowspan="2">12%</td></tr>
<tr><td>教师回答与纠错</td></tr>
</table>

续表

ITLM 模式		教学内容	主体	时长（分钟）	用时比例
收尾	总结与补充	公布答案	师生	15	30%
		复习知识点与操练			
	评估与作业	课后填表	学生	0	0

我们将学生评估反馈表中最后一道主观题的回答及课后作业与该课最初的教学目标相对比，通过分析学生主观题与作业中所包含的“焦点问题与答案”“目标语言点数量”“目标语言点使用正确率”来检验该堂课是否在汉语 ITLM 的指导下使学习者逐步理解与掌握了该课的教学内容，并最终实现了该课的教学目标。根据该堂课的教学目标设定，教学需让学生理解 12 个生词和 5 个语法点的形、音、义，能掌握并熟练运用 10 个目标语言点（6 个核心生词，即“风景”“优美”“新鲜”“郊外”“集合”“野餐”；4 个重要语法点，即“去+P+V”“愿意+V”“和+sb. +联系”“忘了+V+O”），同时应能掌握中文“通知”的正确写作格式。

通过分析学生课后评估反馈表的最后一题“用 5~10 句话为本课的焦点问题写出答案”和课后作业“通知写作”，我们制作了表 4，从中发现：其一，所有学生均能准确写出本课的焦点问题，即掌握了“忘了+V+O”这个语言点。其二，所有学生均能写出格式合格的中文“通知”，包括标题、内容、天气情况、集合时间、集合地点、联系人和电话。其三，学生平均使用了 8 个目标语言点，准确率平均在 70%左右。其四，对 10 个目标语言点的使用准确率进行逐个统计，使用准确率高低顺序如下：6 次（忘了+V+O、风景、集合），5 次（野餐、优美），4 次（新鲜、去+P+V、郊外），2 次（和+sb. +联系），1 次（愿意+V）。使用准确率较低的 2 个语言点与本课的焦点问题关联不大，可能是造成学生使用准确率不高的原因。

表 4　汉语 ITLM 学生语言点掌握统计表

学生编号	目标语言点使用数量	目标语言点使用数量比例	目标语言点使用正确数量	目标语言点使用正确数量比例
S1	6	60%	6	60%
S2	7	70%	7	70%

续表

学生编号	目标语言点使用数量	目标语言点使用数量比例	目标语言点使用正确数量	目标语言点使用正确数量比例
S3	10	100%	8	80%
S4	8	80%	7	70%
S5	9	90%	8	80%
S6	8	80%	7	70%
平均值	8	80%	7.17	71.7%

过程性和结果性的教学效果检验数据一致表明，采用“四段九步”汉语 ITLM，教师在课堂教学中起到了“支架性”的提示与辅助作用，学生充分发挥了学习主导性，课堂学习态度积极，参与度很高，语言点理解与掌握效果较好，教学目标基本达成。

四、讨论与启示

通过上述模式构建与应用检验，我们发现，“四段九步”汉语 ITLM 融合了较为先进的教学理念与系统的思维方式，构建了学生自我探究知识的良性途径，营造了师生协作的和谐教学氛围，在汉语教学领域具有一定的借鉴和推广价值。

（一）汉语 ITLM 的优点

其一，有助于增强学生对语言点的理解和运用。汉语 ITLM 通过教师循序渐进地展示一系列提示内容，学生逐步加深了对教学目标语言点的理解，并且通过多次的小组讨论与提问，强化了对目标语言点的记忆，提高了对目标语言点的综合运用能力。

其二，有助于锻炼学生的语篇表述能力。通过口头表达与书面写作两方面的互补训练，学生不断深化了对复杂句式与完整语篇的理解，培养了综合分析与创造性使用汉语的语篇表述能力。

其三，有助于构建师生多维合作的课堂关系。在汉语 ITLM 教学过程中，学生一直在教师与同伴的帮助下持续汲取与输出目标语言，不仅是语言的使用者，也是合作创造者。这种师生多维合作的课堂关系，促进了学生的大胆探索与表达，提升了学生的语言沟通能力。

（二）汉语 ITLM 的局限

任何一种教学模式都不是全能的，此模式也存在一定的局限性。首先，教师需要在课下花费较多时间重组课文内容与知识点，并设计层次分明的提示信息，这在无形中增加了教师的工作量。其次，此模式重在推动学习者自我探究知识，因此对知识点的操练与应用关注不够。虽然课后作业能发挥一定的知识应用功能，但仍需与其他教学模式相结合，才能完善此项教学环节。最后，此模式较难在趣味性与难易度之间取得平衡，教师较难在有限的教学内容范围内和较少的课堂用时内设计出生动有趣的提示信息。

（三）汉语 ITLM 的应用启示

此模式可被灵活运用至各种教学环节，不仅可被运用于整堂课教学，也可根据提示内容的多少与讨论时间的长短，被运用至多堂课教学或一堂课的某一个环节。在连续的主题式教学中，教师可每次仅展示部分提示内容，让学生持续沉浸在寻找谜底的兴奋中，同时也保持了主题教学内容的关联性与完整性；在一堂课的导入环节，教师可通过精心设计的提示内容迅速将学生有效地带入学习内容和节奏中；在课程即将结束的收尾环节，教师亦可通过一系列提示和讨论，整体评估本堂课的学习效果与学生对知识的理解程度。

另外，汉语 ITLM 对学生的听、说、读、写四个环节均起到了较好的练习和促进作用。因此，此模式可能更适合被运用至汉语综合课或者文化课，能加强对学生言语综合技能的全方位训练。不过，此模式还需继续开展跟踪研究，在教学实践中进行完善。

课堂“支架”构建对短期语言习得的效用分析

姜 晓

20 世纪 80 年代末期，心理学家维果茨基提出了“最近发展区”（Zone of Proximal Development）的概念。① 他认为，学习者的现有实际水平与其潜在的发展水平是存在差距的，这个差距就是“最近发展区”。学习者可以依靠“他人调节”（other-regulation）来跨越“最近发展区”，然后达到独立完成任务的“自我调节”（self-regulation）阶段。② 于是，“他人调节”在学习者语言习得和认知过程中的重要作用引起了专家学者的关注。

毫无疑问，教师是最能为学习者提供“他人调节”帮助的人选。随着建构主义理论影响的不断深入，教师在课堂教学中为学习者构建“支架”（scaffolding）以辅助学习者完成学习任务，成为第二语言（以下简称“二语”）教学中一种较为常见的“他人调节”方法。③ “支架”是教育学家从建筑行业借用的一个术语，是指在教育活动中专家、同伴或他人在辅助学习者完成其无法独立完成的任务时所提供的有效支持。④“支架”在课堂教学中多以话语形式出现，前人根据其不同的功能与特征划分出了多种“支架”类别。⑤ 近年来，随着二语习得微观研究的开展，以下 7 种“支架”分类被较多的学者采纳以用于实证

---

① Vygotsky, L., *Mind in Society: The Development of Higher Psychological Processes*, Harvard University Press, 1978.

② Tharp, R. & Gallimore, R., *Rousing Minds to Life: Teaching, Learning and Schooling in Social Context*, CUP, 1988.

③ Maybin, J., Mercer, N. & Stierer, B., “Scaffolding Learning in the Classroom”, in Norman, K. (ed.), *Thinking Voices: The Work of the National Oracy Project*, Hodder and Stoughton, 1992, pp. 186-195.

④ Wood, D., Bruner, J. S. & Ross, G., “The Role of Tutoring in Problem Solving”, *Journal of Child Psychology and Psychiatry*, Vol. 17, 1976, pp. 89-100.

⑤ Gallimore, R. & Tharp, R., “Teaching mind in Society: Teaching, Schooling, and Literate discourse”, in Moll, L. (ed.), *Vygotsky and Education: Instructional Implications and Applications of Socio-historical Psychology*, CPU, 1990, pp. 175-205. Donato, R., “Collective Scaffolding in Second Language Learning”, in Lantolf, J. & Appel, G. (eds.), *Vygotaskian Approaches to Second Language Learning Research*, Ablex, 1994, pp. 33-56. Hall, J., *Methods for Teaching Foreign Languages*, Merrill Prentice-Hall, 2001.

研究。①

其一，引起兴趣（Recruitment）：旨在激发学习者对学习任务的兴趣。例如，教师通过提问“有很多人想和你交朋友吗”，来引导学习者说出“受欢迎”等短语。

其二，简化任务（Simplifying the Task）：为学习者适当降低学习任务的难度。例如，当学习者忘记使用“没/不……，不……”的结构时，教师的问句是“没坐过高铁，算了解中国吗”。

其三，维持既定目标（Direction Maintenance）：当学习者只能完成部分学习任务时，教师增加新的提示，以促使学习者完成全部学习任务。例如，当学习者说出了“坐火车又快又方便”，遗漏了后面的“顺带”语言点时，教师的问句是“坐火车很快很方便，还可以同时体验什么感觉”。

其四，标注关键特征（Marking Critical Features）：教师向学习者明示需要使用的语言点。例如，为了让学习者使用“连”，教师提示“这家店人手不足，服务不佳，没有服务员，所以是，连……也……”。

其五，控制挫折感（Frustration Control）：旨在减轻学习者完成任务过程中的压力和沮丧。例如，当学习者在教师的多方提示下，仍然不会使用已知语言点时，教师安慰说“是不是太紧张了”。

其六，示范（Demonstration）：教师直接向学习者展示正确而完整的语言点。例如，当学习者始终无法说出语言点“真不明白……”时，教师示意学习者跟读“真不明白为什么出去玩还要这么累”。

其七，反馈（Feedback）：对学习者完成任务的过程或结果给予评价。例如，教师根据学习者完成学习任务的情况说出“不错”“很好”“再想想”等评语。

根据阿塞维多等学者对“支架”的进一步分类，上述一、三、五项属于“情感支架”（motivational scaffolds）类别，主要为学习者提供习得过程中的情感因素支持；二、四、六项属于“认知支架”（cognitive scaffolds）类别，旨在直接辅助学习者向更高的潜在认知水平迈进；第七项则兼具“情感支架”和“认知支架”的功能。②

---

① 李丹丽：《二语课堂互动话语中教师“支架”的构建》，《外语教学与研究》2012年第4期，第575页。

② Azevedo, R., Cromley, J. G., Thomas, L., Seibert, D., & Tron, M., *Online process scaffolding and students' self-regulated learning with hypermedia*, The Annual Conference of the American Educational Research Association, Illinois, 2003.

不少研究者通过分析得出，这 7 种“支架”对学习者完成语言任务起到了积极的作用。[①] 但是，哪些“支架”的作用显著？哪些“支架”却收效甚微？在短期强化语言项目中，到底哪些“支架”对学习者的语言习得更有帮助？这些问题仍是二语教学界值得关注的课题。

因此，本文借鉴相关领域的研究方法，以 2014 年美国关键语言奖学金（Critical Language Scholarship，简称 CLS）短期强化项目苏州分院的听说课为研究对象，通过问卷调查和数据分析，探讨教师构建的 7 种“支架”与学习者习得成效之间的关系。这项研究对科学客观地评价教师“支架”构建的作用，具有实用参考价值。

一、研究内容

（一）研究对象

本研究受试者为 54 名来华学习汉语的美国大学生和 6 名教授汉语听说课的教师。参与调查的学生来自美国不同的大学，均在美国有学习汉语 1~2 年的经历。这些学生入选美国 CLS 项目以后，根据其在美的 OPI 成绩及每班不超过 10 人的分班原则，被划分成初、中、高 3 个等级，每个等级 2 个班。6 名教师均有以汉语作为二语教学专业的硕士或博士学位，并具有 3 年以上在高校从事汉语教学的经验。

（二）研究数据

本文的数据来源有以下 3 项。

其一，教师在课堂教学中构建的 7 种“支架”的使用比例。我们分别收集了 6 个班某一教学单元（4 节听说课）的教师课堂教学录音，共约 28 个小时。我们对这些录音数据进行了转写和数据分析。首先，我们找出含有“支架”功能的语段，即学习者在教师的语言“支架”帮助下完成学习任务的对话。其次，依据前人研究发现的 7 种“支架”的类别和特征，对这些话语进行解码分析。最后，量化这些“支架”类型在教师课堂教学中出现的比例。

其二，“支架”效用评价问卷。我们设计了针对 7 种“支架”类型效用的评价问卷，请学习者采用 Likert 5 点量表进行评定。在实测之前，

---

① Donato，R. & Adair-Hauck，B，“Discourse Perspectives on Formal Instruction”，*Language Awareness*，Vol. 1，1992，pp. 73-90. Schinke-Llano，L.，J. “Linguistic Accommodation with LEP and LD Children”，in Lantolf，J. & Appel，G.（eds.）.，*Vygotskian Approaches to Second Language Learning Research*，Ablex，1994，pp. 56-68. Nassaji，H. & Swain.，M.，“A Vygotskian Perspective on Corrective Feedback in L2：The effect of Random Versus Negotiated Help on the Learning of English Articles”，*Language Awareness* Vol. 9，2000，pp. 34-51.

我们对与受试者同质的部分来华美国大学生进行了预测和访谈，并根据结果对问卷进行了修订。为了保证所有受试者理解问卷，除了有关“支架”类型的举例是使用课堂教学中出现过的汉语（如“引起兴趣”的“支架”的例句为“有很多人想和你交朋友吗”）以外，其他内容均翻译成英语，并请英语母语者校读，保证语义表达正确、无歧义。问卷以纸质方式发放并现场收回，完成问卷大约需要 10 分钟。

其三，学习者教学单元的测试成绩。我们收集了 6 个班所有学习者在此教学单元授课结束后的听说测验成绩。

二、研究分析

（一）教师课堂教学“支架”使用比例分析

我们首先量化分析了 6 个班听说课教师在课堂教学中使用不同“支架”类型的比例，结果见表 1。

表 1　教师课堂教学“支架”使用比例（单位：%）

使用比例	引起兴趣	简化任务	维持既定目标	标注关键特征	控制挫折感	示范	反馈
初级 1 班	4.4	2.6	12.4	14.7	0	36.4	29.5
初级 2 班	5.8	5.6	11.5	17.9	0.4	32.7	26.1
中级 1 班	7.7	5.8	13.4	18.2	0.3	31.8	22.8
中级 2 班	8.2	3.5	10.6	15.6	0.4	36.3	25.4
高级 1 班	10.6	8.7	23.6	14.1	1.5	26.3	15.2
高级 2 班	9.7	10.6	20.8	15.2	1.6	23.2	18.9

从以上数据我们可以发现，教师的课堂教学“支架”使用比例表现出以下规律：其一，“示范”是课堂教学中教师最常使用的“支架”类型，且使用比例远远高过其他“支架”类型，占教师“支架”使用的三成左右。可见，在有限的课堂教学时间内，大部分教师愿意采取最直接的“支架”策略，力求帮助学习者更快进入“最近发展区”。不过，随着学习者汉语水平的逐步提高，教师采取“示范”“支架”的比例呈递减趋势，尤其是到了高级班，“示范”“支架”的使用比例相较初级、中级班下降了约一成。这说明，随着学习者汉语水平的提高，教师会使用其他一些不如“示范”显性的“支架”手段，以促使学习者自我调节以进入“最近发展区”。其二，“反馈”是初级、中级班教师第二常用的“支架”类型。研究数据显示，教授初级班的教师使用

“反馈”“支架”的比例近三成，与使用“示范”“支架”的比例相差不远。而教授高级班的教师使用“反馈”“支架”的比例则大幅度降低。这说明，多数教师认为“反馈”“支架”在学习者的学习前期更能起到“他人调节”的作用。其三，“维持既定目标”是高级班教师第二常用的“支架”类型。而在初级、中级班授课中，教师采用此种“支架”策略的比例仅占一成左右。这一现象表明，在学习者能力提高的学习后期，教师期望通过加大此种“支架”的使用频率，引导学习者自发习得。其四，“标注关键特征”“支架”在所有班级课堂教学中使用的比例都较为接近，均为整个“支架”使用比例的15%左右。这一数据说明，教师大多认可这一“支架”类型的效用，但由于此“支架”策略介于起直接引导作用的“示范”“支架”和起间接推动作用的“维持既定目标”“支架”之间，效用力度不够典型，所以教师的使用比例并不高。其五，“控制挫折感”是教师使用最少的“支架”类型。在初级班的课堂教学中，教师几乎没有使用这种“支架”，到了高级班里，教师也采用得非常少。看来，多数教师容易忽视此种“情感支架”的辅助效用。

（二）“支架”效用评价问卷分析

我们将学习者对教师采用的7种“支架”的效用评价进行了分类计算，所得结果见表2。

表2 “支架”效用评价数据表（5点量表）

效用评价	引起兴趣	简化任务	维持既定目标	标注关键特征	控制挫折感	示范	反馈
初级1班	4.44	4	3.56	4.44	3.33	4.56	4.11
初级2班	3.95	4.13	3.21	4.39	3.82	4.76	4.35
中级1班	3.67	3.67	3.78	4.45	3	4.56	3.44
中级2班	3.52	3.83	3.74	4.51	3.12	4.58	4.27
高级1班	3.67	4.11	3.78	4.42	2.78	5	4.22
高级2班	3.56	4.02	3.67	4.39	3.61	4.51	4.11

从以上数据中，我们可以得出以下结论：其一，在3个等级班级的学习者心中，“示范”“标注关键特征”是学习者普遍认为效用最高的两种“支架”类型。可见，学习者对教师明确展示知识点的“他人调节”行为较为认可，主观上很乐意接受这样的教学帮助。其二，“控制

挫折感”“支架”的学习者认可度是所有“支架”中最低的。有意思的是，学习者对“控制挫折感”“支架”的认可分值根据其自身语言水平由低到高形成了相反的递减趋势。这说明，学习者语言习得水平越高，自我调节学习情绪的能力就越强，其对教师“控制挫折感”“情感支架”的依赖程度则会越低。其三，“引起兴趣”“支架”在初级班学习者心中的认可分值较高，与“标注关键特征”“支架”的认可分值接近。结合上一条对“控制挫折感”“支架”效用的分析结果，我们可以发现，在学习初期，学习者对具有推动作用的“情感支架”有较强的依赖性。教师在这一阶段的教学活动中若采用“情感支架”，会更易推动学习者的语言习得进程。其四，“反馈”“支架”在高级班学习者心中的认可分值位居第三。“反馈”“支架”作为兼具情感和认知两种功能的“支架”类型，在学习者的学习后期中发挥的作用日趋明显。此数据说明，学习者在学习过程中希望不断获得教师明确的反馈，以便了解自身习得能力的进步程度，从而自我推动以跨过“最近发展区”。

为了考察教师课堂“支架”使用比例与学习者对“支架”效用评价之间的关系，我们用 SPSS 19.0 对上述两个表格数据进行了相关分析。分析结果显示：$r=0.578$，$P=0.006<0.01$。这意味着教师课堂使用“支架”的比例与学习者对“支架”效用的认可程度密切相关，二者的相关性分析结果为具有极大的显著性。通过深层分析，我们发现一个奇怪的现象：部分“支架”在初级、中级、高级班的使用比例呈递增趋势，而初级、中级、高级班学习者对这些“支架”的认可程度基本持平或呈递减趋势。比如，在初级、中级、高级班中，教师使用“引起兴趣”“支架”的比例由低到高，而初级、中级、高级班的学习者对此“支架”的效用认可程度却由高到低。呈现类似特征的“支架”类型还有“控制挫折感”“支架”。

这一现象引起了我们的思考：为什么对于有些“支架”，教师使用得越多，学习者却越不认可？这种不认可的心理是否会影响学习者最终习得水平的提高呢？

（三）学习者习得成效与教师“支架”使用比例及“支架”效用评价的关系分析

为了解答上面的疑问，进一步了解学习者的习得成效与课堂教学“支架”之间的关系，我们将学习者学完此单元后的测验成绩与教师“支架”使用比例表及学习者的“支架”效用评价表进行了回归分析。我们以 7 种“支架”的教师使用比例和学习者对 7 种“支架”的效用评价分值为自变量，以学习者的单元测试成绩为因变量，用 SPSS 19.0 进行了逐步回归分析。分析结果显示："引起兴趣"的教师使用比例、"维持既定目标"的学习者认可程度、"控制挫折感"的学习者认可程度 3 个因素进入了方程，$r^2=0.996$，回归方程显著；F（14，12）= 272.653，$P=0.039<0.05$。这一结果显示，上述 3 个因素对学习者的习得成效起着关键作用。其中，"引起兴趣"的使用比例、"维持既定目标"的认可度与学习者的习得成效呈正相关关系，"控制挫折感"的认可度与学习者的习得成效呈反相关关系。

为什么这 3 个变量会成为决定学习者习得成效的直接因素呢？我们对这 3 个因素的内涵进行进一步的深层分析可以发现：这 3 个因素的共同点是 3 种"支架"均属"情感支架"类型，不管是其教学使用比例还是其学习者认可程度都体现了对学习者自身习得能力的重视。"情感支架"相比于"认知支架"，更强调发挥促使学习者自我领悟和理解的作用，期望通过搭建"支架"强化学习者的认知习得能力。学习者学习水平越高，越易对学习产生兴趣，形成良性的习得循环。同理，学习者学习水平越高，自我情感调节能力越强，则越不易受到习得受挫的影响。这种结论正印证了无数语言学家在语言学习中提倡的"敢于说、别怕错"的精神。虽然，学习者主观上很希望获得教师显性的"支架"搭建辅助，但客观调研显示：若没有通过学习者的自我认知和内化，即便教师搭建起学习"支架"，学习者也不易获得"自我调节"能力。因此，教师过多地在课堂上直接展示知识点，或者直接反馈给予正确答案，学习者则易对"他人调节"产生依赖性，由此阻碍学习者过渡到"自我调节"阶段。只有教师不断鼓励和引导，学习者才会克服学习惰性，发展独立学习能力，最终达到更高的语言习得水平。

三、结论与建议

本文通过问卷调查与数据分析，探讨了教师课堂教学"支架"的使用情况、学习者对"支架"效用的认可程度及二者与学习者习得成效之间的内在关系。研究结果发现，教师的教学"支架"使用比例会较大程度地影响学习者对"支架"效用的评价；真正对学习者短期习得效果产生作用的是教师在课堂教学中搭建的"情感支架"类型（如"引起兴趣""控制挫折感"等）。根据这些研究结果，我们认为在短期语言教学课堂中，教师应关注以下问题。

其一，教师应在教学中多起"调节"而非"给予"作用，引导学习者依靠自身习得能力建立语言认知。目前，多数教师在授课中都易采取搭建显性“支架”（如“示范”）的方式来帮助学习者习得。采用这种显性“支架”，一是由于授课时长和教学内容的限制，一是为了方便师生在有限的时空中进行沟通。但我们的研究结果表明，这样的显性“支架”虽然会获得学习者的认可，但会导致学习者倾向于被动接受知识，影响其自我纠正的内化能力。因此，教师需要花费更多的精力设计教学中的非显性“支架”。比如，尝试把部分“示范”“支架”改为“简化任务”“支架”，把直接给予答案的“反馈”“支架”改为“标注关键特征”“支架”等。这种教学思路与语言学家克拉申“输入假说”中的“$i+1$”理论不谋而合。[①] 学习者只有不断接触略高于其现有水平的语言材料，才能强化其对目的语学习的自我调节，从而突破“最近发展区”，达到更高层次的语言水平。

其二，教师应充分重视“情感支架”在短期教学课堂中的作用与效果。二语教学是与教育学、心理学密不可分的学科。教师在课堂教学中切不可忽视学习者习得过程中的情感因素。在学习初期，教师可多采取活泼生动的导入方式，以期引起学习者对学习内容的兴趣；当学习者尚不能进行自我调节时，应适当给予情感安慰，如询问“是否存在生理原因的影响?”“失误是否由紧张造成?”等。类似的“支架”举措可避免挫折感给学习者带来的认知阻力。在学习后期，由于授课内容难度加大，教师不要轻易减少“引起兴趣”“支架”的使用，在授课时间允许的情况下，还可加大“引起兴趣”“支架”的比例，如教师可由“旅游”话题引出“出行方式”“住宿预订”“导游解说”等相关内容。同时，学习者随着习得能力的提升，会更能正确看待认知失误，因此，教师在学习后期亦可减少“控制挫折感”“支架”的使用比例。“情感支架”会对“认知支架”起到至关重要的补充和推动作用，克拉申在“情感过滤假说”中早已指出学习者情感因素对语言习得的重要影响。教师应尽力降低学习者的习得焦虑感，良好的学习心态会让学习者更易接受知识的输入。

其三，教师设计“支架”应多从学习者角度入手，而非从语言点角度进行考虑。课堂教学中每一次“支架”的搭建，都可以由不同的语言形式来展现。如何让教学“支架”行之有效并获得学习者的接受与认可，需要教师在备课时动用大量脑力进行设计。我们在研究中看到，高级班教师采用“引起兴趣”“支架”的比例远高于初级班教师，

---

① Krashen, S., *The Input Hypothesis: Issues and Implications*, Longman, 1983.

但两个班级学习者对此“支架”的认可程度与教师的使用比例恰好成反相关。这说明，量的提高不一定能引起质的改变。教师如何设计出生动有效的“支架”是十分值得研究和深入的课题。从日常生活、新闻娱乐、文化活动等方面入手设计“支架”，是一种显而易见的好方法，而注重语言内容与学习者的相关度也许更能引发学习者的学习热情。比如，初级班教师曾采用“你去过苏州的哪些景点”来作为“引起兴趣”“支架”，而高级班教师采用的是“你觉得苏州的园林怎么样”来“引起兴趣”。相比而言，前者更注意“支架”与学习者个人经历的联结，后者更注意“支架”与学习内容的结合。从实际教学效果来看，虽然两者都引发了学习者较高的学习参与性，但在学习者认可度方面，前者的语言形式受到了更多学习者的认可。因此，教师可尝试多从与学习者相关的内容切入，设计更易引发其共鸣的语言“支架”。

本文通过对美国 CLS 项目听说课的调查，研究了教师课堂教学“支架”的使用情况及其对短期学习者语言习得成效的影响。我们发现，教师常用的“支架”构建策略与最终促使学习者水平提高的“支架”类型有所不同。如何协调“认知支架”和“情感支架”的使用比例？什么样的“支架”构建方式最具推动性？这都是我们今后可以继续深入研究的问题。本文的研究结果提示我们：对于成人的二语习得不可忽略情感因素，教师不可因为学习者主观认可而加大显性“支架”的使用比例。教师若能多从心理学角度深入分析学习者的习得现状，会对学习者达到“自我调节”的语言水平更具推动意义。

年谱编纂与中国古代文学的实践教学

陈昌强

中国古代文学教学是我国高校中文系汉语言文学专业本科教学的重中之重，对于本专业大学生人文素质与审美能力的提升、文学传统自豪感和专业素养的生成、想象力和创新能力及写作技巧的培育都有着非常重要的作用。改革开放以来，我国高校的中国古代文学教学经过了一系列的设计、磨合、调整与改革，基本形成了基础课、选修课、专题课三者共同构成的网状式的课程教学体系。[①] 其中基础课以“中国文学史”课程为主体，兼及“中国古代作品选”；选修课则多依照时段、文体来分别设立；专题课（包括学术讲演）则围绕一系列的相关专题展开。尽管如此，中国古代文学教学中“教师满堂灌、学生拼命记、考试临时背、考后全忘掉”的现象仍然大量存在。如何消除这种应试教育现象，并继续深化中国古代文学教学的改革？陆游说：“纸上得来终觉浅，绝知此事要躬行。”（《冬夜读书示子聿》）除了探讨并鼓励教师在日常教学中引入更多能够吸引学生参与的媒介、方式、方法外，设计一门或者多门实践课程，有效深化专业基础训练，全面调动学生的积极性、主动性，变被动性的接受灌输为主动性的知识创造，让学生切实地参与到教学活动乃至研究实践中来，真正达到学有所得、学有所成，也可能是一种比较行之有效的改革方式。

一、作为中国古代文学实践的年谱编纂

那么，应该如何设计实践课程呢？考虑到本科生的实际水平和基础、能力，我们认为，这门实践课程应当重视本学科基础知识的认知和训练，重视实践中本学科相关方式方法的不断操作和运用，重视在文献阅读和解析过程中培养提炼问题和解决问题的能力。基于这些方面，让学生分工协作，为古代作家编纂年谱，不失为中国古代文学实践教学的一种有益尝试。

年谱本是编年体和纪传体相结合的传记体裁，按年月日记载谱主

---

① 刘运好：《中国古代文学教学改革探索》，《安徽师范大学学报（人文社会科学版）》2004年第6期，第737页。

（谱主可以是一人，也可以是血缘、学缘、地缘相近的一个较小的群体）的生平事迹、创作活动、思想演化及相关历史事件，其体肇始于北宋，明清时期大为兴盛，不仅是探讨历史人物生平、思想、业绩、成就的重要参考资料，也侧面反映历史事实、典章制度、学术思想和社会文化变迁等相关细节，是一种具有深层“历史褶皱”的著作。学术史上，为相应历史人物撰述年谱，是学者进入相关学术领域的基础工作。一些撰述精良的年谱如王懋竑的《朱熹年谱》、夏承焘的《唐宋词人年谱》、蒋寅的《王渔洋事迹征略》、周绚隆的《陈维崧年谱》等，甚至能成为具有代表性的学术论著。选择编纂年谱作为中国古代文学实践，是较为合适且有价值的。

而且，编纂年谱是一种步骤相对简明、操作较为容易的学术训练。具体而言，大概分为如下四个步骤。

其一，精心选择年谱谱主。这一步至关重要。一般来说，我们倾向于选择有相当数量诗文词作品传世的作家为谱主，而且要考虑到他们本人及其后人并未撰作其年谱，学界目前亦未对之有较成熟的年谱写作（包括已公开发表的年谱式刊物论文、学位论文、会议论文等）。这样遴选下来的谱主，一般来说不是其所在时代最伟大的作家，但也具有相当的影响力。他们的年谱因有较多文献支持，具有较为丰厚的基础，相对而言较易操作，作为训练更是绰绰有余。而且，为了便于指导，往往同一个小组会选择几位时代相近、经历相似的谱主，方便组内学生间互通有无、切磋砥砺。例如，在指导一组学生时，笔者曾建议该组学生分别选择清初词人彭孙遹、徐釚、任绳隗、周在浚、杜诏为谱主，这五家词人相互间交游密切，前两家还是康熙十八年（1679）“博学鸿儒科”的取中人员，其社会关系网络、诗词唱酬活动有较多的重叠之处。编纂过程中，涉及相应史事，学生之间的探讨便更热烈有效。

其二，广泛搜集、阅读谱主相关材料，辑出编年事迹。不仅要阅读谱主的诗文词集，也要根据目录，在网络、各级图书馆搜集谱主的稀见文献。通过教学实践我们知道，学生在记忆式学习中，对传统的文献学、目录学知识掌握程度普遍不高，而在实践式学习中，亲自动手循序渐进地查阅资料，能对文献学、目录学相对枯燥的知识体系有强化记忆的作用，学习效果良好。而且，在这一过程中，学生不仅进行了传统的目录学训练，也能够因势利导地对网络电子资源、电子检索等有较为充分的了解和把握。

其三，厘清谱主的交游关系。根据其交游活动，查找其友人现存的诗文词集、笔记、著述资料，辑出与谱主相关的信息，进行相应编年。

此阶段，学生通过大量阅读和理解文献，不仅对谱主本人的生平、创作、交游产生更深入贴切的理解，也能进一步触发研究的兴趣与灵感。

其四，阅读与谱主相关的史料。其所涉史料小至家谱、方志，大至实录、起居注、国史；近至同时代与谱主无交游者的相关载述，远至后代学者有关的考论等。简而言之，年谱的相关资料的收集是以谱主为中心的一个不断扩大的同心圆，材料的阅读、搜罗、查访是逐层递进的，其年谱编纂也是不断皴染、有序可寻的过程。

上述四个步骤完成后，年谱也基本成型了，剩下的只是一些基于不断发现的其他材料的查漏补缺、修正充实的工作。

二、年谱编纂实践中的师生角色与教学相长

从实践的角度来看，年谱编纂有利于切实地综合提升学生的专业素质和能力。

首先是基础知识的夯实。大量的古代文献史料尚无点校本，这就迫使学生熟识繁简字的转化与运用、区别异体字、通读文言文，不仅训练了句读能力，提升了文言写作能力，也使其在阅读中，对所涉材料中的官制、科举制、地理、历法、天文、学术史等问题产生基本的追索冲动，进而在教师的帮助下，针对相应的问题进行更有效率的知识积累与学习。

其次是资源检索与搜集能力。在检索文献过程中，不仅涉及常见目录的使用，也涉及对大量的电子资源、数据库和网络资源的利用，能够更有效地将征文考献、“辨章学术，考镜源流”（章学诚《校雠通义》）的意识植入到学生的学习和科研中，进而使其对本学科、本方向的基础史料有所了解。“工欲善其事，必先利其器”（《论语·卫灵公》），资源检索与搜集的能力，是学生进行学术研究时较为关键的能力，也是其在学术道路上能够行以致远的基本保障。

再次是文本阅读和分析的能力，以及资料整合和提炼的能力。当下我国的中国古代文学课程教学，重在史学思维下知识体系的建构，而对于作品则相对轻视。戴建业曾经指出，大学中文系本科生“学完了唐代文学史却没有系统读过李白、杜甫选集的人绝非少数，学完了明清文学史没有读过《红楼梦》《水浒传》等名著的学生大有人在”；而在授课过程中，“我国内地各大学中文系重中国文学史而轻作品选的倾向十分明显”。[①] 这样的情况下，大学生虽然对中国古代文学倾注了较多的热

① 戴建业：《大学中文系古代文学教学现状与反思》，《华中师范大学学报（人文社会科学版）》2013 年第 4 期，第 87、89 页。

情，但并没能回归文本本身，以掌握分析和鉴赏文本的能力，自然也就缺少对中国古代文学中喜怒哀乐情感体温的鉴察、领受和交流的能力。而作为实践的年谱编纂，倒逼学生不断阅读、理解、分析大量的文本，则会在无形中提升学生的审美思维能力和感悟能力，进而影响文本阅读与分析、资料整合与提炼。尽管这些文本可能并非相应时代最有代表性、最优秀的文本，但以此为基础，学生在阅读经典文本时，因已有先期经验，自然就不会不感兴趣、踌躇不进或者畏难思退。从某种意义上说，作为实践的年谱编纂较为有效地弥补了目前中国古代文学教学重在史学阐述、轻于文本精读的不足，对学生不读原著的问题也提供了较好的解决方案。

最后是自主发现学术问题并进行初步研究的能力。年谱编纂使得学生有机会接触到大量稀见文献，学生已不仅是学习者，也是发现者：小到文献资料的发现，如编纂《徐釚年谱》的学生，发现徐釚《枫江渔父图》载录《全清词·顺康卷》未收的许多佚词，并进而对该图产生浓厚兴趣，逐步完成了研讨该图与徐釚仕隐心态关系的本科学位论文；又如编纂《杜诏年谱》的学生，因发现了杜诏家族的《锡山杜氏宗谱》，从而对杜诏的生平、家世、交游等有了较为全面的把握，在完成年谱之后，即以杜诏为个案，继续完成了本科学位论文的写作。大到相应时代的问题，如编纂《周在浚年谱》的学生，察觉清初人咏南京的怀古词较多且有独特意味，因此逐步形成了“清初怀古词中的金陵意象”的研究构想，并以之作为题目继续完成了本科学位论文。由此可见，年谱虽然属于传统意义上的基础研究或个案研究，但由于学界对这些谱主尚未有系统而明确的生平考订，因此，学生在为其编纂年谱时，事实上已在尝试着对文学研究的一些前沿性问题和基础性工作进行归纳和回答，既有助于激发其兴趣、开拓其视野，并能产生由一斑窥全豹的良好效果，对谱主与同时代文人、文坛的关系有更深入的观照；也能促进学生于编纂过程中发现问题、深入思考，进而开始初步的研究。在合适的条件下，这些新发现、新论题也可能会继续生长成更细致丰厚的研究成果。

当然，在年谱编纂的具体操作中，学生可以根据自己的兴趣、能力，以及谱主的实际情况，选择由单人负责或者组建课题小组。组内学生自可以奇文共赏、疑义与析；不同组的学生间也可以互通有无、查缺补漏，在共同学习中一起构建敬业、乐群的良好氛围。

编纂年谱，不仅有利于学生能力的提升，也有利于教师角色和教学模式的转变。在指导学生编纂年谱的过程中，教师不再是灌输者，而是引领者，引领学生进行探究性学习，并对一些具有前瞻性、创新性的研究进行提示；同时，教师也不再仅仅是知识的传授者，也是新问题、新领域的同学者，同小组的师生间、生生间，可以结成互通有无、砥砺切磋的新型“同学”关系，并有助于师生间、生生间融洽、温和、友善而活泼的人际关系的结成，有助于推动教学的深入进展。年谱编纂也有利于打开历史的“褶皱”，让师生共同进入更具体清晰但相对陌生的历史文献中，进行创造性的发掘和研究。而且，这也迫使教师从“一言堂”的掌控者角色中脱出，真正成为教学中的研讨者，以及教学相长的协助者，不仅在资源和治学方法方面为学生提供协助，也协助学生发现问题、解决问题，协助学生修订、打磨年谱以至最终成形。

当下，学者一直倡导在中国古代文学教学中进行互动式教学、讨论式教学的改革，认为“教学观念的转变正在成为教育界议论的热点，其中最重要的一个环节就是教与学中心位置的颠倒，即以教为中心转变为以学为中心，以教师为中心转变为以学生为中心”，“课堂上，不同的解读角度和见解可以进行讨论，学生与老师、学生与学生之间可以平等对话，这属于一种开放性的研讨形式”。[①] 作为实践教学的年谱编纂，没有严格的课堂形式，所涉及的研究也开放灵活而且相互联系，正可以呼应上述的改革思路，并有可能在四个方面推动学者汲汲以求的中国古代文学的教学改革和探索：其一，有助于改变平面的线型教学模式，构建立体的网状教学模式；其二，有助于改革现行的“填鸭式”知识灌输型教学模式，建构教与学并重、突出学生接受过程中的主体性的教育模式；其三，有助于改革现行的以知识为主的教学模式，建构培养学生创新思维与创新能力的教学模式；其四，有助于改革现行的知识考卷式的考评制度，尝试多方面、多层次的考试内容与形式。[②]

当然，进行年谱编纂的实践教学本身也有一系列的条件和限定。比如，参与这种教学活动的学生，应是基本完成了中国古代文学史体系性学习的大三学生，要有一定的专业基础，对本专业有明确的兴趣，最好能有较强烈的升学愿望，也有相对较长的课余时间进行递进式的学习。

---

① 王小舒：《关于中国古代文学史教学的两点思考》，《中国大学教学》2016 年第 8 期，第 59、60 页。

② 刘运好：《中国古代文学教学改革探索》，《安徽师范大学学报（人文社会科学版）》2004 年第 6 期，第 739 页。

又如，这种实践教学目前尚不在本专业的正式课程序列之中，因而对师生都提出了更高的要求：就教师而言，不仅需要其热心、恒心、细心和耐心，更切实的是需要耗费其大量的时间和精力，在目前的教学考核体制下，这种付出相对来说更难，也是特别难能可贵的；就学生而言，则需要信心、毅力、求知心与领悟力的全面加持。再如，年谱编纂作为实践，其教学在时间、空间和方式上应当更为灵活，时间限度可以一至两年为期，教学方式和空间也不固定在课堂，反而可以采用读书会、座谈会、笔会、讨论会等多种形式进行；考核方式也可视成果而采用较开放的形式。而且，谱主也不一定是明清时期的，文学史上任何一个时期的作家或重要人物都可以成为这类实践的谱主，只是在具体编纂的过程中，资料的繁简和考辨的精粗会因具体情况而不同罢了。

三、传统文科本科实践教学的几点展望

需要注意的是，在中国古代文学的本科教学中，鼓励学生进行学术性和专业性较强的年谱编纂作为实践，并不是揠苗助长，也与研究生阶段相应的教学与研究工作有所区分：研究生阶段的教学重视系统性、深入化的思维锻炼与学术涵养，就年谱编纂而言，也更要求深度、精度、广度和难度，选择的谱主往往在过往时空中占据更为显要的位置，其在时空中留下的痕迹也更为繁紊多端；本科生阶段的教学则仍注重基础知识和知识体系的掌握和理解，并在力所能及的情况下进行深化研究，所选择的谱主的影响力则要稍微逊色些。但相同专业的本科教学和研究生教学毕竟是大致连贯的，因此，作为本科课后教学实践的年谱编纂，其实有利于学生更早地熟悉学术环境、资源、方法、视角，并对学术研究的现状与进展建立一定程度的认知，是其本科学位论文写作之前的有效的“试水”之举，是进入研究生阶段之前的行之有效的“预学习”，也是其进入研究生阶段进行正式的学术研究之前的有益尝试。

当下时代的独特条件其实也为年谱编纂一类的实践教学提供了非常好的条件和机遇。随着网络技术、数码技术与信息共享技术的日新月异，大数据时代的到来已然成为明显可见的事实。大数据非常强力地推动社会发展，也为基础文科的研究与教学提供了非常便利的条件。例如，文献典籍的大量影印出版及其电子化、网络资源搜索引擎的方便高效、网络学术资源的方便易获取，也为年谱编纂式的实践教学提供了丰厚的文献准备。学生在教师的指导下，能非常方便、快捷、高效地获得研究资料，有利于其课题的有效展开。

年谱编纂一类的实践教学，同时也是在现有教学的基础上，对学生综合素质和专业素养进行有效提升的一种方式，是目前高校本科高年级研究性学习、创新性学习改革思路的一种有效尝试。当前，各类高校着重鼓励并培养学生参加大学生创新创业训练计划项目、“挑战杯”中国大学生创业计划、“互联网+”大学生创新创业计划等，较有基础、较为可行或较为成功的年谱编纂无疑也可以参与到这些项目中来，在更好的研究条件下，取得更优秀的成果。即便一些学生志不在学术研究，将来从业时可能会另有抉择，但只要经过这类较为严格的学术训练，他们无论是从事应用型工作，还是继续从事其他专业的学习和学术研究工作，一定可以凭借在本科阶段中奠定的较基础扎实的基本功，而愉快胜任。

年谱编纂这一类的实践教学，还为大学本科师生共同体的构建，以及教学内涵的拓展提供一些有益的尝试。目前，苏州大学正在本科阶段推行导师制、“成长陪伴计划”等改革举措，国内其他大学也都或多或少地展开了此类改革。这终将使得教师在专业的课程教授之外，更深入地参与到学生的学习和科研中去。教师将从书斋和课堂走出，学生将从宿舍和课堂走出，汇聚到更广阔的校园乃至社会中去，改变传统的、单一的课堂讲授模式，谋求“营造具有中国特色的新型中文学科的本科学习、生活氛围，构建师生共同体，通过变革课堂教学和师生关系，探索培养具有文化自信和文化使命感的创新型人才的新模式，实现中文本科专业人才培养内涵式发展”①。在这样的形势下，年谱编纂可以作为师生间可供选择的一种开放性的、累积性的、易操作且合作性强的、延展性高的学术议题，积极参与到当下的中文本科教学改革和探索中去。

尚需说明的是，年谱编纂当然不是高校本科阶段中国古代文学、汉语言文学各专业，乃至传统文科各专业实践教学的唯一选项，任何有助于学生综合素质培养，审美能力、人文精神、创新能力、应用能力提升的学术性或应用性训练都可以作为实践的一种方式，共同参与到本学科教学改革的大潮中来。不过，与其他类型的实践相比，年谱编纂有规可循，其具体操作系统完整而简约有效，其对学生的训练全面而细致，这些优点也是非常明显的。

---

① 徐雁平、徐兴无：《中文本科专业师生共同体构建与教学内涵拓展》，《中国大学教学》2021 年第 5 期，第 33 页。

大数据时代的古典文献学教学改革

陈昌强

随着网络技术、数码技术与信息共享技术的日新月异，“大数据”已从单纯的理论成为影响人们生活方方面面的现实。目前，大数据越来越吸引社科学者的关注，虽然英国埃塞克斯大学社会学研究方法中心教授尼克·阿勒姆曾作断言：哲学、历史学、文学等基础文科几乎用不到大数据，[①] 但事实是大数据深入地影响了基础文科的学术研究，其分析方法被广泛地应用，从而产生了相当多而且极具影响力和学术价值的成果。更进一步地，大数据也与基础文科的教学发生了明显而又复杂的相互关系，特别是对促进基础文科教学改革有着日益明显的效果。

众所周知，古典文献学在我国现代高等教育学科体系中是从属于文献学的二级学科，具有非常特殊的地位。一方面，这门学科有非常悠久的历史传统，实际上是一门具有综合性特征的跨学科，它既与传统的文史之学有着非常紧密的关联，又在其学科内统摄古籍版本学、目录学、典藏学、校勘学、辨伪学、辑佚学及古代汉语的分支学科文字学、音韵学、训诂学等，是我国古典学术核心内涵的体现。这样的学科性质，决定了该学科在教学过程中要尽可能地立足于传统，尽可能地在课堂讲授时辨析、使用传统的学科方法。

另一方面，文献学学科被正式命名并进入高等教育学科体系，至今尚未有很长的时间。以至于到目前为止，关于究竟如何定义“文献学”尚存在着一些争议。一般说来，在我国的学科序列中，文献学被分为三个独立的二级学科，分别从属于不同的一级学科：一是古典文献学，隶属于一级学科“中国语言文学”；二是历史文献学，隶属于一级学科“历史学”；三是文献学，隶属于一级学科“图书馆、情报与文献学”。这三个二级学科，所面向的都是浩如烟海的文献，前二者侧重于对文献的整理、考辨和研究，后者则侧重于对文献进行编目、检索；而古典文献学和历史文献学，更是你中有我、我中有你的关系。但这种严格辨析

---

① 赵琪：《运用大数据的社科研究尚在探索之中》，《中国社会科学报》2016 年 11 月 23 日，第 3 版。

学科门类的方式，以及古典文献学的学科定位，是以西方近现代学科体系为借鉴的，因此，又要求该学科在学术演进和教学改革过程中，尽量借鉴现代学科体系，与时俱进地广泛运用现代科技的成果，辅助研究和教学。

因此，在大数据引起的变革浪潮袭来之际，讨论古典文献学教学改革便具有了非常重要的现实意义。那么，在大数据时代，究竟该如何进行古典文献学的教学改革呢?

一、坚持文献学本位

古典文献学的教学改革，仍应当坚持文献学本位。

坚持文献学本位，是由古典文献学的学科性质决定的。有学者认为，“古典学术的学理特征及古籍概况决定了古典文献学教学必须走本土化的路子，不同于西方专业学科体系的知识性教学特点，而是要养其大者”。至于如何“养其大者”，该学者提出两点，一是“着眼于学术史的宏观视野，达成至境”，二是要“把握根本，寻求通义，选择一门经典作为进身之阶，知行合一”。① 说到底，古典文献学教学的目的，是传授本学科的体系性的知识、理念和方法，并训练和培养学生在浩如烟海的文献中发现问题、解决问题的能力。而这种能力通常又会被认为是“学养”，个人的学养需要通过不断训练和强化得成。黄侃的看法较为极端，他认为系统的训练可以通过仔细研读一部经典作品来达成。因此，他曾经提出一个著名的说法：“八部书外皆狗屁。”即认为只要精读《毛诗》《左传》《周礼》《说文解字》《广韵》《史记》《汉书》《昭明文选》这八本书，古代文史方面所遇到的困难和疑惑自然就会迎刃而解。即便在知识传授体系化、学科分类细致化的今天，精研经典仍具有独特的意义。但精读经典非一朝一夕之功，甚至有可能要举数年乃至数十年之功才可见大成。快节奏的现代社会，很难要求一般从业者或非专业人士耗费如此大的精力研读某一种具体的文本，因此，古典文献学传授给学生系统性的知识、理念和方法，训练他们从业的技能，就具有了很实际的意义。

坚持文献学本位，也是当下古典文献学学科发展的必然要求。古典文献学教学当然应该尽可能地利用新时代的技术条件，但对于本学科内相当多的内容仍必须使用老的方式方法。一方面，大数据技术引发的科

① 李吉东、裴媛媛：《“新国学”与古典文献学教学》，《阴山学刊》2016 年第 3 期，第 102 页。

技进步极大地改善了教学条件，现代网络技术使得天壤间的秘籍、海内外公私所藏遗文佚献变得非常容易获取。古典文献学研讨的对象也已从文本文献拓宽到电子扫描文献、音像文献等。教学时，这些新型文献非常有助于讲授版本特征与分类、写刻技法、古籍流传及特点等知识。但另一方面，古典文献学中需要实践教学的部分仍然无法被替代，例如公文纸、竹纸、皮纸、高丽纸等的区别，这些涉及古典文献载体的知识无法用图像来分辨，只能通过实践来积累经验。又如拓印技术、古籍装帧修复技术，这些都必须通过实际操练才能习得。更重要的是，古典文献学的学理性部分，如校勘学、目录学、辨伪学的理论，并不能完全依赖科技进步就完全习得，而只能在教学时不断地通过各种案例讲授引导，并在课后由学生反复历练，才能取得较好的效果。

坚持文献学本位，有助于消除大数据存在的一系列问题，特别是要提防和消解大数据的“双刃剑”效应。李艳玲认为，“大数据（Big Data）是指‘无法用现有的软件工具提取、存储、搜索、共享、分析和处理的海量的、复杂的数据集合’”①。大数据虽然具有大容量、高速度、多样化、真实性的特征，但也易于引发学术研究和阅读的扁平化、同质化和新霸权主义。② 大数据的这些弱点，正好可以利用古典文献学的学科本位来消弭。面对着书山学海，古代学者往往通过目录学来寻求登山之径、泛海之舟。章学诚说目录学的目的在于“辨章学术，考竟源流”③，张之洞以为“读书不知要领，劳而无功；告某书宜读而不得精校精注本，事倍功半”④。面对大数据带来的信息喧哗与爆炸，传统的目录学功夫正好有了用武之地，在软件抓取信息之外，让学习者能够通过自身学养分别、辨析、研究海量的信息。

二、拓展大数据视野

古典文献学教学改革也需要适应时代的变化，尽可能地拓展大数据视野。

拓展大数据视野，首先是尽可能地利用大数据带来的各种便利。目前，大数据已较为全面地改变了古典文献学教学手段单一、演进速度慢的弱点。这主要表现在：其一，大数据的优势在于能使得海量的学习资

---

① 李艳玲：《大数据环境下的技术变革与管理创新》，《控制工程》2014年第S1期，第143页。

② 郝岚：《大数据与世界文学教学》，《中国比较文学》2016年第1期，第186-193页。

③ 章学诚：《文史通义校注》，叶瑛校注，中华书局，2014，第1175页。

④ 张之洞：《书目答问补正》，范希曾补正，徐鹏导读，上海古籍出版社，2001，第3页。

源变得非常易于获取，特别是网络技术的发展更提升了这一进程的速度。在教学中，大数据技术能够较为成功地改变教学中教师“一言堂”的困境，学生可以广泛利用网络资源真正参与到教学中，切实地实现师生之间的教学相长，“奇文共欣赏，疑义相与析”［陶渊明《移居二首》(其一)］。学生和教师在掌握资源方面若能达到较为平等的地位，在课堂上就能展开更好的互动。其二，大数据也使得教学的环境、教学的手段发生了有效改变。目前，多媒体教学、智慧课堂被越来越广泛地运用到实际教学中，古典文献学的教学自然也能乘此东风，将课堂教学变得立体起来，恰当地为教师减负，将其精力从单一的口头讲授和板书，转移到增强课堂的引导性、丰富性、科学性及提高学生的学习能动性上来。

拓展大数据视野，其次是要在现有学科基础上，促进古典文献学的新发展。大数据使得古典文献学的教学范围大大拓展，不仅包含传统的基于文本的内容，也涉及更多非文本的范畴，如电子文献、音像文献等，事实上已经扩大了古典文献学的研究与教学范畴。一方面，大数据已然丰富了古典文献学的“质感”，能激发教师和学生更多的教学与学习兴趣；另一方面，大数据也打开了教师的视野，为广大教师提供了迥异于前辈学者的丰富科研素材，并触动其将科研成果有效转化为教学成果，易于实现科研与教学的良好互动。

当然，拓展大数据视野，最具有实际意义的是将大数据的一系列分析方法和技术引入古典文献学的教学过程。

三、利用新技术护航

大数据时代为教学实践提供了非常丰富的新技术，古典文献学教学改革在手段和方法方面的重中之重便是利用新技术为教学护航。

首先，新技术触动了古典文献学教学策略和手段的变革。“教学策略的变革建立在观念转变的基础上，只有教师在文献学观念上有了转变，他才会自觉地采用新的教学策略，进而改进文献学的教学现状。”① 进入 21 世纪以来，多媒体教学已被普遍地运用到教学实践中，在古典文献学教学活动中亦是如此。有学者认为，教师在教学活动中应至少达成以下四点成果：其一，讲论结合，增强互动；其二，多用图示法；其三，多与历史、现实结合，增强学生的关切感、参与感；其四，运用正

---

① 余全介：《高校文科专业文献学教学的反思》，《重庆教育学院学报》2011 年第 4 期，第 160 页。

确的读书方法读。[①] 从目前的课堂效果来看，大部分教师已比较圆满地达成了。不过，科技的发展也在推动教学技术的持续进步。21 世纪初，在海外尚属罕见的慕课、翻转课堂已成为当下国内教学的常见事物。2020 年上半年，各类学校纷纷开启网络教学更是加快了这一变革过程。教师实践教学的场所从实体的课堂搬到了虚拟的网络、云端、数据平台，虽然开始时有种种不适应，但进程比此前很多预测要更平稳。因 2020 年夏疫情得到了有效控制，各类学校在秋学期重启线下教学，但也需要更好地总结网络课堂带给我们的经验和启示，以便使其有效地为接下来的教学服务。

其次，新技术促进了对于教学资源的选择。在过往教学中，往往出现师生一对多的模式，现在因为网络资源的丰富，可喜地出现了师生多对多的模式。以往其他学校难得一见的名师的课程，现在也可以通过网络一键获取。就古典文献学而言，北京大学安平丘教授、山东大学杜泽逊教授、南京大学武秀成教授、复旦大学陈广宏教授等知名高校名师的课程在网上获得了热捧，正反映了网络教学资源日益普及化、迅捷化给实际教学活动带来的有益变化。甚至一些前辈学者的课程和讲座，也因为网络，有了“如聆真音，如在目前”的效果，转益多师、兼容并包，对于当下的学生而言，已成为现实。在这样的技术条件下，教师更应该在选择教学资源的过程中，充当好参与者与辅助者的角色，积极引导学生的选择，激发他们的学习主动性和积极性。

最后，新技术增强了对于教学实践及其效果的检测。以 2020 年春笔者在智慧树网络教学平台的网络教学为例，该平台设计了较多教学模块和应用，古典文献学教学过程中的教、学、考、管等环节，都变成了数据。笔者在授课时，仅需在电脑上点击相应应用，学生课堂在线及签到情况、学习时间时长、课程资料下载与学习情况、自修时长、教学互动次数及时长、学生作业及考试成绩、课堂满意度等相应情况都变成了极其直观的数据，一起构成了本门课程的“大数据”，对本门课程的教学实际和效果提供了良好的参考，有助于本人及时调整教学计划、更新教学方式和手法。不过，网络平台仍有更合理化的空间，当然这是另一个更实际的亟待研究和完善的课题了。

大数据全程为古典文献学的教学提供了新的技术支持，自然更方

---

① 师海军：《〈中国古典文献学〉教学的方法论意义》，《西安文理学院学报（社会科学版）》2012 年第 4 期，第 102-103 页。

便、有效地实践了古典文献学的体系化变革。

四、实践体系化变革

在大数据的背景下，古典文献学的教学改革其实是体系化的变革，对教学活动所有的参与者和整个教学过程都提出了新的要求。

首先，这一变革对教师的素质提出了更高的要求。教师应勇于做（大数据）时代教学的探究者、教学中的组织引导者、教学资源的供应者和架构者、教学中的学习者和评价者。[①] 因此，增强教师自身素质，活到老学到老，以适应大数据时代日新月异的变化，是古典文献学教学改革的重中之重，也有效地避免了可能存在的教学“打酱油”“磨洋工”的现象。当然，增强教师素质，寓学于教、寓教于学，本身也是科研工作者应有的职责。

其次，这一变革同样对学生的学习提出了更高的要求。学生不能再仅仅满足于书本知识，仅仅为了获得学分而学习、为学习而学习，而应该有效地利用资源，积极寻找自己的学习兴趣，并合理规划自己的学术发展。当然，这也并非只是光喊口号就能实现的目标。除了学生自己认真努力外，教师还要注意激发和引导，实行差异教学，在保障整体教学质量和效果的基础上，对一些有良好基础和兴趣的同学，要加大教学投入，以便更好地实践因材施教的原则。而且，在教学的不同阶段，也要注意不同的教学方式。对本科生以教授知识为主，须注重学科体系性，对研究生则要以教授学理为主。只有这样，才能切实完成教育部对本门课程设置的目标：“培养学生的自学能力和独立研究的能力。”[②]

最后，这一变革改变了传统的评价模式，对教学效果评估起到了良好的促进作用，为教师、学生、教学管理部门等共同参与评价教学效果提供了有效的途径。有关这一点，上文已有相应论述，此处从略。

五、结语

大数据时代已然到来，其对于人文学科的影响是数字人文将会越来越显著地进入教学和科研。在大数据时代，古典文献学的教学改革既有与其他学科相通的部分，也有独具学科特色的部分。古典文献学教学改革仍然需要坚持古典文献学学科本位，并积极拓宽教师和学生的大数据

---

① 王颖：《“大数据”时代教学中教师的定位转变》，《科技视界》2015年23期，第184页。

② 戚福康：《论文献学与大学生知识体系的建构——兼论教学方法的变通》，《苏州市职业大学学报》2005年第4期，第103页。

视野，有效利用新技术作为教学和学习的辅助手段，从而在新形势和新条件下，不断实现本学科教学的体系性变革的目标。当然，改革也并非“毕其功于一役”，而是一个不断变化的进程。包括古典文献学教学改革在内的高校教学改革，也必将是一个不断变化的过程，在为国储才的大战略下，适应新的形势和条件，将会不断出现值得研究与探讨的新变化。

古代文学教学的兴趣激发与语境恢复

唐定坤　汪　燕

一百多年前，古代文学教学的兴趣激发应当是个不值得讨论的话题。溯源高校体制，自“癸卯学制”横移西学以来，新式大学的各类教学形式，与以现代学术方法对传统文史经典加以清理、整合、阐释的学科教学内容，共同形成了一种完全不同于传统私塾的教学模式，让学生耳目为之一新。这正是千年转型时代难得的师生际遇和教学盛举：此前学生从小或多或少接受了传统教育，清末考据学问之风仍在，他们的旧学功底保证了其在经、史、子、集统摄下的传统学科中具有一种切入文本的语境。尽管存在着如蒙文通授课不受学生欢迎而被解聘的例子①，但那实在与学生的学习兴趣无关，而是学生对观念和方法的自主选择，也因此才会有陈寅恪大抄史料而课堂艰深，仍不失大师授课风范，而广为学生推崇的例子②。时过境迁，那些往日师生充满个性、其乐融融的教学课堂，以及充满传奇的名师轶事，俱已成为现代学者教学和研究之余无限神往和追思的遥远风景。或许学者更多地慨叹“世风日下”，学生不再怀有求学兴趣，但更重要的是，高校以课题论文为核心评价指标的管理机制，促使教师不得不将重心倾向于科研数据指标。尽管有不少学校提倡“以科研促教学”，教学越来越边缘化却是不争的事实。此外，客观条件也进一步影响了这种困境。我们不得不承认，不仅学生（甚至教师）没有了彼时同学的旧学功底，而且自白话文独占叙事话语权后，传统学科尤其是古代文史之学率多被当作扔进陈列室的语料文献之学来对待，文言几乎完全丧失了存在的语境。如果再考虑媒体信息时代的虚拟生活环境，以及诸如以 QQ、微信、微博等为媒介的快餐文化的横行和诱惑争夺了传统文史之学的课堂阵地，我们可以说，传统学科的本科教学，危机时代已经来临。鉴于问题的严重性，我们不得不认真对待。

应该说，这是西学东渐后现代社会转型的必然阵痛之一。文明更迭

① 钱穆：《八十忆双亲　师友杂忆》，生活·读书·新知三联书店，2005，第 171 页。

② 孟祥海：《陈寅恪的授课风度》，《春城晚报》2011 年 10 月 28 日。

致使文脉断裂，现代语境中的语言环境和生活环境，引发了学生的兴趣转移，造成了古代文学兴趣相应程度的失落。本来，兴趣激发的保障首先是据以为本的学术研究，进而形成独具个性的授课特色，但今天分科治学的专门化发展，致使除了极少部分学者能博通诸方以外，难得全史兼有卓识的人才，学科与学科之间、与社会生活之间的血肉联系也渐被消解。因此探求普遍的教学观念和方法以激发学生的兴趣，就尤有必要，特别是对于青年教师来说更是如此。兴趣失落的根本既在于语境的改变，则其激发首在于语境恢复；更进一步，语境恢复的不断深入可以联通传统学科的本质属性，从而获得一定的文化意义。有鉴于此，下文将从三个维度探讨这种可能性，并进一步探寻这种行为的深层内涵和现实意义。

一、创作导向：正本清源以切入文本

现代学术发轫于清代考据学与西方科学方法的遇合，最主要的特征是根植于现代学术观念进而影响其研究方法。考据学注重无征不信，具有很强的逻辑理性，与西学的“科学性”相近，迄清末民初王国维、胡适等进一步注重“系统性”“进化论”等西学观念和方法，使其风行文史学界而成为现代学术研究的基本原则。这种“科学”“系统”的客观研究，注重将对象抽离以客观分析的理性法则，一反传统讲求辞章技术的体悟谈辨之学和实践功用之学，是以文学和文学史便被当成一种纯粹而客观的“知识生产”①，使得文学学科的独立、文学史、文学与典章制度、文学与思想、文学与政治、文学与社会学、文学与人类学等方面硕果累累。这是现代学术转型的独特贡献，无疑极大地拓展和加深了对传统文学的理解。

但是文学作为对“知识”的对象化处理，也逐步消解了中国文学独特的语言文化魅力。如果说民国学人尚在传统“文脉”之中，本身保持了传统文学冷暖自知的审美判断，大都尚未觉察到现代学术观念对传统文学内涵的消解，那么在白话语体全面取代文言语体的今日学界，境况则昭然若揭。这使我们想起章太炎《救学弊论》的孤明先发，他认为在西方学术影响下的“科学”“系统”叙事框架内，“知识”被简约化和教条化了，失却了其灵魂和生命力，所以明确提出“其所从入之

① 陈平原：《作为学科的文学史；文学教育的方法、途径及境界》，北京大学出版社，2016，第2页。

途，则务于眼学，不务耳学”的改良方法。[①] 对比今天的文学与文学史教学，学生放在首位的就是一大堆考试概念，这正应验了“体系”学术下“耳学”教学模式之弊。若窥其本质，则源于客观理性的方法论对文学文本的破坏，致使该学科的审美性、趣味性都被当初引进西学的“救偏”之举矫得更“偏”向了另一个极端。比如文学的赏析，受从苏联移植过来的反映论的影响，与本土“知人论世”传统两相合流，形成了阐释的观念和方法，极为注意文本所反映的社会观念、思想感情，显然极易消解中国文学以明辨文体为规则、以技法策略为手段、以情理意境为旨趣的特征。另一方面，文学史则被当作思想史和观念史加以体系化描述，实际上这是对古已有之的“文章流别”的系统性转化，虽然眉目清晰，却也遮蔽了中国文学自文体通变而渐次发展的史实。可以说，现代学术从追求客观科学的方法论中心主义发展到文言语境丧失的今天，一直不断在遮蔽和消解中国文学的鲜活自性。如果要正本清源，建立起切中文本的基本而普遍的“了解之同情”[②]，创作导向是必不可少的先导条件。

中国文学，也包括其中文论的发展，都预设为知者对话和实践所用，终究离不开创作二字，因此创作导向的文本解读乃是中国传统文学的本位批评方法，是传统语境中的核心部分。按中国的“诗教”传统，一部古代文学其实是以诗为中心进而广为文教，则创作导向的解读应当在此二途。所谓创作导向的批评，就是站在创作的多维角度，着重探析诗文如何提取现实而作出艺术加工，通过在体制、篇法、字句、声律、取象、造境、立意、情感等方面的“技术性”赏评，体悟中国文学的自性之美和艺术张力。这不是解构“知人论世”的情感，而是注重动人的情感是如何表达的，注重过程抵达旨趣的艺术逻辑。古人先学字书，随即习对作诗，延及科举考试内容，他们即便说“文章最为儒者末事”，也仍需“索学之，又不可不知其曲折，幸熟思之”[③]。所以清代学术三分，辞章之学才能大张一军，以为辞章不明，义理考据亦难讲得明。我们可以说，不懂创作，论起文学和文学史来，难免失之毫厘，谬以千百里。即便如史学大师钱穆者，由于不作诗词，谈起中国文学来也

① 章太炎：《章太炎全集．太炎文录续编》，上海人民出版社，2014，第88-96页。
② 陈寅恪：《金明馆丛稿二编》，生活·读书·新知三联书店，2009，第279页。
③ 郭绍虞：《中国历代文论选》（一卷本），上海古籍出版社，2001，第186页。

难免有雾里看花之感①。恰如章太炎所说，“自古惟能文之士为能论文，否则皮傅之语，必无是处”②。反之，那些治文学取得较大成就的前辈学者则深识三昧，如浦江清与吴小如谈论“讲古文古诗，如果自己能写几句古文，懂旧诗格律，讲起来就会有更深的理解和体会”③。而词学家夏承焘也认为，有志于研究古典诗词的人，有必要学学作诗填词，因为只有通过实践，体验作诗的甘苦，才能更深切地领会古人的创作。④在西学东渐大潮席卷下的早年学界，学者执着于方法论和学术研究，诗词创作往往被视为治学的“余事”。可时过境迁，当代学者的传统功底固然与民国先贤有差距，学生也完全丧失了古诗文的学用语境，“余事”变成了“难事”。是以一代人对古典文本的本位认知渐多隔膜，重新认识经典也就显得非常必要。近年来央视“百家讲坛”的经典诗文名家讲读掀起高潮，“经典咏流传”迅速火爆而成为文化界的一股淳雅的清风，皆与这一背景有关；也正是基于此，教育部才录制了“经典资源库”，将经典名篇的书法书写、意涵解读制作成视频和文字，在全国各类学校中推广。可是如果我们仔细推绎，就会发现不少专家对文本的理解仍受制于以“知识”方法论为基础的现代学术立场。如在教育部“经典资源库”中，郦波教授论《山行》旨归于杜牧的政治事件影响和盛唐精神的包容，将之当作史学材料讲固然拓展了对该诗的理解，却也遗失了七绝的本位之美；而王立群教授论《登鹳雀楼》亦旨归于说理，忽略了宋诗说理与唐诗议论的本质差别。笔者曾指出：“按古人‘论古诗文必先以体制为先’的创作经验，两诗的内容必须切合七绝体制之风华轻灵与‘五言长城’之字字用实，而开拓出无限阔大的审美空间……作为‘我注六经’式的接受美学，自能在某些面向上深入阐发，可是经典解读的当下行为并非是学术‘以偏救弊’之胜，而是使读者明白所以然并获得自为审美空间的展开。换言之，这种解读方式无疑是将经典文本的内涵缩小了。”⑤ 古人的诗词自有一套“诗格”技法，其

---

① 钱穆自称不能诗，晚年亦有自悔之意，见严耕望：《治史三书》，上海人民出版社，2011，第262、270页；论文学多非当行本色，见陈平原：《非专业的文学研究——读钱穆讲述、叶龙整理〈中国文学史〉》，《东方早报·上海书评》2016年6月12日。

② 章太炎：《国学述闻》，陕西师范大学出版社，2008，第244页。

③ 《文史知识》编辑部：《远去的先生》，中华书局，2013，第26-27页。

④ 《文史知识》编辑部：《远去的先生》，中华书局，2013，第18页。

⑤ 唐定坤：《创作导向：古代文学教学的救偏之举》，《课外语文》2017年第22期，第74页。

中的体格规限、结构呼应、用字炼句、取象造境、虚实变化、立意遣词、声律音节等，其实都体现为一种中国语文、中国文学的独特诗意审美，那些汗牛充栋的诗话、词话、赋话正以此为中心，是教学取之不尽的资源。若以文学之外的故事左右引申，看似开阖生动，实则买椟还珠。倒是学者兼诗人的陈寅恪为我们提供了另一种范式：他的《元白诗笺证稿》既是学术专著，亦是上课讲义，世人皆称“文史互证”，其实即便此书的主旨是从史学解诗，也必然要明辨从属文学的部分，注重于元白诗的“虚实分际”①。我们完全可以说，要获得对经典文本的本位理解，创作导向当为正途，而且是正本清源的必由途径，更是当下传承发展优秀传统文化的必要前提。在此导向下的课堂教学，必然也会获得与以往强调文章内容、分析社会思想的陈旧形式不尽相同的新品格，使学生产生一种诗思和趣味。此外，创作导向必以“体认”而致情感投入，这又会产生一种诗性情思的磁场，激发起学生的课堂情感认同。

这种课堂上的不主故常，引导学生进行由“技术”而“审美”的文本体认，同样也会导引学生的创作实践，从而激发他们对于这一学科的兴趣。中文系虽然不培养作家，但是大学生必须获得的人文情怀可以在“诗教”“文教”中展开，创作中的“如鱼饮水，冷暖自知”，一方面保证了学生对古人和经典的敬畏，另一方面也引发了和先贤的千古对话；如果加上“诗教”借名物以兴情所必须具有的自然观照，以及“文教”的现世关怀，那么适当的创作可谓善莫大焉，胜过大量空洞抽象的说教。近年来中山大学、南京大学、北京大学等高校持续开展“诗教”课堂与各类诗词大赛，影响越来越大，诗坛渐多新人。而以古典诗词大家、学者叶嘉莹为传主的文学纪录片《掬水月在手》上映，获第33届中国电影金鸡奖最佳纪录片提名，引发影视界、各类媒体甚至诗词界的持续探讨热潮，形成不容忽视的重要文化现象。由此可见，不仅诗词的魅力在今天未减，而且创作导向的潜力也是巨大的。创作关系到对语言的推敲选择和对立意的脱化规避，所以创作导向的教学不仅可以引导学生从个体出发，去深切体认中华民族传统文化的精神密码和鲜活生命力，还容易激发主体的主观能动性，培养他们重视写作实践和立意思考的素质与能力。面对一度兴盛的古诗文创作热潮，研究现代文学的学者陈平原也说，“作为文化修养或自我娱乐，我欣赏旧体诗词及古文

---

① 唐定坤：《陈寅恪以史明诗的虚实分际》，《中国文化》2020 年第 2 期，第 222-240 页。

的写作"①。究其原因，无论是"娱乐"还是"修养"，创作都会让作者获得一种对传统文化的血肉认同。而且，这种"娱乐""修养"还极有可能达成一种"无用之用"，让学生在追求"诗和远方"时，学会一种中文系的看家"本领"。在提倡传承发展优秀传统文化的当下，名山大川、城市公园、企业文化等，或金榜征文，或悬额待题，或文化打造，种种文化现象皆使得古诗词、对联、辞赋等大有用武之地，于焉正好给从事创作者提供了驰骋的广阔舞台，凡此都可能会成为激发学生参与文学课堂的兴趣因素。

二、雅言情境：高雅趣味的诗意熏染

事实上，师生的创作导向也是一种教学情境的创设。情境教学法作为课堂中具有人文关怀而能吸引学生兴趣的方法，在高校人文学科最为常用，大多呈现为对自我研究领域的学术情境演绎。从根本上讲，这种教学情境的实现主要依赖语言，契合了苏霍姆林斯基所作出的重要提醒："你施加影响的主要手段是语言，你是通过语言打动学生的理智和心灵的。"② 只是我们从语境恢复的视角来考量，则应当关注雅言情境，这于古代文学学科本是题中之义。高雅的文学语言及相关策略所营造的情境，必然会激发学生享受专业知识的乐趣，沉浸在文学的诗意世界里，这无须论证。问题是，如何创设雅言情境，这才是我们所要关注的重心。

我们必须看到，今日雅言的重启隐含了白话文的叙事话语霸权背景，故有稍作分梳的必要。在五四新文化运动白话文取得压倒性的胜利后，文言雅语一度被当成"掉书袋"的"老古董"扫进博物馆和陈列室。对白话文的过度强调，虽直承现实生活，能接地气，却容易导向随意直白，暴露出资源的贫瘠和后劲的乏力。这种对语体的排他性使用，本不合于语言发展中传统与实践的辨证关系，何况是直接捐弃一种久选而丰富的文化传统。相比之下，精简的文言作为千年文化的承载，不仅能引发补阙意想的诗意情怀，更能激起读者思接千载的文化想象，借此可以或多或少地超脱当下功利，这正是传统文言具高雅魅力和诗意情怀之所在。更进一步，可以夸张一点说，五四运动后文言的消失，基本也意味着传统文人雅怀、文人趣味的消失。这样，尽管文学课堂相对其他

---

① 陈平原：《当代中国的文言与白话》，《中山大学学报（社会科学版）》2002 年第 3 期，第 27 页。

② 苏霍姆林斯基：《给教师的建议》，周蕖等译，长江文艺出版社，2018，第 299 页。

学科最有可能保持高雅性，在此背景下亦必须考虑到重启雅言的针对性策略。

首先，从以白话文为主的课堂讲授语言来看，如果不是讲故事以情节吸引学生，那么，拖沓冗长的口语分析尽管有明白透彻的优势，却难以担保能长期吸引学生的注意力。过多的分析其实不利于创建教学情境，毕竟“教学的艺术不在于传授的本领，而在于关于激励、唤醒、鼓舞”①，因此我们必须对语言施以必要的修辞，最大限度发挥语言的魅力。实际上就是以修辞为手段，以雅言语境的情境创设为旨趣，或结合修辞与典语，或引用文言故实，具体则如随时引用古诗文的排比、比喻来助力表达效果，讲史传故事，引《世说新语》深情之言，等等。即便完全站在白话表达的角度，亦当如现代散文家周作人的体悟，要以“混合散文的朴实与骈文的华美”为理想，要学会杂糅“古语”“方言”“欧化语”，创造出“有雅致的俗语文来”②。其次，如果考虑专业课堂的“文学性”，那么适当的文言引入必然会让学生跳出当下的本我“存在”，引发超越时空的“思接千载”而感慨遥深。如果能够把握好诗性景语和情语的点逗，尽量利用诗性语言追求“秀”外之“隐”的秘响旁通③，或神游于“高山之巅，白云之间”，或揽观于“秋气摇落，夕阳芳草”，或慨叹“满目山河，北望神州”，或高唱“大江东去，浪淘尽”，或摹拟“栏杆拍遍，无人会，登临意”，或拜服“文起八代之衰，道济天下之溺”，皆可能引发学生大脑中的情景再现，适时触动他们内心深处的生活经验，激发他们对诗意精神乃至节义风操的向往，达到“曲终人不见，江上数峰青”的高雅情境。最后，纯粹的学术语言也是高雅的。毕竟我们对自己的专深研究领域驾轻就熟，大可发挥高校课堂的自主性，在教学内容与自我研究相关的地方，突出展开甚至加重课时。在深造自得的领域，我们可以左冲右突，左右逢源，旁征博引一如天女散花。比如顾随讲诗词，便无甚章法拘束，有时一堂课甚至没有讲到一句诗，这正是他研究诗词以“感发为主”，而能“全任神行，一空依傍”，站在听者的角度，遂能产生“兴会淋漓，触绪发挥，皆具妙义”的情境，而有“极深之感受与启迪”。④ 这也是许多高校教师最喜

① 张焕庭：《西方资产阶级教育论著选》，人民教育出版社，1964，第377页。

② 周作人：《苦竹杂记》，北京十月文艺出版社，2011，第245页；周作人：《永日集》，北京十月文艺出版社，2011，第85页。

③ 叶维廉：《中国诗学》，生活·读书·新知三联书店，1992，第65-82页。

④ 顾随：《中国古典诗词感发》，北京大学出版社，2012，第3-4页。

欢运用的方法，在此无须赘言。

从另一层面讲，古代文人雅怀不全然依托于对文言文这一语言工具的使用，还有赖于日常文人雅事的浸润。如诗文之外的酒、茶、琴、棋、书、画等，都是他们诗意生活化的呈现；而且这些艺术门类之间存在着文化哲学思想的通约性，以及艺术的互动和融通，如音乐与诗词，在教育上即早有“兴于《诗》，立于礼，成于乐”① 的递进，可见诗文的欣赏本就与之不可分割。艺术的超功利性实在有利于引导学生超越当下，而生发出一种对象化的艺术愉悦心理，其作用不可轻视。一名合格的大学文学教师，不当完全陷入项目论文指标评价体系的“知识生产”，李白所嘲讽的“鲁叟谈五经，白发死章句”同时也是今天站在讲台上的学者所必须警惕的。因此大学文学教师应该具备基本的人文情怀，必须有高雅的艺术修养和审美情操，必须对一二门艺事有所染指甚至精通。大学文学课程的教学，大可以利用这些传统文人雅事来创设雅言情境。在古代文学篇目中，牵涉此类内容的篇章本亦不少，如王羲之的《兰亭集序》、刘伶的《酒德颂》、李白的若干酒诗、黄庭坚的《双井茶赠子瞻》、李贺的《李凭箜篌引》、白居易的《琵琶行》、王禹偁的《黄州新建小竹楼记》、苏轼的《题文与可画竹》《汲江煎茶》、杜甫的《戏题王宰画山水图歌》、王维大量统摄了画学的诗等。即便在文学史中，也有魏晋人好酒、宋人好酒茶乐书画等雅事的现象，依托这些篇章和文学史现象，我们可以深入分析某类文人雅事，创设艺术美学的雅言情境以熏染学生，甚至以朱光潜警戒的“不通一艺莫谈艺”② 作为实践美学原则，引导学生介入到日常雅事中去。而且，这种对文人雅事的关注还不应当只停留在课堂教学的“知识”对象化引导和课堂情境创设，也应延展到课外生活之中，在与学生作艺事交流或闲聊时有所呈现。从本质上讲，这实际上是打破将优秀的文学教学停留于课堂传输的模式，突破现行固定教学形式，取法古代书院的师生依仁游艺和徜徉山林，举凡野外教学、日常生活闲聊、日常师生交往等，都是有机的文学教学。如此做法，既要求教师首先践履传统雅艺品格，又要求教师在师生共同体的大学教学中注重知行合一和薪火相传，形成传承优秀传统文化的合力。

恣意的课堂雅言抒情和文人雅事清赏，完全可能引发课堂的枝蔓，

---

① 杨伯峻：《论语译注》，中华书局，2009，第 80 页。

② 朱光潜：《朱光潜全集》（第十卷），安徽教育出版社，1993，第 504 页。

甚至离题千里，但适当的枝蔓无伤大雅，毕竟高校教育在于情怀的积淀、兴趣的激发、思想的点燃。古罗马美学家朗吉弩斯在《论崇高》中说：

> 那些巨大的激烈情感，如果没有理智的控制而任其为自己盲目、轻率的冲动所操纵，那就会象一只没有了压舱石而漂流不定的船那样陷入危险。它们每每需要鞭子，但也需要缰绳。①

雅言及雅艺的引入，是为了创设情境，以教师情感的投入激发学生的情感参与。一方面，作为长期沉浸在“知识生产”客观研究语境中的学者而言，对感性及至情感有一种排斥的思维惯性，故相对而言，更需要“鞭子”，这是学术研究理性之“冷”和课堂教学激情之“热”的辨证。另一方面，在我们看来，中国大学文学课堂更应该在白话语言的过多介入以及对象“知识论”的过度展开之间执好“缰绳”。如此创设雅言情境、重返文言现场和适当展开文人雅艺，不仅是对当下俗语的反拨，而且隐含了对当下俗世行为的警醒，与之保持一种距离，从而熏染学生，温润他们的心灵，使之获得一种“诗和远方”的情怀，建构起他们丰富高雅的精神家园。

三、现实关怀：载道精神的薪火传承

尽管古代文学课堂最有可能发挥文学的审美功能，但现实关怀的切入是必不可少的。文学的艺术张力贯通古今，千载之下仍具有艺术境界和情感力量，使得其赏评本就宜于联通现实而致理解深刻。更何况知古以鉴今，即便“无用之用”，也还要最终落实到学生的血肉情感。同时，站在学生的角度，适当的现实关怀能唤醒他们的生活话题，使他们认识到文学品格落实到当下生活的真实状态，以激起学习历史文化的兴趣。但是我们必须考虑到学者现实关怀的学术渊源和现实流变，才能在课堂教学中掌握好它的现实介入深度和课堂比例程度。今天的大学教师，首先是一个知识人，从文化连续性上讲，无法绕开传统士大夫的身份转变。现实关怀本属传统士人的雅言语境，不必说原典儒家“士志于道”② 的道统精神和生民关怀，及至宋代新儒家强调“为天地立心，为生民请命，为万世开太平”，连学者的穷经皓首也时时受到“家事、国

---

① 伍蠡甫等：《西方文论选》（上卷），上海译文出版社，1979，第 123 页。

② 杨伯峻：《论语译注》，中华书局，2009，第 36 页。

事、天下事，事事关心”的激荡，这是由传统中国士族文官政治的性质所决定的。单纯的读书治学，以及沉迷于辞章雅言而不问现实的行为，历来是后人批评的对象，远离思想的清代考据学大放异彩，却在民国时期遭到批评，民国学人一面在清学中发掘“文艺复兴”的启蒙精神，另一面也掀起了“借经术以文饰其政论”① 和“半政治半学术的论述”② 的大潮，这正是中国的学术传统不离世功、注重“实用理性”③的一大特征。以此类推，文人的雅言辞章就必须具有“文以载道”“文以明道”的功能考量。所以适当的现实关怀，其实是载道精神的代有传承。

进入20世纪后，现代知识分子逐步边缘化，政治成为专门之业，政学分途，语境已经完全不一样。受西方治学重学术分科的影响，学者更加专深，专门家、专业细化领域的学问得到了前所未有的强调，但这不等于忽略现实关怀，尤其是在课堂教学上。我们仍然可以先从学者的现实关怀策略谈起，这一点无疑以陈平原《学者的人间情怀：跨世纪的文化选择》持论最为通达。因为牵涉课堂教学上现实关怀的适宜度和深广度，以下不妨稍引原文：

> 我赞成有一批学者“不问政治”，埋头从事自己感兴趣的专业研究，其学术成果才可能支撑起整个相对贫弱的思想文化界。学者以治学为第一天职，可以介入、也可以不介入现实政治论争。应该提倡这么一种观念：允许并尊重那些钻进象牙塔的纯粹书生的选择。
>
> 当然，我个人更倾向于在从事学术研究的同时，保持一种人间情怀。我不谈学者的“社会责任”或“政治意识”，而是“人间情怀”，基于如下考虑：首先，作为专门学者，对现实政治斗争采取关注而非直接介入的态度。并非过分爱惜自己的羽毛，而是承认政治运作的复杂性。说白了，不是去当“国师”，不是“不出如苍生何”，不是因为真有治国方略才议政；而只是“有情”“不忍”，基于道德良心不能不开口……其次，万一我议政，那也只不过是保持古代读书人以天下为己任的精神，是道德自我完善的需要，而不是社会交给的“责任”……

① 梁启超：《清代学术概论》，上海古籍出版社，1998，第6页。
② 李泽厚：《中国近代思想史论》，天津社会科学院出版社，2003，第80页。
③ 李泽厚：《中国古代思想史论》，天津社会科学院出版社，2003，第288-290页。

读书人应学会在社会生活中作为普通人凭良知和道德“表态”，而不过分追求“发言”的姿态和效果。①

我们将这话移用到人文学科的教学上来，当然必须“尊重”和“提倡”纯粹的学术课堂，并且以之作为教学的根柢。但是，考虑到课堂教学的临场效果，“热血沸腾”其实比“心平气和”更能激起兴趣，因此大学教师才更需要学者的“人间情怀”。

对于这种“人间情怀”，我们必须考虑到它的深入程度和比例程度。就深入程度来讲，宜只注重“作为普通人凭良知和道德‘表态’”，而不过分去追求这种现实关怀的“姿态和效果”。课堂教学仍然应当主要考虑文本解读及学术引导的深度和广度。我们主张现实关怀只能提及现象，蜻蜓点水，一如萤光一现，能见出“士志于道”的“人间情怀”即可，不提倡对当下现象的过多剖析，作过多鲜明的分析判断，而只予联通以留给学生作无限广阔自由的思想拓展。这样也不至于打破文学和社会学的边界，不漠视文学课程的复杂性。就比例程度而言，在乎广度而不在乎占有度，即应尽可能就文本及文学史现象联通学生接触的现实话题，引发古今同慨和理性思考，如世情冷暖、社会现象、法制道德、衣食住行、家国政治、生存追问等。偶尔延展无妨，但不宜占用太多的课堂时间，其目的同样是慎防课堂的枝蔓，而最终导致专业课程的“位移”。动人的文学作品总是具有普遍性，一切历史又都指向当下史，则文学课堂无处不具联通现实的艺术契机。如讲到《关雎》以鸟类恋爱“挚而有别”比兴人类君子淑女式的典范爱情，可适时点出今日随意化的爱情，以反比人心不古，此亦属于今日所谓“思政课堂”的重要内容；讲到《九歌》的美人香草和巫祀文化，可以对比南北文化之异同，延及今日南人的文学虚化想象和现实超越；讲到《史记·项羽本纪》项、刘之性格特征，通过分析各自成败之因，可以适当点出作为政治家和普通人身份的项、刘形象，以分疏国人对现实政治家和普通人的性格认同，形成评价人物的分异标准和通达观念；讲到宋词的发展和词人之享受心态，兼顾宋代士人“为生民请命”的政治主体意识，可以适度深入到人性的两极紧张和极度化道德的困难②，而适当

① 陈平原：《学者的人间情怀：跨世纪的文化选择》，生活·读书·新知三联书店，2007，第23–24页。

② 唐定坤：《宋代城市经济繁荣影响下的士商心态变化》，《五邑大学学报（社会科学版）》2018年第3期，第36–41页。

类比于今日之腐败现象和道德苛求；等等。

不主张在“人间情怀”中过度展现自我的价值判断和情感态度，是为了慎防“我执”所带来的“愤青”情结。提倡一针见血地点出现象背后的本质，却是学者赖以生存的分析思辨本领，昭示的是讲逻辑、讲证据、讲事理、讲情怀的现代科学方法和人文情结。视野的通达和知识的分析，可以形成与众不同的见识，恰以启发学生心智而点燃思考的火花。从另一方面讲，过度的情感介入，容易以唤起激情来压抑理性，效果适得其反，甚者不可控制！

不主张过度展现价值判断和情感态度，并不是说就完全没有价值判断，我们固然应当旗帜鲜明，而独特的个性形象也未尝不可时时展现，这是学者人格和学者性情的表征。一味要求学生培育奉献精神而承担社会责任，自己却对现实保持一种“事不关己，高高挂起”的态度，一心只注重学术评介体制异化下的虚名私利，无异于作抽象空洞的道德说教，自然无法从人格上征服学生。只是这种价值判断，不能太过私人化，必须与现实、与学生达成积极健康的考量，将课堂的“人间情怀”转变成一种既能体现自我人格，又能形塑学生的理性思考和人文情怀，以及一种能够建立良好的师生关系的情境。在个性情感的适度展现上，其实更适宜呈现出学者兼教师最真实的一面。刘勰《文心雕龙·程器》说：“人禀五材，修短殊用，自非上哲，难以求备。”[①] 高校教师绝不能做看似完美的“伪君子”，有学者性情或许不一定是完美人格，但文人节操是最高贵的品性和最重要的底色，真实的教师更容易让学生接近，而无伤于其学术人格的整体性和高蹈性。

四、余论：从教学方法到赓续文脉

在一定范围内恢复古代文学的语境，从教学方法上看，是为了激发学生的兴趣。可是考虑到当今雅言环境的式微，这一做法的深层意涵还指向“斯文在兹”的理想操守和赓续责任。如此说完全基于古代文学学科的研究现状。现代学术研究固然要接受“系统训练”，但“‘专业主义’一旦成为塑造我们思想行为的主要力量，会对各种可能出现的不合规矩的‘奇思妙想’造成极大的压抑”，由此带来的学科轨范、操作规则、学术表达，无疑“在推进具体的学术命题的同时，会逐渐剥离研究者与现实生活的血肉联系”。[②] 作为学者，我们在享受现代专业化研

① 刘勰：《文心雕龙注》，范文澜注，人民文学出版社，1962，第 719 页。
② 陈平原：《茱萸集》，春风文艺出版社，2001，第 176-177 页。

究成果的同时，必须清醒认识到今日古代文学学科所隐藏的危机。文学作为对象化的冷冰冰的客观“知识”，已经背离了传统文学的鲜活样态，“此文学”非“彼文学”。所以将这种追求放到传承优秀传统文化、恢复民族文化自信的大时代格局中来讨论，根本上乃是就传统语文实践原理而延及千年文脉断续的重要命题。

正如前文所述，文言语境的适度恢复针对的是当下白话叙事定于一尊的时代语境。白话完全替代文言，这在中国历史上还是第一次。当初胡适溯源白话文学的语体，始于佛书传入之翻译，兴于唐宋，以元明为高潮。① 更为重要的是，士人文言雅制与日常白话口语在历史上从来没有形成彼此对立的局面，而是在文体新变和文章通变的态势中互为补充、彼此发展：唐宋变文、元明戏曲、明清小说和历代话本等本质上就是这一新变的产物，像深具雅俗之辨的《西厢记》《红楼梦》等作品，当之无愧为白话和文言彼此交融互用的典范之作。充满文化意蕴的文言固然是白话的丰富语言资源，生动活泼的白话也刺激了古代文章体制的多维发展，这正是传统语言实践的基本规律和发展原理，保证了传统语文雅俗互动的蓬勃生机。而且，士人作为精英阶层，一直操持着雅言写作，正史的撰写、治学之语体，乃至桐城派的大兴，无不延续周秦两汉以来的高雅文脉。只有到五四运动时期，文言和白话才形成了你死我亡的对立冲突。及至白话全面胜利，也就同步意味着文言的式微，以及其所互为依赖的传统士人雅怀、文人趣味的式微，这是“斩断文脉”的特殊时代现象。近年来重启文言、文白并行不悖的呼声渐起，即对这一极端现象的反拨性行为。作为以传统文言为研究材料的现代学者，本就时时浸润于其典雅品格之中。提倡恢复文言语境，当然也应在一定程度上有着“为往圣继绝学”的自觉意识，且应将之作为一种精神信仰来践履日用。

但适度的语境恢复并非革命话语体系中的“保守”“复古”。本来，文化上的“复古”就指向重返经典，寻找思想和文化的资源，再借以解决当下问题而“与时偕行”，这是它本身就有的“与古为新”的含义，体现了思想史和文化史强大的连续性②。如果拉长时段来考察，民族文化延续不绝，那么当下的“文脉斩断”其实只能算是或大或小的裂隙。这样看来，适度的语境恢复，固然可以引领部分精英介入文言创

① 姜义华：《胡适学术文集：新文学运动》，中华书局，1993，第 27-28 页。

② 余英时：《士与中国文化》，上海人民出版社，2003，第 4 页。

作，其实更重要的是通过“了解之同情”，和学生共同“体认”，以融进充满活力的文学世界，赓续传统文言世界里的高雅趣味，从而构建起现代大学生具有民族优秀传统文化积淀的人文情怀，培育起面对优秀传统文化创造性转化和创新性发展的种种可能。即便从学者的专业研究角度来说，其实这种语境恢复的考量，也是建立在对传统文化的深切“体认”之上的。不同于西学的客观抽离和对象分析，传统文化思想重视天人合一，讲求体用不二，将理论的研究用于实践，因此语言实践、经典文字总具有活泼泼的文化品格。奉追求“系统”“科学”的西学方法为圭臬，当然提供了若干视角，但这并不意味着一定要破坏传统学问重实践的特征，否则这个代价就太大了。这样看来，适度恢复语境而“赓续文脉”之举，隐含了中体西用，或者说固守“本来文化”以同化“外来学说”之举①。它或许可以开启新一轮的“学术救偏”，由于这一问题已经超出教学问题太远，在此不作展开。以此回看本文命题，庶几可将语境恢复视为治本之举。我们也有理由相信，其深层意涵所标举的“赓续文脉”的责任意识和自觉担当，可以重新激发民族语文的潜在活力，重新恢复中国文学和文学课堂的自性尊严！

① 此本陈寅恪之说，其《冯友兰中国哲学史下册审查报告》提到：“窃疑中国自今日以后，即使能忠实输入北美或东欧之思想，其结局当亦等于玄奘唯识之学，在吾国思想史上，既不能居最高之地位，且亦终归于歇绝者。其真能于思想上自成系统，有所创获者，必须一方面吸收输入外来之学说，一方面不忘本来民族之地位。”见陈寅恪：《金明馆丛稿二编》，生活·读书·新知三联书店，2009，第284-285页。

古诗词"辨体"原则教学解读举隅

唐定坤

杜甫名篇《石壕吏》一直是多种初中教材的必选篇目，是中学教材中实施爱国主义教育的重要篇章。正因如此，历来的教学解读才比较注重其所书写的题材内容和思想情感。我国的诗词赏读及诗词教学，自中华人民共和国成立以来，在很大程度上都是受20世纪从苏联移植过来的西方三段式反映论分析的影响，注重探究作品所反映的思想内容、情感主题。本文则尝试从传统中国文学本位的诗词"辨体"原则着手，本于传统诗词体（情感）用（诗艺）不二的创作观念去探索另一种教学可能，以期获得古诗词文本教学的典型分析。

一

所谓"辨体"原则下的诗词教学，就是遵循中国古诗词创作观念下的"辨体"原则，严辨诗文之体裁，进而从体格规限下的题材、手法、功能、字词、句法、篇法等方面去发掘作品的艺术特色，达到以诗艺之妙理解艺术情感力量的审美体验，并以此设计教学切入视角，训练学生的审美判断。"辨体"在明人中讨论很多，即谓"为文必先辨体""文莫先于辨体""先严体制"之类。章太炎当年曾对比中西，反复斟酌西方文学定义，认为以之移论中国文学易致"削足适履"，因此还是要"先辨体裁"，然后衡论高下。[①] 此法的取用，可以最大程度地廓清三段式"反映论"的迷雾，回归中国诗学乃至民族语文的审美之本。"反映论"强调作品"写什么"（表达什么），基于自时代而作者而文本的逐次考察，接近知识的展示和灌输，注重目的性。但是本于创作的"辨体"读法和教学，更强调通过"怎么写""为什么"的细节追求，形成"写得如何"的审美体验，以文本构篇逻辑原理的疏通训练和经典作品丰富意涵的发掘为旨趣，所以最先关注且重点关注文本本身，舍此之外的考察可以用作补充和佐证，注重过程性，当然也会反向促进对"写什么"的深入理解。

据此观察杜甫《石壕吏》，首先要知道这是他的自制新乐府，是

---

① 陈平原：《章太炎的白话文》，贵州教育出版社，2001，第150页。

“三吏”“三别”中的一篇；更进一步，则要明白他自制此体的渊源及特点。这一点，仇兆鳌《杜诗详注》引黄生之说足为参考：

> 诸篇自制诗题，有千古自命意。六朝人拟乐府，无实事而撰浮词，皆妄语不情。①

批评六朝是为了反衬杜甫。六朝至杜前的文人作乐府，都保持一种拟效前代旧题的传统，其本质乃如黄生所说的“无实事而撰浮词”，注重的不是原来乐府之事，不是基于类似事件以作拟写，而是借题发挥，撰词言情。例如陆机大量的拟作汉代乐府，再如鲍照《拟行路难》，其实李白之拟鲍照的《行路难》亦在此列。言“实事”，则指明乐府尤其是汉乐府“感于哀乐，缘事而发”② 的性质，其主要体格特征是叙事（“哀乐”之情只是缘起或旨归）。但六朝人的新传统则将汉乐府以来的叙事之格径改为抒情之格，变民间浅直之语为雅化辞章。现在杜甫自制诗题以为新乐府，其实就是据当下“实事”而“命意”，即重返汉乐府的叙事传统。当然，在经近体轨范、抒情诗探索出一定的诗艺之后，再返归叙事，就非如汉乐府之原生态叙事，而是有着时代的新变，广泛汲取了抒情的诗艺。

根据这一“辨体”，赏读《石壕吏》的秘密其实就一句话——“叙事组诗之一”。按现代叙事文学的特点，其要素主要有情节、人物、环境，如果考虑题旨，就要延及题材内容、主题、手法等。人物是重中之重，但乐府诗要旨归于抒情，空间有限，不能如小说塑造人物形象般大费笔墨，故其书写往往与情节、环境等融为一体，注重手法等诗艺的表现。杜甫这样的名家，有着创作“技术性”的高度自觉，此种艺术性追求的趋势就愈加明显。该诗之叙事不止一重视角，这是一大特色，但诗人汲取了抒情诗艺，改变了原始叙事以各色人物依次发声的方法，故我们不称“视角”而改称“视点”。“视点”就是角色所处的位置，是背后的主导者有意选择的，由此带来镜头的多少、主次的相应呈现，其间包含了极高妙的艺术手段。全诗主要有三个视点：老妇、石壕吏、作者，这是探索新乐府“辨体”读法和教学的具体展开维度。至于篇外，则系之于“组诗”命题，我们放到后边来作补充讨论。

---

① 杜甫：《杜诗详注》，仇兆鳌注，中华书局，2015，第 437 页。

② 班固：《汉书》，中华书局，1997，第 1756 页。

二

为了方便理解，我们先将全诗移录如下：

暮投石壕村，有吏夜捉人。老翁逾墙走，老妇出看门。

吏呼一何怒，妇啼一何苦。听妇前致词，三男邺城戍。一男附书至，二男新战死。存者且偷生，死者长已矣。室中更无人，惟有乳下孙。有孙母未去，出入无完裙。老妪力虽衰，请从吏夜归。急应河阳役，犹得备晨炊。

夜久语声绝，如闻泣幽咽。天明登前途，独与老翁别。

仇兆鳌《杜诗详注》将此诗分为三个部分：开篇交代事由，“我”投村—吏捉人—老翁走—老妇留；中间主体部分是“吏”和“妇”的对话，其实主要是老妇在诉说；最后是结局，依次为老妇役—有人哭—老翁归—作者别。这一叙事不是像汉乐府一样分角色还原现实的，不是按各自的视角依次发出自己的声音，而是对“老妇”“石壕吏”“作者”三个“视点”有所剪裁，在叙事详略、出场顺序、主次设定、明暗手法等方面都有极强的“技术性”处理，重点在于叙事以抒情。

先看“老妇”这一“视点”。“妇啼一何苦”承“出看门”的忽然动作，表示事态陡起，有总说的意味，暗含了若干可能。下接“听妇前致词”以下计十三句，都是老妇在诉说。由于这是全篇着力处，不少学者皆聚焦于此，发现老妇之言其实是层层推进的，用韵的接连变化（上声、平声四度变化），意味着叙事内容的多次转折，也就意味着老妇越来越深的控诉背后隐含了外因的推动——“吏”的逼问。我们可以根据老妇的诉说大略还原出潜在的对话场景，共有四层转折。

一转：

（吏）：“……”

妇：“三男邺城戍。一男附书至，二男新战死。存者且偷生，死者长已矣。”（三个儿子都已当兵守邺城去了。一个儿子刚刚来信，说另外两个儿子已经牺牲了！哎，这个儿子还暂活着的，死了的就死了，也不知……”）

二转：

（吏）：“……”

妇：“室中更无人，惟有乳下孙。”（家里再也没有人了……只有一个还在吃奶的小孩。——霍松林指出，“更无人”和“惟有”是矛盾，故话不是一口气说完的，孩子的哭声参与到叙事中来了，极是。[1])

三转：

（吏）：“……”

妇：有孙母未去，出入无完裙。（孙儿是有个母亲，她的丈夫战死后，要哺乳孩子，没有改嫁。可是她衣服破烂，怎么出来见人呀……）

四转：

（吏）：“……”

妇：“老妪力虽衰，请从吏夜归。急应河阳役，犹得备晨炊。”（……老妇虽年老力衰，但请您放过我家媳妇，让老妇我连夜随您去吧，可以赶上河阳役，还可以为兵爷们做早餐。）

全诗主体部分的镜头全给了老妇，老妇是当之无愧的第一主角，三男戍，二男死，孙方乳，媳无裙，翁逾墙，独夜往，正是“妇啼一何苦”的凄惨体现。有多惨，作者未加述说，读者自可想象。而四层转折越来越急，虽说层层转折，镜头只是电光石火之间，忽忽推进，至此主角叙事乃终，镜头方转向他处。但这不是终极目的，关键在于，老妇的诉说，其实是和征兵吏的视点互为表里的，分开说只是为了讨论的方便。

三

再来看征兵的“石壕吏”这一“视点”。全诗给官吏的镜头非常少，只有“有吏夜捉人”“吏呼一何怒”两句而已。“有吏夜捉人”是事实叙述。看似客观陈述，但杜甫下笔极老到，“夜捉人”三字，说明超越了官吏正常征兵的程度：“夜”，不在上班时间，兵荒马乱，打破常规，意外随时发生；“捉人”，而非“徭役”“征兵”之类，说明局势乱套了，官不官，制不制。“夜捉人”陡起意外事件，打破了傍晚村庄的宁静。这正是浦起龙所说的“起有猛虎攫人之势”[2]。“吏呼一何怒”既有事实叙述，亦有人物形容。“一何怒”，多么愤怒！为何暴怒，作者未详加解释，但能推出，当是与“夜捉人”的过程有关。

---

① 萧涤非等：《唐诗鉴赏辞典》，上海辞书出版社，1983，第 485 页。

② 浦起龙：《读杜心解》，中华书局，1961，第 54 页。

事件主要发生在老妇和官吏之间，“吏”的镜头只此两句，镜头大都给了“妇”，由她与“吏”建构起了叙事的支架。至此似乎诗歌“写什么”“怎么写”的问题解决了。

可是诗的标题叫《石壕吏》，这就值得追问了：为什么标题称“吏”，正文中关于“吏”的却只有两句？更多的篇幅给了老妇，为什么标题却不是《石壕妇》？

所以必须再倒回来去深入揣摩作者的“怎么写”，这才是杜甫自制且发展新乐府、有别于六朝文人拟乐府和汉乐府原初叙事之处。这一问题并不复杂，“吏呼一何怒，妇啼一何苦”中一“呼”一“啼”，一“怒”一“苦”，乃是对比的写法。这就是说，“吏”的主角地位不比“妇”少，二人的镜头互为映射，不过是一明一暗而已。虽说“妇”的镜头多，但写了多少层“妇”的情感变化，就暗示着背后有多少层“吏”的凶狠；“妇”有多凄苦，“吏”就有多暴戾。陆时雍说：“其事何长，其言何简。吏呼二语，便当数十言。”① 信然！

上节我们还原的对话场景也体现了这一点，“吏”是潜藏在“妇”的镜头之后的，每一次“妇”的发声，都意味着“吏”的参与。但作者没将“吏”的参与凸显出来，那我们要不要复原这些镜头？不必。此处省略若干字，正留给读者去想象“石壕吏”的嘴脸。复原了，就抹杀了杜甫自制新乐府叙事以抒情的良苦用心。但我们在教学上则可以进行复原式讨论，形成开放的叙事演绎。不仅于此，我们还可以接着作开放式追问：为什么作者不正面写“吏”？是为了诗艺的推陈出新？是为了规避同僚的“政治正确”？还是其他？凡此皆可归于杜诗的艺术力量：在这一对“视点”安排中，就事件本身的逻辑而言，“吏”是因，“妇”是果；就叙事表达艺术而言，先果（妇）后因（吏），果（妇）明因（吏）暗，可以引发读者的“召唤”想象；就篇章安排而言，标题明以因（吏）为主，内容反以果（妇）为主，刚好构成相反相合、发人深省的艺术张力。更进一步，“怎么写”的文本解读可以深化“写什么”的题材内容和情感思想，具体而言，就是可以从这一令人拜服的苦难叙事，进而推出作者浓郁难解的家国情怀，及至全诗震撼动人的情感力量，以明乎此诗何以千载之下读来总能催人泪下，何以历千百载而代代为经典名篇。

---

① 杜甫：《杜诗详注》，仇兆鳌注，中华书局，2015，第443页。

四

诗中的“作者”是笔者目前所见最缺少关注的“视点”。一般说来，我们习惯于认定作者是旁观经历者、记录者，这大致不错。可是仔细体察，我们发现除了“在场”的客观陈述之外，作者对这一事件还有明显的亲身“参与性”。也就是说，作者不是经历而作旁观记录这么简单，他不仅是参与而讲述的“叙事作者”，还是事件的参与者、涉事者、推动者之一。

诗中体现作者明显的“参与性”的诗句共有四句：“暮投石壕村”“如闻泣幽咽”“天明登前途，独与老翁别”。其余诗句都是作者作为第三者的客观、冷静、理性的现场还原。

“暮投石壕村”，傍晚才投宿在石壕村。“暮投”能推出作者是在匆忙赶路，“暮”作为时间场景显得压抑，故亦为渲染。为何“暮投”，为何匆忙赶路，篇中都没明讲。“如闻泣幽咽”，好像听到有人在悄悄哭泣。悄悄哭泣亦能听见，盖有前句“夜久语声绝”以无声写有声的铺垫。谁在哭泣，我们当然能推得出，必然是媳妇，这句既写媳妇，又写“我”。为何“泣幽咽”？为何如此凄惨，却不敢大声哭？杜甫下笔极有节制。而下笔简约之张力，事件背后之原因，皆足深思。“天明登前途，独与老翁别。”天明继续赶路，“登前途”与第一句“暮投”赶路形成呼应；“独”字表面写“我”，实亦呼应“翁”。结尾四句的“绝”“咽”“别”押入声韵，读来短促抑郁。昨暮投宿之初与一家言笑，陡起“有吏夜捉人”，亲历一场人间惨剧，临别仅有老翁相送，“前途”是何处？将可能看到些什么？作别是何感想？作者皆未一一道明。

可见，凡作者出场处，皆极为节制，不仅控制了笔墨，还控制了情感，不涉一笔正面心理活动，只在客观描述中透露消息，意味着自己的亲身参与。亦因如此，论家多半将这几笔完全当成作者作为记录者参与历史事件之证据。但我们要追问作者参与事件的真实性，如此惨绝人寰之事，作者身历其中，为何如此冷静？他就没有受波及？“吏”为何不捉他？就算不捉，他亲历这一幕，究竟是怎么想的？

这是有必要的追问。《石壕吏》创作的两年前，杜甫在长安写《哀江头》，有“少陵野老吞声哭，春日潜行曲江曲”可为证。安史之乱是波及每一个大唐子民的。看他“吞声哭”，有声哭不住，得吞下去，这是为何？春日尚且“潜行”，只能“潜行”在不容易让人看见的“曲江”边，这是为何？昔日江头宫殿，千门重锁，人迹消遁，战乱波及，见人必虏捉之。故“曲”有曲江之曲、体衰之曲、人心之曲诸种艺术张力，这正是战乱之下人人自危之证。在这样的时局下，杜甫“暮投石壕村”，居然没被捉走？为何“吏”宁愿捉“老妇”也不捉他？

答案只能有两个：要么此诗杜甫是据听来的故事编的，编露馅了；要么是因为他有地位，“吏”不会或不敢捉他，但如此一来，就会引发对其何以不制止这场人间惨剧的诘问，以及对其心理活动复杂性的进一步探究。相信读者不认同前一个答案，可后一个答案在文中找不到一点证据。

五

随着问题的深入，我们得进入“组诗”的环节，这也是“知人论世”的必要补充。这点很容易，杜甫是千古大家，只要翻一下较著名的注杜集子，就会明白此诗的历史语境和文学场域。“三吏”“三别”乃是作者乾元二年（759），从东都洛阳回到华州（今陕西渭南）途中所作，其间事件反映了沿途经历。“新安”在洛阳不远处，是起点，所以《新安吏》打头；“潼关”在华州，“石壕”在陕州，都是途经之地，且是战争时的焦点，具有政治意义，故以《潼关吏》《石壕吏》为次第。“三别”则不像“三吏”以地名作题，而是以事件命名，更有普遍性，事件当然也是作者沿途所闻者。

杜甫当时是什么身份？在此前一年（758）的六月之前，他都任左拾遗，相当于监察官，职责在于向上司提谏议，专察其不公处，充满了风险性，但极见人格力量，有“以道抗势”的道德理性。再往前推两年（756），安史之乱攻陷长安，他陷于乱军，被捉了；好不容易逃出来，第二年（757），他写了前引《哀江头》，那是亲身体会，乱军才不会管他是不是左拾遗，所以他要“春日潜行”而“吞声哭”。他已在这一年有了乱世历祸、避祸的经历。返回到关键的758年六月，宰相房琯遭罢，杜甫为房说话，奉行他的本职工作，结果肃宗皇帝大怒，不仅贬了房宰相，连他也贬了，他被贬作“华州司功参军”，其职责是协助华州州官掌管官员、考课、祭祀、礼乐、学校、选举、表疏、医筮、丧葬等事。他由中央官贬作州官了。这年冬天，他上任后有事到东都洛阳去，办完事返回时，已是乾元二年春。也就是说，“三吏”“三别”是他在乾元二年从洛阳办完事后返归华州的途中所写的。彼时他刚上任“华州司功参军”不久。

这就解释了为何“吏”只捉“老妇”而不捉杜甫，因为他是朝廷命官。可是他也不能阻止“吏捉人”，毕竟这官太小了，还是个地方文官，无权也管不着战争之事。所以“石壕吏”的事件是真实的，一切合情合理，无须怀疑。但他此前曾为左拾遗，是敢讲且必须讲真话的。时隔一年，碰上这等事，说不能说，管不能管，小小文官，眼巴巴看着惨剧发生，这就尴尬了。他能做什么？敢做什么？能作何想？他所能用者，只有诗人一枝笔，所以他才说“夜捉人”，他才说“吏呼一何怒”；所以他“暮投石壕村”“如闻泣幽咽”“天明登前途，独与老翁别”。也就是说，他的每一句话背后的心理活动都必然是十分丰富的，虽欲有所为，而亦无可奈何，其所思、所想及所说，就都不得不被加以节制，也就是陆时雍评价的“其事何长，其言何简”。

至此我们明白，“妇”“吏”的对比处理、明暗处理，乃是诗法，乃是为了更好地借叙事以抒情。作者的“视点”的含而不露，仍是为这一点服务的，唯此才能凸显诗人的痛苦形象，唯此诗人的参与才能让此诗更富艺术冲击力。也只有通过这三个“视点”的共建，文学“更真实地反映历史”才成为可能。

回头再看组诗的其他几首，它们是可以呼应且深化这一观点的，恰是群文阅读的好材料。《新安吏》写“客行新安道”闻点兵而和“新安吏”之对答、骨肉分离之场面，诗中有“我军取相州，日夕望其平”之语，有“盗”和“归军”之敌我称呼，乃是站在希望战乱速平的“朝廷”立场；《潼关吏》写作者过潼关和修潼关之吏的对答，写都城附近修防守工事的无奈。因此，“三吏”皆写“吏”，《石壕吏》自然规避了“吏”再次成为镜头主角。到了“三别”，写法又一变，无家之别、垂老之别、新婚之别，系站在民间的立场写战乱影响百姓日常之典型事件，“吏”已经完全退场了。不仅技法如此，情感主题亦各有偏重，明代张綖说过一段精彩的话：

> 凡公此等诗，不专是刺。盖兵者凶器，圣人不得已而用之。故可已而不已者，则刺之。不得已而用者，则慰之哀之……若夫《新安吏》之类，则慰也。《石壕吏》之类，则哀也。此不得已而用之者也。然天子有道，守在四夷，则所以慰。哀之者，是亦刺也。①

也就是说“三吏”有些是安慰怜悯的写法，有些是哀痛无奈的写法，角度不一。但从天子治国、肉食者谋之的角度，其实统统都是“刺”，

---

① 杜甫：《杜诗详注》，仇兆鳌注，中华书局，2015，第439页。

都是批评。落实到每一首好诗，在于它揭示的某一个面向。当下面向的场景还原和情绪抒写成功了，就是佳作。杜甫是左拾遗，是朝廷命官，但他更是诗人，是千古老杜。他力图描述出历史、人心、世道，一首诗没说完的、不够深入的，他用一组来展示。在每一个面向上，他都努力说得深沉包蕴。

顾随认为，欲成就一伟大思想家、文学家，必须同时达到“感觉敏锐”、“感情热烈”、书写“理性节制”。①《石壕吏》之所以感人，之所以成为千古名篇，单看、放到组诗中去看，这三者都是无一不备、无一不精的。站在教学赏析的角度，以往我们只注重“感情”环节，但艺术情感不等于对生活情感的直接攫取，而是“感觉敏锐”的艺术触觉和“理性节制”的文章法则所共同作用而形成的。后者乃是基于“辨体”视角而可以落到实处的诗艺造作，即如作为自制乐府的《石壕吏》，关键就在“叙事”之格，须知老杜在《北征》《自京赴奉先咏怀五百字》《羌村三首》等作品中，都对此下足了功夫，故能以三个“视点”“理性节制”地勾勒出官吏捉人事件，建构起丰富的想象空间和动人的情感力量。行笔至此，笔者眼前不觉呈现出一个宗师级导演历经多次艺术加工而成的视频：暮色下，荒村中，人物纷纷登场，诗人、老翁、老妇、媳妇、乳孙、官吏甲乙丙丁……镜头在诗人和官吏们身上一转，回到老妇身上，久久不移，镜头前是老妇的哀嚎、哭诉，一阵强过一阵，背后不断传来小儿啼哭声、呵斥声、劝导声、怒骂声……忽然间喧闹结束，镜头变成漆黑一片，其间隐有吞咽不绝的哭声；慢慢又亮出光来，两位衰翁泪别场景渐次清晰，尔后，留下一道萧索的背影，蹒跚向前……

---

① 顾随：《中国古典文心》，北京大学出版社，2014，第 184-193 页。

“辨体”原则下的古诗词教学

唐定坤

当前古诗词教学的观念受制于机械反映论的影响，往往在具体展开策略上以简单的三段式为处理模式，将文本肢解为字词认识、主要内容、思想情感三个层面，最终以时代精神或情感内容等观念形态的获得为教学的终极旨趣。这实际上是20世纪50年代从苏联传来的“红领巾教学法”的余响，由于此法立足于西方文艺理论的摹仿说，能以反映论分析文本的教育品格，具有明显的可操作性，故弥纶诸体而经久不衰。但是移之于中国古诗词教学，颇不契合于中国的“辨体”传统，反而极易消解诗词的艺术趣味，将中国文学中最为精致的艺术形态简化为对情感观念的现实反映，导致教学的重点偏向观念结果的获得，而忽略了诗词作为优秀传统文化皇冠明珠的含蓄审美。要改变这种现状，激活古诗词的民族文学审美，重审“辨体”原则显然是必要的。根据传统诗词“辨体”的基本特征，我们可以从观念建构、设计路径、赏评标准三个维度来进行展开。

一、建构观念：从创作规则到教学方法

“辨体”在传统中本用于创作实践，这是了解中国文体特别是诗词独具的民族文学审美的前提，以之转化为教学方法，契合诗词创作实情，最容易发掘中国诗词的本位审美。但必须进行历史梳理和现代阐释，在此基础上建构观念，才会避免将之等同于据体裁知识而教学的单一做法。早在刘勰《文心雕龙》中就已提出“才童学文，宜正体制”“童子雕琢，必先雅制”，所论初学为文，必先依照体裁形式规则，符合上古宗经传统下文章创作的型范参照。中国早期文章，有出于上古六经之说，如赋铭等源于《诗经》，章表等源于《尚书》，迄战国秦汉而诸体大备；后代为文，先遵经典规矩以为形制和立义，从六朝到唐宋时代，都在这方面得到了大发展，并形成了“一代之文学”。明人复古返尊秦汉，总结各类文章体例，得出“文章以体制为先，精工次之”① 的说法，即作文章的第一要事就是先识体制，否则文体难免不伦不类。可

① 吴讷、徐师曾：《文章辨体序说　文体明辨序说》，人民文学出版社，1962，第14页。

见“辨体”的功能主要是用作文章创作的规则，而诗词的形制相对稳定，尤须以此为前提。《红楼梦》第七十八回“老学士闲征姽婳词　痴公子杜撰芙蓉诔”中，贾宝玉谈“姽婳词”的创作“似不称近体，须得古体，或歌或行，长篇一首，方能恳切”，众人表扬他“每一题到手必先度其体格宜与不宜，这便是老手妙法。就如裁衣一般，未下剪时，须度其身量”。① 这段话将古诗遵从体制规则而创作的情境完好地演绎了出来，反映的正是这一辨体实用功能的具体运用。

以此推导“辨体”的具体意涵，首先必然落实于体制的具体表现，包含对字句篇章、字句等问题的处理，形成了顾尔行《刻文体明辨序》中所称的“体不诡用，用不离体”②，由此可推古诗词实际上就是统合“体”“用”而抒写情感内容，最终形成的三维统一的精致艺术有机体。所以我们才说机械反映论下的三段式教学独重思想感情，其实是割离了诗词的“体”和“用”。其次，“辨体”初作“辩体”，如明陈洪谟称“文莫先于辩体”，许学夷有《诗源辩体》。“辩”乃谈论辩说，可知“辩体”最初指创作学上的辩识体制形态、体格特征和尊体为上，即文体学研究专家吴承学概括的“坚持文各有体的传统”。但“辨体”是一个发展的概念，此外又延伸出了两重意涵：一是前引陈洪谟之说被收入徐师曾《文体明辨序说》的开篇《文章纲领》总论，隐有将“辩”归之于“辨”的意味。按《说文解字》训“辨”为“判”，即判别分别，用为文章则指向分别文体源流、明辨体制正变，徐氏论文强调“无正变不可”，适可为证。所以同代吴讷《文章辨体序说》题目直取“辨体”，在内容上亦收入了“变体文辞”，表明了“辨体”概念已经由尊识体制发展出明辨源流正变的理论内容。二是近代以来西学东渐，学术开始注重系统性、思辨性、辨证性，由此将“辨体”从创作论发展为方法论，具有辨证统摄传统体制源流正变高下的思辨性意涵。近人姚华讨论戏曲时便曾采用这一方法，取得新的研究成果。诗词不仅在诸文体中形态最为稳定，且诗的体制发展最为丰富，迄六朝声律形成近体以来，分化为古体、近体两大子类后又发展出许多新体制，其中近体尤重诗法之“用”；词则经由与音乐性的离合，发展出正变分野交融的态势。可见“辨体”的四重意涵在二体领域皆有明显体现，因此诗词教学可以从“辨体”原则中发掘出丰富的方法论资源。

---

① 曹雪芹、高鹗：《红楼梦》，人民文学出版社，1996，第1104页。

② 吴讷、徐师曾：《文章辨体序说　文体明辨序说》，人民文学出版社，1962，第75页。

根据“辨体”的第一、二重意涵，“文各有体”的尊体规则表明不同的文体具有不同的写法，可以由此反推出不同的文体应当具有不同的鉴赏角度，也就具有了不同的教学方法的可能。第三、四重意涵表明，明辨源流正变和辨证对待这种正变高下，都是基于“文各有体”的补充理解，仍可类推出不同的文体具有不同的教学方法这一观念建构。只是将“辨体”创作原则转化为教学方法，重点还在于诗词二体表现于“用”的体格要素，诸如题材、句式、句法、炼字、风格、手法、章法等的不同规则，唯此才能将“辨体教学法”落实到教学设计之中，并获得文体正变、体格高下的审美判断，这才是在教学中传承诗词本位之美的应然途径。

二、注重设计：从体格切入到体制参照

将“辨体”原则转化为教学方法，落实于教学设计，必须考虑路径的可能性、实践性、丰富性，不然“辨体教学法”容易落入标签式的体裁判断。因此教学设计的重心就要围绕诗词体格诸要素去展开，也就是从“辨体”原则规限下的审美生成着手，从中国诗词的诗法、词法层面去探索具体的方案。设计的旨趣要脱离机械反映论以情感内容为旨归的惯性思维，依托中国诗词体不离用、情感内容与表达方式不可割离的独特文学品格，指向如何去呈现这种情感内容的文学发生进程，重视体格展开的文学肌理世界。以这些内容来设计一种审美体验引导，让学生深入诗词的开放性结构中去，使之在体察含蓄蕴藉的文学生成进程中去感受传统诗词之美。

根据上节所论“辨体”的意涵，我们最少可以从两个层面去考虑设计的路径。一是体制内在之“用”的体格表现层面。每一文体必然有施之于体格要素的写作指向要求，由此才形成一种相应的体格审美，所谓“体制既熟，一篇之中，起头结尾，缴换曲折，反覆难应，关锁血脉，其妙不可以言尽”①。基于体制的篇法结构固有妙处，此外诸如题材、句式、句法、炼字、手法、风格等，皆是生成相应体格审美的关键要素。杜甫诗云“作者皆殊列，声名岂浪垂”，凡进入教材选本的作品皆是千百年淘洗的经典，其文本必有相关方面的亮点，以此就可以从中推绎出揭示诗词之美的教学设计。诗域广大而发展丰富，既是文体又是文类，不管是作为与词并列的文类，还是如七绝、乐府等子类文体，都有着讲求各自一体的不同“诗法”，由此产生了无穷的设计资源。如七

① 吴讷、徐师曾：《文章辨体序说　文体明辨序说》，人民文学出版社，1962，第 14 页。

绝专重风神，故题材风格多与流风余韵相关，于是如《凉州词》“黄河远上白云间”就不再执着于边塞荒凉的诗旨解读设计，其中不度之“春风”、何须怨之“杨柳”曲，皆以江南物象书写来唤起一缕柔情想象，从而在悲壮战争题材中建构起了故乡记忆的时空想象，凭借南方物象使“凉州”七绝题材获得了刚柔并济的体格审美。同样类比的则是王翰同题之作，于是“古来征战几人回”的时空生死追问，在“葡萄美酒夜光杯”的声色享受描写中另获得了一种七绝风韵，使得“凉州”主题并不只是单调的荒凉，背后的开放结构也包含了七绝体格审美的建构、复杂人生情感的推绎、主要诗旨之外的复调韵味等，凡此皆可作为超越反映论的教学设计。以此类推，《登高》《秋兴八首》作为七律体制，其间注重中间二联对仗的典重的风格追求、全篇开阖变化的章法安排、细节炼字和句法问题，都可以演绎出“七律体格之美”。而又如汉乐府的质直叙事、五律的简洁规矩、歌行的气势变化等，同样有能够表现各自体格之美的字、句、篇、题材等的经典诗艺，相关经典文选亦可作为本于诗“用”的教学设计。词之分为小令、长调，其理略同，只是在体制初起和成熟时都与音乐性相关，可以从“音理不存，字格俱在”处去演绎其体格之美。小令调短字少，故句式之间跳跃大，注重含蓄蕴藉的审美空间建构，声韵之转与内容转换相关，用韵亦有词牌规定，如李煜《虞美人》、李清照《如梦令》等皆得其格；长调则调缓、内容多，故以铺陈点染为要，其中凡领字、叠字、逗字、回环复用皆与音乐性相关，或字正腔圆，或宛转跌宕，或回环照应，如柳永《雨霖铃》、李清照《声声慢》等皆可以从这些方面来进行教学设计。

二是体制的外在层面，在同体源流正变、异体体格之间，都可以从比较的角度来设计教学。比如从汉乐府到拟乐府，再到杜甫和白居易的即事乐府，可以建立起比较的视野，设计出体制源流发展中的诗歌教学课堂。而李白的《行路难》《蜀道难》是六朝乐府旧题，前者和鲍照《拟行路难》有明显的互文关系，这一比较教学的设计有利于反驳将诗歌当作作者当下真实情感书写的肤浅看法。旧题改写固然与个人情感气质相关，但如何沿袭旧题风格、从哪些方面拓展或突破、取得了哪些成功，则体现了诗人的文学创作力。同理，对于杜甫《石壕吏》和白居易的《卖炭翁》，也可以从语言、题材、风格方面展开和汉乐府、前代乐府拟写的对比。至于体制之异，比较的空间更大，包含七绝、七律风格的比较，诗和词的体格表现比较，四言、五言、七言本身的体式比较等，都可以展开。比如字数构成的体式，陆时雍《诗镜总论》谓“五言直而倨，七言纵而畅”①，即五言稍多于主谓宾三字的完足表意需要，故能简洁朴直；七言再多二字则可在表意之外另加修饰，故能纵畅潇洒。这就可以推及诸多体制，比如词的长短句的造句比较，其间多有内容可用作表现体制审美的教学设计。

三、引导赏评：从本色之尊到破体为美

诗词教学亦不能只注重引导学生对文本的审美体验，对诗词情感内容动人与否，亦即对其审美高下的判断，也是必不可少的。也就是说，还需要注重在语文教学中训练学生的理性思维能力、鉴赏批判能力。语文课程的人文性质决定了这些能力不是抽象的概念给予的，而是在语文知识的获得中逐步渗透形成的。章太炎对比西方文学，总结了中国文学的特点，认为“先辨体裁，引绳切墨，而后敢放言也”，也就是要从“形式”问其“精神”，断其高下。② 这启发我们，语文教学能通过“辨体”确定标准，从而在此基础上引导学生对文本进行高下评析，训练他们的审美判断和理性思维。这种对经典文本既仰视又平视的观念认知和语文训练，反对将诗词仅当作客观历史遗产，符合当前传承优秀传统文化的精神要义，即体验甄别、有传有承。

“辨体”就是以尊体为规则进行创作，因此诗词在题材、手法、炼字、句法、篇法、风格诸方面合乎其体格审美与否，成为诗词审美高下的判断标准。尊体在文学批评上乃是一种“本色批评法”，胡应麟《诗薮》称“文章自有体裁，凡为某体，务须寻其本色，庶几当行”③，“务须寻其本色”是“当行”与否的判断标准，宋人陈师道评词、明人徐渭论曲都先后提到“本色”之尊。这里的“本色”是指一种文本最适宜的格调。如七绝以“纵而畅”的七言四句组构成篇，以起承转合的有限章法变化形成注重风神蕴藉的体格；五律以“直而倨”的五言构成四联，以中间二联对仗形成简洁稳重的体格；七律最为复杂，以七言“纵而畅”又必须照顾中间二联对仗的典重格律，形成了以厚重深沉为格调、富于开阖变化的“本色”；乐府以切合感遇哀乐而书写当下现实，以质直晓畅为体格；词以音乐性为规限，以美人芳酒、伤春感怀为原始题材内容，形成婉约蕴藉的体格；等等。以此为标准，可以引导学

---

① 陆时雍：《诗镜总论》，李子广评注，中华书局，2014，第7页。

② 唐定坤：《章太炎文学界定的文体学内涵》，《贵州师范学院学报》2012年第4期，第24页。

③ 胡应麟：《诗薮》，上海古籍出版社，1958，第21页。

生对文本表达情感内容的动人力量进行“体”“用”检验，从而获得最终的审美价值判断。于是杜甫的《绝句》“两个黄鹂鸣翠柳”和李白的《送孟浩然之广陵》就有着“本色”的高下之别；杜甫的七律《登高》和《闻官兵收河南河北》，前者“本色”高于后者的“轻快”；李清照的《如梦令》似梦一般美好短暂，《声声慢》的“寻寻觅觅”接连七字相叠则契合词牌“声声”之“慢”。这种赏析中渗透的判断力引导，还可以帮助学生获得一种对古人及古代诗词的全新认知，使之在敬仰诗人的同时又不盲从前贤，深入理解课本经典的同时又能获得课外自我筛选汲取的语文能力。

但是古人创作并不仅限于尊体，尊而求破、先尊后破是文学创作追求通变的必要手段。林语堂认为：“文学是没有一定体裁，有多少作品，就有多少体裁。”① 西哲本雅明在评价意识流小说时也说：“一切伟大的文学作品都建立或瓦解了某种文体，也就是说，它们都是特例。”② 站在接受批评的角度，这就形成了文学史上的诗词源流正变，不可用后来的标准作为价值判断来苛评早期的文体；推之于审美判断，破体和尊体就具有对等的文学价值。因此，变体（破体）的评价标准是什么这一问题就值得注意。变体以破坏体制“本色”的基本规则为前提，追求的是通变求新，关键在于它破掉了“本色”之后，又获得了哪些新的文学品格？因此，一切文学性、思想性、情感性、哲理性都可能是它的闪光点，这就需要引导学生围绕文本去观察、揣摩、体验、发现。可见变体的文本结构是开放的、不恒定的，这也决定了它是训练学生审美价值判断的有效载体。比如李白的文人乐府改造，《蜀道难》一变六朝乐府的质直浅显，拓展了篇幅、注重了修辞手法、注入了歌行气势、注意辞藻的经营等，都是破而新立的文学品格，可推之于其改造的文学价值；又如苏轼的“以诗为词”，《江城子》“老夫聊发少年狂”舍弃了音乐性和婉约本色，《定风波》亦然，前者以塑造形象和气韵豪雄取胜，后者以文人风流、辞章清丽、结构跌宕、情理事景浑然取胜，皆是新变所具有的动人的文学品格，可推之于审美的价值判断。

由此也可见出，变体作品的评价标准其实也可以从尊体来看，也就是说，对待变体作品必须持辨证的观点，这是由“辨体”原则中内含

① 郁达夫：《中国新文学大系・散文二集》，上海文艺出版社，2003，第 312 页。

② 阿伦特：《启迪：本雅明文选》，张旭东、王斑译，生活・读书・新知三联书店，2014，第 215 页。

的思辨性所决定的。同一作品从尊体看，并不出色，如前举《绝句》“两个黄鹂鸣翠柳”、《蜀道难》、《江城子》，但从破体看，则获得了新的文学品格。这一原则被运用于教学的引导赏评，同样充满开放性、思辨性，限于篇幅在此不举例。我们要补充的是，审美判断的引导不是孤立的，既可当作教学设计的重要内容，同时也是建构“辨体”观念的重要内容，凡此昭示了“辨体”原则之下的古诗词教学，不仅具有开放性、超越性的教学品格，同时亦契合中国文学的本位精神，确实还有赖我们的深入探索。

谈研究性教学对于中国现当代文学课程的适用性问题

张　蕾

研究性教学已成为高校教学改革中的一项十分令人关注的举措。很多研究者撰文对这一教学方式作了探讨，并形成了较为一致的看法，认为：“‘研究性教学’主要是通过教学过程的研究性，引导学生进行‘研究性学习’，从而让学生掌握知识、培养研究能力和创新能力的一种教学新理念。”① “它是一种将教师研究性教授与学生研究性学习、课内讲授与课外实践、依靠教材与广泛阅读、教师引导与学生自学有机结合并达到完整、和谐、统一的教学。”② 研究性教学超越了传统教学单纯课堂传授知识的教学方式，把学生参与引入教学过程之中，真正做到“教”与“学”的呼应，为培养高素质人才提供了可行途径。所以，在推进高校教学改革的实践中，研究性教学备受青睐。加之美国等国外高校早在20世纪90年代就对研究性教学进行了提倡和施行，为我国高校的教学改革提供了参照，研究性教学也就成为一项国际性的教育理念与人才培养方略。

在高校教学改革的驱动下，作为人文学科的中国现当代文学也在变更传统的授课方式，以适应新的情况和时代需求。研究性教学是改革中国现当代文学教学的一项有效举措，但其中存在着充分运用与合理适用的问题。一方面，传统的讲课方式依然是学生获得知识的必要途径，不可因引入新的教学理念而被排斥。另一方面，研究性教学的内涵与中国现当代文学课程所要传达的精神价值是一致的，把研究性教学运用于中国现当代文学课程有其内质上的契合性。这是更应阐发的问题，却被先前的研究忽视了。

一

中国现当代文学课程的教学目前存在一系列问题：首先是中国现当

① 何云峰：《大学“研究性教学”的发展路向及模式建构》，《中国大学教学》2009年第10期，第82页。

② 夏锦文、程晓樵：《研究性教学的理论内涵与实践要求》，《中国大学教学》2009年第12期，第25页。

代文学课程的“课时大为减少”；其次是“学生情况的变化”，汉语言文学专业的学生不一定就“钟情”这个专业；再次是“本科定位的调整”，“强调素质教育”；最后是“教学理论资源的变化”。总之，对此目前形成的较一致的看法是“现当代文学课程必须改革教学内容与方式”。[①] 如何改革？有研究者就提出了研究性教学的方法，“让学生摆脱封闭式被动接受知识，以全新的主体意识，积极主动参与教学活动，研究和创造教学成果”[②]，认为研究性教学是改革中国现当代文学教学的一项有效举措。把研究性教学和中国现当代文学课程联系起来的研究虽还不多，却应引起重视，因为其中存在着充分运用和合理适用的问题。在这方面，温儒敏的一系列关于中国现当代文学课程教学改革的论文值得认真借鉴。

在《现代文学课程教学如何适应时代变革》《关于现当代文学基础课教学改革的思考》《现代文学基础课教学的几点体会》《我讲现代文学基础课》等文章中，温儒敏谈了当前中国现当代文学课程教学中存在的问题，分享了他丰富的教学经验。虽然其中并没有集中论及研究性教学，他提出的观点和方法却有助于启发对研究性教学如何施用于中国现当代文学课程的思考。可以从他的文章中归纳出这样几点授课经验：其一，“淡化‘史’的线索，突出作家作品与文学现象的分析”；其二，“注重把学生文学感受与分析能力的培养放到重要位置”；其三，“强化写作训练”，培养学生的“语言文学”能力；其四，“搞好基础课与专题选修课的组合建设”；其五，“改进教学方法”，把讲课的“告诉式”改变为“问题式”、“启发式”。[③] 从这几点中能够看出研究性教学的精神。研究性教学通常是由问题来带动教学内容，培养学生独立思考的能力。温儒敏的“改进教学方法”即很好地实践了这点。他举了个例子：课前他问学生曹禺著名的戏剧作品“《雷雨》的主人公是谁”，让学生带着问题去阅读作品，然后在课堂上一起讨论，讨论很热烈，“活跃的课堂气氛吸引和带动同学们的学习”[④]。于是，教师便成为学生的引导

---

① 温儒敏：《现代文学课程教学如何适应时代变革》，《北京大学学报（哲学社会科学版）》2003 年第 5 期，第 19-20 页。

② 卢玲：《“研究性学习”在中国现当代文学教学中运用研究》，《嘉兴学院学报》2003 年第 S1 期，第 215 页。

③ 温儒敏：《现代文学基础课教学的几点体会》，《中国现代文学研究丛刊》2006 年第 3 期，第 266-269 页。

④ 温儒敏：《我讲现代文学基础课》，《北京大学学报（哲学社会科学版）》2009 年第 6 期，第 123 页。

者，在课堂上能够充分发挥主导性功能，使学生成为课堂学习的主体。而这正是研究性教学的重要内涵。“《雷雨》的主人公是谁?”这样的问题是不存在正确答案的，教师引导学生思考和讨论，目的正在于培养学生“文学感受与分析能力”，以凸显文学课的教学特色。这样的问题同时也改变了应试评判的单一尺度，学生考试的评分标准不在乎答案的正确与否，而在乎答题中“文学感受与分析能力”的传达。如此教学也就使得被缩减了学时的中国现当代文学课程能够“突出作家作品与文学现象的分析”，达到较好的教学效果。另外，研究性教学比较注重课外实践，注重培养学生的研究能力和创新意识。温儒敏对写作训练的强调，一方面与汉语言文学专业本身的教学目标相关，汉语言文学专业学生理应具有较强的写作能力；另一方面正体现出了研究性教学的精神。论文写作是培养学生研究能力和创新意识的有效手段。把论文写作成绩和学期、学年考试成绩按比例核算，也是评判学生学习所得的科学方法。

二

然而，温儒敏所谈的授课经验虽然很大部分与研究性教学相关，但并非完全搬用了研究性教学的方案。中国现当代文学基础课“不宜完全顺着‘研究型’专题课的路数来讲”①。他十分强调这门课程的“基础”性质。“基础课是‘入门’课，必须照顾到低年级学生的接受，要讲相对稳定的基本的内容，必须和专题选修课有区别。”“所谓‘相对稳定的基本的内容’，我理解主要指那些已经沉淀下来、学术界有大致共识的文学史知识，以及对代表性作家作品的评价。这些评价与结论还可能会有变化，甚至有争议，但对于低年级学生来说，最好不要一下子扎到某一课题上，或者陷进某些争议之中，而是先让他们读一些基本的书，感受历史氛围，对文学史有知识性、轮廓性的了解，初步学会文学阅读与评论的方法。”② 中国现当代文学课程一般是在大学一、二年级开设的，有些学校在学生入学第一学期就安排了这门课，对于习惯了应试教育的高中生来说，要他们一进大学就进入课题研究的情境氛围，有些不太现实。专业知识的学习依然是一、二年级的大学生主要的任务。

---

① 温儒敏:《我讲现代文学基础课》,《北京大学学报（哲学社会科学版）》2009 年第 6 期，第 120 页。

② 温儒敏:《我讲现代文学基础课》,《北京大学学报（哲学社会科学版）》2009 年第 6 期，第 119-120 页。

而一向作为汉语言文学专业基础课的中国现当代文学课程，必然应当传授那些已经固定了的知识，以使学生对这门课程和学科有相对稳定的概念和认识，以便为今后的进一步研究打好基础。因此以互动探讨为主要形式的研究性教学对于中国现当代文学基础课并不完全适用。传统的教师传授基础知识的方式不能因为教学改革或者引入新的教学方法而被摒弃，这不是非此即彼的事。研究性教学和基础知识的传授可以相互融合，不必彼此抵触。至于两者在教学中所占的比重，可以视具体情况而定。就中国现当代文学基础课而言，讲述文学史知识、介绍作家作品应以传授为主；分析作品、培养学生的文学阅读欣赏能力则可以研究性教学为主。两者相辅相成，能使中国现当代文学基础课的教学收到良好的效果，温儒敏在北京大学的讲课经验即证明。

至于围绕中国现当代文学基础课开设的一系列选修课，则可以发挥研究性教学的优势。高校专业选修课通常是为高年级学生开设的。大学生经过了一、二年级较为系统的专业知识训练，对本学科已有了概貌性的了解，同时可能对其中一些问题或者课题产生兴趣。选修课会对专业问题或课题作深入讲述，逐步使学生的兴趣转化为探究热情，以培养学生的研究能力。此外，选修课通常是教师就自己的研究方向开设的专题课，教师能够联系学界的研究状况在课堂上向学生介绍一些前沿问题和热点问题，并和学生分享自己的研究心得。选修课的课目各高校都不太一样，北京大学中国现当代文学专业的选修课有十多门，其他高校不尽相同。例如苏州大学文学院就开设有现当代文学思潮研究、现代通俗文学研究、现代小说叙事研究等课程，都是教研室各位教师的专长所在。教师在课堂上发挥其研究专长，他们的授课魅力会激发本来就对相关课题感兴趣的学生的研究热情，学生的参与又能活跃课堂气氛，使教学相长，效果良好。所以选修课是研究性教学比较合宜的试验场，它和倾向于知识传授的基础课一起对夯实学生的专业基础、培养学生初步的研究能力起到了重要作用。

应看到，在施行教学改革的过程中，中国现当代文学课程运用研究性教学以促进改革发展是可行之举，但不能因此就独尊研究性教学而废弃其他，传统的“传道、授业、解惑”的讲课方式依然是学生获得知识的必要途径，不可因引入新的教学理念而被排斥。因此，研究性教学对于中国现当代文学课程存在适用性问题，它适用于中国现当代文学课程但不能成为这门课程唯一的教学方式。在大力推进教学改革时，应对此问题有清楚的认识。

三

认识到这点之后，再来谈研究性教学和中国现当代文学课程就会更加顺畅，不致产生误解。研究性教学灵活运用多种教学手段，注重学生的课堂参与，改变了教师的权威地位，培养学生分析解决问题的能力，重视课外实践……这些具体的教学方案处处体现出了研究性教学中的自由精神。"研究性教学的自由精神首先是从教师自己从事研究活动所表现出来的自由精神开始的，学生自由品格的培养并非是教师在教学中'要求'出来、'教'出来的，而是靠教师自身的精神熏染而成。""学生学习的自由同样是研究性教学不可以轻视的。"① 教师要有能力胜任研究性教学，首先要对自己的专业有精深研究，研究课题的选择、方法的运用都是由教师根据自己的兴趣自由决定的，这样便能在课堂上充分发挥自己的研究专长，使学生心领神会。学生在教师的熏陶之下，逐渐生成学习、探究的热情。对哪门课感兴趣、愿意从事什么样的课题研究，也都由学生自由选择，学生因此能养成独立思考的能力，能具备独立自由的品格。这正是研究性教学的目的和意义。有意思的是，中国现当代文学的诉求与此正相契合。

新文化运动和新文学构成了中国现当代文学的优秀传统。在这个传统之中，自由独立、个性舒展是其内涵的重要构成部分。无论是中国现当代的作家作品还是文学思潮，都由这个传统顺流而下。在讲授鲁迅、张爱玲、莫言等作家及其作品，在讲解 20 世纪 30 年代的京海派文学、20 世纪 80 年代诗歌等文学史现象的时候，除了入得其中作具体讲述外，还应出得其外，能对作家作品、文学思潮背后的精神价值有所阐发。在某种程度上，讲述前者只是中国现当代文学课程的表层内容，阐发后者才是这门课程的关键所在。因为学习这门课程的学生今后可能不会再对这个专业作进一步探究，他们不必记住某位作家的某部作品的特色内容，但是这门课程所应传达出来的独立自由的精神价值是超出特色内容之外的东西，它可以养成学生的人格，甚至可以影响他们今后的人生。这才是中国现当代文学课程的真正诉求。研究性教学内涵中的自由精神和中国现当代文学课程所要传达的精神价值是一致的，把研究性教学运用于中国现当代文学课程有内质上的契合性。在谈论研究性教学和中国现当代文学课程的时候，条分缕析地寻求实践上的对应只是浅层功夫，教学理念诉求的一致才是更应阐发的问题。而这被先前的研究忽视了。

---

① 刘智运、刘红英：《研究性教学的理论与实践》，《教学研究》2010 年第 4 期，第 15-16 页。

问题意识与中国现当代文学研究性教学

张　蕾

研究性教学已成为高校教学改革中的一个热点话题。因为它与传统的教学方式不同，又被国外高校成功施行了多年，把它作为改革的一项试验内容，不失为可行之举。高校不同的学科专业都在有意无意间运用了这种教学方式，并收到了成效，作为人文学科的中国现当代文学也不例外。而问题意识在研究性教学中占有重要位置。中国现当代文学要进行教学改革，运用研究性教学方法，应该首先具备问题意识。课前设计形成问题，课上讨论交流问题，课后总结阐发问题，既带动了学生的课外阅读，也能提高他们思考和研究的能力，以写出有价值的专业论文。由此可以体现出文学教学的具体成效。

一、“问题式”教学方法与研究性教学

有关中国现当代文学研究性教学问题的探讨目前仍少见，卢玲《“研究性学习”在中国现当代文学教学中运用研究》一文，就三方面谈了这个问题：一是“构建开放式学习环境”，二是“重视培养学生科研能力”，三是“拓展和延伸”课堂教学，认为“研究性学习正是一种让学生摆脱封闭式被动接受知识，以全新的主体意识，积极主动参与教学活动，研究和创造教学成果的最佳模式”。[①] 其所谈的“研究性学习”即“教学”的对应面，亦可视为研究性教学的一种实践运用。虽如此，文章的论述还是显得比较浅要，泛泛而谈，没有深入分析。其他论文多是关于中国现当代文学教学改革的，论述也涉及研究性教学的问题，可以温儒敏发表的一系列教学论文为代表。他的论文针对中国现当代文学教学中存在的问题提出了新的和富有经验的教学思路，其中有些与研究性教学是相符的。比如，他谈到要“改进教学方法，调动学生的学习兴趣与主动性，培养探究创新的精神。老师讲授还是主要的方式（一般占70%的课时），但力求将‘告诉式’改变为

---

① 卢玲：《“研究性学习”在中国现当代文学教学中运用研究》，《嘉兴学院学报》2003年第S1期，第214-215页。

'问题式'、'启发式'"[①]。中国现当代文学是大学汉语言文学专业的基础课，不能像选修课那样可以多讲授一些学科的前沿问题，而应该传授相对稳定的专业知识，这是温儒敏在谈中国现当代文学教学改革时十分坚持的观点，也是谈中国现当代文学研究性教学的认识前提。在这个前提之下，再来谈研究性教学方法，谈"将'告诉式'改变为'问题式'、'启发式'"，才是有意义的。

所谓"告诉式"，指的是传统的教学授课方式，教师讲课，学生记笔记，教师是知识的权威授予者，教师的传统地位即由此奠定。这样的授课方式忽略了学生思考能力的培养与个性人格的成长。"问题式"和"启发式"便弥补了这一传统授课方式的不足，由教师在课前或课上提出与课程内容相关的问题，启发学生思考，鼓励学生讨论，让学生参与到讲课过程中，从而使学生更好地掌握专业知识，提高教学效果。这种教学方法正是研究性教学积极倡导的。赵洪在《研究性教学与大学教学方法改革》一文中提出了三种较为典型的研究性教学方法：一是"案例教学法"；二是"基于问题解决的学习"；三是"基于问题的学习"。[②] 这三种方法中有两种都是关于"问题"教学的。"基于问题解决的学习"是"将学习内容设计成问题，或由学生提出问题，让学习者通过解决问题来获得相应的问题图式（problem schema）和观念性理解（conceptual understanding）"。问题的解决是"基于已学知识的综合运用"，而"基于问题的学习"则是"在解决一个问题的过程中去学习所需要的新知识"，进而"培养学生的自主学习能力"。[③] 简言之，两种"问题"教学，一种可以温故，另一种能够知新。不管怎样，问题意识在研究性教学中占有重要位置。研究性教学"通常是源于问题、围绕问题来展开教学，这使得整个教学过程具有十分明显的开放性与较大的自由度"[④]。因此，中国现当代文学要进行教学改革，运用研究性教学方法，应该首先具备问题意识。

---

① 温儒敏：《现代文学基础课教学的几点体会》，《中国现代文学研究丛刊》2006 年第 3 期，第 269 页。

② 赵洪：《研究性教学与大学教学方法改革》，《高等教育研究》2006 年第 2 期，第 72-73 页。

③ 赵洪：《研究性教学与大学教学方法改革》，《高等教育研究》2006 年第 2 期，第 72-73 页。

④ 刘智运、刘红英：《研究性教学的理论与实践》，《教学研究》2010 年第 4 期，第 14 页。

二、中国现当代文学研究性教学问题意识的三个层面

温儒敏在谈中国现当代文学教学时，举了一个生动的例子："我讲课一般不重复教科书的内容，每次课的'程序'不太一样，一般比较重视以作品分析中形成的问题来带动和组织教学，让活跃的课堂气氛吸引和带动同学们的学习。我认为课堂气氛的熏染这本身就是一种教学'内容'，对于文学课尤其重要。例如学习'曹禺话剧'这一课之前，我就要求学生细读《雷雨》，并布置几个相关的思考题。题目的设计尽可能和同学们的阅读体验结合，让大家有兴趣，又能带动对相关文学理论知识的探究。其中一道题就是：'《雷雨》的主人公是谁？说说你的理由。'这样的题目是没有现成答案的，但又能引发对作品的兴趣，以及对文学鉴赏不同角度的理解。如果不读作品，是不可能进入类似这样的问题的。实际上是'问题'在逼着学生读作品，主动去寻找相关材料，同时也以'问题'带动学生的探究性思考。课堂上则用提问的方式，让大家发表各种不同的意见，形成热烈讨论的气氛，然后我再作总结。课后很多学生意犹未尽，把各自的观点用小论文的形式写下来，继续讨论。"① 温儒敏谈的这个例子即体现出了典型的研究性教学方式。设计问题让学生做课前准备，课堂讨论形成浓厚的探讨气氛，课后论文对探讨作总结和引申。研究性教学的问题意识就贯穿在这三个"程序"之中：课前设计形成问题、课上讨论交流问题、课后总结阐发问题。

对于研究性教学来说，课前的问题一般有两种形成方式：一种是教师设计问题，让学生带着问题作课前准备；另一种是学生在自学过程中发现问题、形成问题。前一种方式要求教师对教学投入更多的时间，除了完成课堂教学任务外，还要充分考虑学生的学习兴趣，设计出能够激发学生学习热情的问题，从而提高教学效果。温儒敏在课前提出的问题"《雷雨》的主人公是谁？说说你的理由"，就属于这种能够激发兴趣的问题。教师之所以会提出这个问题，难道是因为这部作品的主人公很难确定吗？学生带着问题去阅读作品，很快便会被《雷雨》的精彩所吸引。对于一部文学作品来说，主人公一般是不难看出来的，但《雷雨》有些例外，可以说这部作品中的每个人物都十分重要，很难确定哪个人物是最主要的，对于"《雷雨》的主人公是谁"这个问题就很难给出答案，因此这是一个好问题。要设计出这样的好问题，教师就必须具备充

---

① 温儒敏：《我讲现代文学基础课》，《北京大学学报（哲学社会科学版）》2009 年第 6 期，第 123 页。

分的专业知识，特别是高校教师，必须有相应的科研能力、水平和眼光，否则不容易在教学上出成绩。后一种方式，学生自己发现问题，是对学生提出了要求。还是就《雷雨》而言，在课前阅读《雷雨》时，学生可能会产生这样的问题：这部作品为何要命名为“雷雨”呢？难道只是因为作品的高潮部分发生在雷雨之夜吗？带着这样的问题再去阅读文本或者去上课，对作品的理解就会更深入一层。然而，这种发现问题的方式必然要求学生具有学习的自觉性和对本专业的爱好，否则他们不太会在课外认真阅读作品。如今汉语言文学专业的学生对文学已不再像以前的学生那样怀有很大热情了。所以，教师设计问题，通过作业的形式要求学生阅读适量的作品，可能更为有效。

课堂讨论的问题也可以有两种来源：一种是学生课前思考的问题，另一种是上课过程中产生的问题。课前教师设计的问题能够成为课堂内容的重要构成部分。通过课堂讨论的方式，一方面可以对课前的思考作交流，另一方面也可以检查学生的阅读情况。而学生在课前自己发现的问题也能在课堂上适时地提出来，由教师作答或者形成讨论。上课过程中产生的问题一般是教师备课的一部分，温儒敏说的“课堂上则用提问的方式，让大家发表各种不同的意见，形成热烈讨论的气氛”，即指此。例如讲到鲁迅小说时，可以提出这样的问题：为什么鲁迅要用“油滑”的笔调来写《故事新编》？当然上课时产生的问题也可能是师生交流过程中碰撞出的思想火花。

关于课堂问题还有两点值得注意。一是被讨论的问题一般都没有确定答案，这是由作为人文学科的中国现当代文学自身的特点决定的。对于一部作品、对于一位作家、对于某一文学史现象，都可以从不同角度作出分析，并且不同时代、不同评论者的分析评价都不尽相同，其中有合理性的区别，却没有完全的是非对错。正因此，文学上的问题才可以形成讨论。在课堂上学生们发表不同意见，以相互启发，取长补短，增进对问题的多方面深入认识。而课堂讨论也是研究性教学的一个重要形式。课堂讨论的问题可以转换成学期考试的题目。学期考核的标准不再是对教师所讲内容和观点的一丝不苟的复制，而应是学生对问题分析和认识的深入程度。这样的考核方式也应成为教学改革的一部分。需要注意的另一点是，课堂讨论问题在不同课程中所占比重应有不同。中国现当代文学基础课要以讲授文学史知识为重点，使学生对本学科有较为系统和扎实的了解，课堂讨论所占比重不应过大，不能让学生“只见树木，不见森林”。而中国现当代文学选修课则可多以讨论问题的方式让学生对相关课题作深入认识和思考，从而掌握初步的研究学问的方法。因此开设哪些选修科目来补充和拓展必修课或基础课的内容，是各高校应该根据自身的教学情况费心斟酌的。

三、探究专业问题的论文写作

课后总结阐发问题对于中文学科而言通常是以论文形式表现出来的。汉语言文学专业学生的能力，与其他专业相比，首先应该体现在写作上。如果大学四年还不能够写出一篇像样的论文，那就不能成为一名合格的汉语言文学专业毕业生。可事实上，汉语言文学专业学生的论文很多都不尽如人意。有学者感叹道，大学生的论文写作“出现了一些不太正常的现象，比如原封不动或东拼西凑的抄袭，不求质量的应付，甚至有同学在不同的年级和班级间将同一篇论文交换使用，连通过网络等渠道进行购买或寻找‘枪手’的情况也曾有过。由于中文系的很多同学错误地认为中国现当代文学方面的论文写作相对容易，在不作具体学科要求的‘论文写作’课的论文、学年论文和毕业论文中，以中国现当代文学作为选题范围的论文相对更多”。这些论文使学生“在大学本科阶段就厕身于‘泡沫学术’的生产之中，而这些‘论文’的轻易过关，更是不利于养成专心致志、潜心问学的学术品格和实事求是、扎实严谨的优良学风，毫无疑问，这仍然是一种相当严重的学术失德”。① 造成汉语言文学专业学生论文写作不尽如人意的原因是多方面的，其中之一是学生缺乏问题意识，对专业问题缺少探究的热情。写作一篇论文通常是为了证明某一观点或者解决某一问题，否则论文会缺失其本身的价值。学生没有这样的认识，仅仅把论文看成必须完成的作业、考试和毕业的凭据，于是出现了粗制滥造的现象。如果引入问题意识，把论文写作看成解决问题的表现形式，那么不尽如人意的现象便会改善很多。这方面需要教师的积极引导。课前设计形成问题、课上讨论交流问题、课后总结阐发问题，这样的教学方式能够逐渐培养起学生独立思考的习惯，使其树立起认真踏实的学术品格。而中国现当代文学方面的论文也就不会被认为是“相对容易”的了。

可以举个例子。我在上中国现当代文学课时，会分析晚清文学在中国现代文学发生时期的重要作用，会提到曾朴的《孽海花》、林纾的翻译等重要的文学史作品和现象。课后就有学生和我交流他们阅读作品的

---

① 何言宏：《关于中国现当代文学教学专业性问题的反思》，《江海学刊》2006 年第 3 期，第 202、204 页。

体会和想法。之后有的学生便以“《孽海花》与科举制度的终结”为题申请到了学校的课外学术科研项目，有的学生则以“《迦因小传》的晚清翻译”作为其大学本科毕业论文的选题。这类论题从小处入手，眼界却能放得很开阔，更为重要的是，写出来的论文是真正在解决学术上的一些问题。虽然由于大学生知识储备的限制，问题的阐述不能很深入，但学生的思考能力和写作水平得到了锻炼和提高，写出的论文也具有了一定的价值。

可以说，要运用研究性教学方法，就应该把问题意识渗透到讲课和课外学习中。课前设计问题、引导学生发现问题，课堂上讲授讨论问题，进而带动学生在课外更深入地去思考和研究问题，以论文形式来体现研究性教学的具体成果。在高校教学改革的实践中，注重问题意识的中国现当代文学教学必能作出成绩来。

拔尖创新人才管理工作探索

文化自觉视野下的高校文化育人实施路径

阴　浩

高校作为人才培养的重要基地，有着众多的育人功能。新时期，文化传承与创新为社会主义核心价值观的树立服务。高校作为社会主义大学不可避免地成为文化育人的重要阵地，在具体实施过程中却逐渐走入发展瓶颈，出现范式危机与困境。基于此，我们应当对文化自觉视野下高校如何推进文化育人途径进行有效探索。

一、文化育人：高校的文化使命与责任

（一）高校的文化使命与担当

中共中央总书记习近平在第二十三次全国高等学校党的建设工作会议中强调，高校肩负着学习研究宣传马克思主义、培养中国特色社会主义事业建设者和接班人的重大任务，加强党对高校的领导，加强和改进高校党的建设，是办好中国特色社会主义大学的根本保证。习近平总书记指出，办好中国特色社会主义大学，要坚持立德树人，把培育和践行社会主义核心价值观融入教书育人全过程。

“求木之长者，必固其根本；欲流之远者，必浚其泉源。”文化是民族的血脉，是人民的精神家园。在5 000多年文明发展中孕育的中华优秀传统文化，积淀着中华民族最深层的精神追求，代表着中华民族独特的精神标识，是中华民族生生不息、发展壮大的丰厚滋养，是中国特色社会主义植根的文化沃土，是当代中国发展的突出优势。传承中华优秀传统文化对建设社会主义文化强国、增强国家文化软实力、实现中华民族伟大复兴的中国梦具有深刻意义。2017年，中共中央办公厅、国务院办公厅印发的《关于实施中华优秀传统文化传承发展工程的意见》指出，实施中华优秀传统文化传承发展工程，是建设社会主义文化强国的重大战略任务，对于传承中华文脉、全面提升人民群众文化素养、维护国家文化安全、增强国家文化软实力、推进国家治理体系和治理能力现代化，具有重要意义。

（二）文化自觉是高校文化育人实施的理念

高校作为文化传播与创造的重要途径，应担任起文化发展的大学功能。所谓文化自觉，就是指其对中华文化的地位、作用、发展历程和未

来趋势的自知之明，以及对于历史责任的主动担当。[①] 费孝通在1997年北京大学举办的第二次社会学人类学高级研讨班上提出了“文化自觉”这一概念，他认为：“文化自觉只是指生活在一定文化中的人对其文化有‘自知之明’，明白它的来历，形成过程，所具的特色和它发展的趋向，不带任何‘文化回归’的意思，不是要‘复旧’，同时也不主张‘全盘西化’或‘全盘他化’。自知之明是为了加强对文化转型的自主能力，取得决定适应新环境、新时代文化选择的自主地位。”[②]

当前，经济、文化全球化正向我们提出挑战，这一理念的提出实际上是对此的一种积极反应与对策，也是对我国高校如何在全球化境遇下进行文化育人所作的积极应策。文化传承是高校的重要职能之一，高校在文化传承、改造与创造方面都发挥着重要作用，且有着特殊的价值。高校不仅有较强的文化选择与改造的能力，同时在改造文化的同时，也能够按照学生身心发展的规律来进行，以便于学生有效地实现从文化自知到文化自觉的转变，真正地达到高校文化育人的内在功能。

二、高校文化育人的范式危机与困境

文化育人的主要场所在大学校园，校园文化是文化育人的重要载体。校园文化是“以师生文化活动为主体，以校园精神为底蕴，由校园中所有成员在长期的办学过程中共同创造而形成的学校物质文明和精神文明的总和”[③]。高校在文化育人中的重要地位日渐得到重视，各类文化活动办得风生水起，但是各类问题也日渐凸显，走入了范式危机与困境。

（一）文化育人脱离高校

截至2017年5月31日，教育部宣布成立的普通高校共有2 631所[④]，这2 631所高校有着各自的办学理念和特色，在此基础上的文化育人模式也应是各具特色的，但是最终呈现的情况大相径庭。不少高校高举着文化育人的大旗，一味地研究并挖掘各种不为社会熟知的文化，并且争相效仿，一度引起社会热议、吸引社会关注。然而随着信息的不断出现和更新，最终能够真正得到发扬和传承的少之又少，从某种角度

① 孙元君：《习近平的文化自觉与自信》，《奋斗》2015年第5期，第54页。

② 费孝通：《反思·对话·文化自觉》，《北京大学学报（哲学社会科学版）》，1997年第3期，第22页。

③ 冯刚、柯文进：《高校校园文化研究》，中国书籍出版社，2012，第2页。

④ 教育部：《全国普通高校名单》，2017年6月14日，http：//www. moe. gov. cn/srcsite/A03/moe_ 634/201706/t20170614_ 306900. html，访问日期：2025年5月4日。

而言，这是对社会资源的占用和浪费。美国社会学家塔尔科特·帕森斯的社会系统相关理论认为，作为一个主体人，主要受两种环境的制约，一种是现实中的环境，另一种是一定的文化环境。人作为主体，在这两个环境中，一方面会在文化熏染下不断实现自我完善这个社会化的过程；另一方面又使得文化内涵不断扩充，使得文化范畴的规范制度体系不断合法化。由此可见，高校文化育人的过程是学生、高校环境及高校文化三者交互影响、交互作用的过程，三者脱离了任何一个都是不能够单独存在的。

不少高校在实施文化育人的实践探索中，将学生、高校环境和高校文化三者割裂单独处理，造成高校之间的文化育人走入范式发展的境地，进入危机与困境，不可自拔。

(二) 文化活动零散繁杂

在文化育人实践中，教育者不明言施教，而是借助各种文化实践活动，间接地传递思想政治教育信息，感染教化受教育者。① 开展丰富多彩的校园文化活动是高校实施文化育人的重要方式，却极易造成活动越多，文化育人越有成效的错觉。打开任何一所高校的官方网站，都可以看到丰富的学生活动的宣传内容，活动均参与度极高、广受学生好评，似乎达到了文化育人的效果。校园文化活动可以分为学术研究类、文体类、志愿服务类等，活动多贴近学生学习生活，为锻炼学生能力、提升学生素养、拓宽学生眼界而举办，学生每次参加的时候都表露出了极大的兴趣和热情，但是很多学生在参加完学生活动之后便将活动内容抛之脑后，忘得一干二净。也有不少活动虽说是让学生自愿参加，却以各类附加条件半强制要求学生参加，引起学生不满，更容易起到反作用。反之，学生更乐意参加已经形成品牌的活动。在品牌活动中，往往活动内容更加成熟，活动体验更佳，并且更易形成长期参加的习惯，育人时效更长、成效更明显。

(三) 文化育人内涵局限

首先是对文化的内涵理解不到位。中华优秀传统文化涵养了社会主义价值观，因此发扬和传承优秀传统文化是文化育人的重要内容，但不是唯一内容，也不是独立的存在。文化应该包括中华优秀传统文化、革命文化和社会主义先进文化，三者共同组成了中国特色社会主义文化。因此在文化育人中，只要是中国特色社会主义文化都应该成为育人的重

---

① 郝桂荣：《高校文化育人研究》，博士学位论文，辽宁大学，2017，第 66 页。

要内容。其次是对文化育人的理解偏差。文化育人既是手段也是目的，或者说文化是手段，育人才是目的。但是现实中，很多活动都停留在了文化这一手段上，忘却了育人这一最终目的。无论是融通古今、礼敬中华，还是培育社会主义核心价值观，其目的都是育人，根本宗旨是促进人的全面自由发展，从而培育有理想、有追求、有担当、有作为、有品质、有修养的大学生，培育合格的社会主义建设者和接班人。

（四）宣传方式较为单一

宣传是常见的扩大活动影响力的方法。高校学生众多、活动众多，想要保证每一名学生参加每一场活动是天方夜谭。为了保证活动效果和影响力，只能借助多样的宣传方式，让尽可能多的学生了解尽可能多的活动。在媒介迅速发展的今天，新媒体成为宣传的主要方式，例如网站、微信公众号、QQ 等。随着科技的进步与发展，将不断地有新的媒体方式出现，因此我们需要跟随社会的发展脚步不断更新宣传方式，加强新媒体内容建设。微信公众号是当下较为流行的方式之一，因此也成为各大高校新媒体建设的重点，但是随着“00 后”进入高校，不难发现微信公众号的宣传较难覆盖全体学生。因为不少“00 后”更倾向于QQ，此时应该同时加强 QQ 的媒体内容建设，跟上学生的发展脚步。

三、文化自觉引领下高校文化育人的有效实施路径

在高校文化育人走入范式危机而遭遇困境的情况下，各高校不断探索高校文化育人的有效路径，作出新的尝试，从文化自觉视野下重新认识高校文化育人的内涵，积极探索高校文化育人的实施路径。费孝通认为：“文化自觉是一个艰巨的过程，首先要认识自己的文化，理解所接触到的多种文化，才有条件在这个已经在形成中的多元文化的世界里确立自己的位置，经过自主的适应，和其他文化一起，取长补短，共同建立一个有共同认可的基本秩序和一套各种文化能和平相共处，各舒所长，联手发展的共处守则。”①

可见，“文化自觉”不仅仅是高校学生思想政治教育的一种思想观点，也是一种批判的实践、创造的实践过程。② 为此，要提升高校文化育人的实效性，不仅需要从观念上认识到其文化价值，还需要整个社会

---

① 费孝通：《反思·对话·文化自觉》，《北京大学学报（哲学社会科学版）》，1997 年第 3 期，第 22 页。

② 束霞平：《基于文化自觉视野下高校学生思想政治教育创新研究》，《安徽农业大学学报（社会科学版）》，2013 年第 5 期，第 112 页。

及高校全体师生共同努力，形成弘扬中华民族优秀文化、抵制消极与腐朽的落后文化的氛围与机制，从传承弘扬大学精神、培育校园文化品牌、推进文化传承与创新等方面加以落实，为高校文化育人的有效开展创造良好的文化环境。

（一）传承弘扬大学精神

在文化育人的过程中，高校应注重对学校的办学传统、育人理念及校训、校风、学风的思想文化内涵进行系统梳理、深入阐释与广泛宣传，例如在迎新季和毕业季等学生重要的学业节点举办入学典礼和毕业典礼，加强校训、校风的宣传，进行爱校、荣校的教育，致力于培育兼具“自由之精神、卓越之能力、独立之人格、社会之责任”的模范公民。同时，加强对校史、院史、学科史和人物史等的研究和宣传，传承发展坚持以科学名世的学术根脉，挖掘提炼当代师生敢于争先、负重奋进、追求卓越的“奋斗者”典型和形象，不断赋予高校具有自身特色的大学精神新的时代内涵，使之成为凝聚高校全体师生的文化内核，努力增强学校的文化软实力。

（二）培育校园文化品牌

健全校园文化建设机制，促进校园文化良性发展，促进文化育人工作科学发展。校园文化建设机制，是指“为促进大学校园文化全面协调可持续发展，大学校园文化各构成要素之间相互联系、相互制约、相互作用的运行方式及其功能协调”①，主要包括组织管理机制、激励机制、保障机制、监督评价机制等，把校园文化建设纳入学校事业发展的整体布局，形成具有高校特色的校园文化建设格局。注重以文育人，深化校园文明建设，坚定文化自信和使命担当。加强各类文化阵地、文化设施的规划、建设和管理，做好学校历史建筑保护和科学利用；充实文化教育内容，加强法治文化、廉洁文化教育，开展各类征文比赛，鼓励同学以文字的方式表达自己的体验与感悟。结合重大纪念日、重要时间节点开展丰富多彩的主题活动，依托高校所在地域文化优势，打造一批校园文化新品牌，进一步营造朝气蓬勃、昂扬向上的文化育人氛围。例如在苏州较为重要的冬至夜当天，苏州大学给全校师生免费发放餐券，校长和学生共同包水饺吃午餐，给许多远离家乡求学的学生送去温暖，这同时也是对苏州特有的冬至文化的发扬与传承。

---

① 张月群、张文浩、卢黎，《大学校园文化建设长效机制探析》，《高等农业教育》，2015 年第 6 期，第 30 页。

（三）推进文化传承与创新

众所周知，大学对文化的发展作用表现在传承、改造和创新方面。大学教育是帮助年轻一代学习、掌握人类文化成果的重要手段。教育可以使人类社会长期积累的文明成果得以延续和传承。同时，高校集聚了各类高级人才，直接进行科学文化研究，从而产生新文明成果。高校可以依托自身文化优势，积极推进文化传承创新，构建第一课堂与第二课堂相互融通、科学教育和人文教育有机融合的文化素质教育体系，加强文化类公选课、必修课和通识教育课建设，充分发挥国家大学生文化素质教育基地功能，组织开展丰富多彩的文化素质教育讲座活动，全面提升大学生的文化素养。

高校应以传统文化传承与创新为基点，积极开展礼敬中华优秀传统文化、马克思主义经典普及、高雅艺术进校园、经典诵读等活动；将学科建设与文化建设结合起来，积极参与地方非物质文化遗产保护和传承工作，充分发挥地域与大学文化在涵育德行方面的重要作用。

高校应围绕立德树人、培育和践行社会主义核心价值观、中国梦和重大典型、重要成就等加强新媒体内容建设。例如实施“媒体融合工程”，推动学校优秀文化产品的数字化、网络化，加强官方微博、微信、PU 口袋校园平台等新媒体建设，推进纸质媒体与新媒体的报网融合，聚拢网络平台，形成传播矩阵；继续加强与重要媒体的沟通与协作，全面展示大学近年来的办学成效和改革成就，讲好“大学故事”，构建全媒体传播新格局，不断提升学校的知名度和美誉度。

文化育人，以立德树人为核心目标，强调文化对人的积极价值影响，文化育人强调以文“化”人、以文“育”人，重在“化”和“育”的过程，因而具有建设周期长、涉及面广、见效慢的特点。高校中的文化育人需从大学精神、文化品牌、文化传承与创新三个方面做长期的努力才能够达到实效。

文化自信氛围下大学生价值观自信培育措施探索

纪金平

在中国，文化自信是一个民族对其文化精神清醒的自觉、坚定的认同、执着的追求和传承创新，价值观自信则是文化自信最深层的内核和灵魂。价值观自信是道路自信、理论自信、制度自信、文化自信的有力支撑，是坚持和发展中国特色社会主义的底气和底蕴所在。坚持价值观自信，才能更好地坚持道路自信、理论自信、制度自信、文化自信，进一步坚持和发展中国特色社会主义，实现中华民族伟大复兴的中国梦。

近年来，不少学者对文化自信和大学生价值观自信展开相关研究。他们通过解读原理、研究现状概述、调查分析、路径探索等方法，对培养大学生文化自信进行了深入剖析。

秦娟在《当代大学生文化自觉与文化自信现状研究》中提到，当代大学生的文化自觉和文化自信总体较好，大部分大学生认为对传统文化的继承与发展对当今社会的发展意义重大，对中华优秀传统文化的认同存在矛盾和复杂性，对于文化的发展融合持包容态度，对于传统文化发展前途充满信心。①

孙雅琼在其硕士学位论文《新时代大学生文化自信培育研究》中概述了新时代大学生文化自信培育的研究意义及研究现状；解释了新时代文化自信的内涵及大学生文化自信的特征，阐述了相关意义；通过调查问卷，研究了大学生文化自信的现状并分析原因；主要从社会、学校、家庭、大学生自身四个方面对新时代大学生文化自信培育的对策进行了具体深入的阐释。②

以上研究体系完整，内容翔实，有理有据，为进一步挖掘培育大学生文化自信的措施提供了可能性。党的十九大报告提出，要“推动中华优秀传统文化创造性转化、创新性发展”。部分大学生存在文化自信不足的问题，但同时对传统文化抱有一定的认同。因此，笔者认为可以从

① 秦娟：《当代大学生文化自觉与文化自信现状研究》，《南方论刊》2018 年第 12 期，第 85-86、88 页。

② 孙雅琼：《新时代大学生文化自信培育研究》，硕士学位论文，河北师范大学，2020。

传统文化入手，结合时代特色和理论背景，创造性地制定适合当代大学生的价值观自信培育措施。

一、吸收文化类综艺节目创意

媒体在营造文化自信氛围、培育价值观自信中一直扮演着重要角色。在帮助大学生培育价值观自信时，可以试着借助媒体的力量，如在传统文化工作坊做活动时借鉴综艺节目形式、办讲座时强化主流媒体影响，拒绝闭门造车，帮助学生在接收到的万千信息中做出选择，建立文化自信，从而培育价值观自信。

冯起艳在《关于综艺节目思政教化功能的浅析——开辟高校大学生价值引领的新方式》中分析了大学生观看综艺节目的现状；探究了综艺节目涵化与大学生价值引领的契机；讨论了存在的问题与不足；提出了利用综艺节目涵化开辟高校大学生价值引领新方式的建议。①

《文化类综艺节目热播对新时代大学生价值观的影响》中提到，文化类综艺节目将中华优秀传统文化和时尚元素融合，通过寓教于乐的方式展示中华文化的魅力，彰显中国历史的厚重和中华优秀传统文化的底蕴。综艺节目作为现代视听文化，对新时代大学生起着价值导向作用。②

文化类综艺节目不以娱乐作为宣传噱头，而是以文化为内核，受众面广。《中国诗词大会》力求通过诗词比拼和赏析，带动全民重温古诗词，从古诗词中汲取养分；《中国汉字听写大会》作为一项汉字听写竞赛，意在提高学生学习汉字及中华文化的兴趣，促进文化传承；《国家宝藏》每集以一个博物馆为主题，通过嘉宾的讲述和演绎，带给观众奇妙的探寻体验；《朗读者》是中央电视台推出的文化情感类节目，以个人成长、情感体验、背景故事与传世佳作相结合的方式，旨在实现文化感染人、鼓舞人、教育人的传导作用，展现有血有肉的真实人物情感。此类综艺节目受众面更广，老少咸宜，对扩大传统文化覆盖面、营造文化自信氛围做出了较大贡献。

苏州大学传统文化工作坊积极尝试举办文化类活动，让学生在实践中感悟中国传统文化的魅力。苏州大学文学院已开设“清词选讲”“说

---

① 冯起艳：《关于综艺节目思政教化功能的浅析——开辟高校大学生价值引领的新方式》，《西部广播电视》2020 年第 2 期，第 36-37 页。

② 温鹏、陶春丽、职晨晨：《文化类综艺节目热播对新时代大学生价值观的影响》，《西部广播电视》2019 年第 8 期，第 106-107 页。

文解字”等课程，并在举办活动时结合这些课程，例如在举办小型汉字大会时对结合小篆来分析字形、考究字源的选手予以加分，得到学生的普遍欢迎。

二、倡导鉴赏优秀影视作品和传统戏曲艺术

影视作品属于视听艺术，是技术革命的产物；传统戏曲属于舞台艺术，是代代传承的瑰宝。在当今社会，影视作品和传统戏曲在不同层面上丰富了我们的生活，带给我们多样的审美体验。倡导鉴赏优秀影视作品和传统戏曲艺术，对加强大学生文化自信、价值观自信有较为显著的影响。

（一）优秀影视作品

匈牙利的贝拉·巴拉兹提出，电影不仅是一门独立的艺术，而且已经形成一种新的文化。随着科学技术的发展，影视作品的传播已不依赖固定的场所和设备，只要有移动设备和网络，就能便捷地获取各种影视作品。有些作品已经走向世界，成为世界文化的一部分。影视文化已经渗透到人类生活的方方面面，潜移默化地影响着受众。

影视文化对大学生的影响是多面的：一方面，优秀的影视作品传达正确的价值观，对大学生建立价值观自信具有正向的推动作用，如《我和我的祖国》这一主旋律电影，由7位导演合作，讲述了《前夜》《相遇》《夺冠》《回归》《北京你好》《白昼流星》《护航》7个故事，聚焦特定时代下的人或事，给观众带来亲历感和别样的感动，同时引起民族自豪感、文化自信的共鸣；另一方面，质量较差的影视作品对大学生建立价值观自信有着阻碍作用。倡导鉴赏优秀影视作品，可以帮助大学生树立文化和价值观自信，但仍需注意，除了帮助大学生甄别优秀的影视作品，还要教给他们甄别的方法；同时要适当地进行价值观上的引导，避免他们误入歧途。

苏州大学文学院已开设“中外电视剧鉴赏”“影视与文学”等课程，选取优秀的影视作品，从拍摄手法、拍摄视角、构图配色、人物塑造、情节主题等角度帮助学生对影视作品进行专业解读。

苏州大学传统文化工作坊多次举办微电影大赛，鼓励学生发现中国影视艺术的美，以创作微电影或鉴赏微电影的形式参与进来，逐渐建立完整的价值观，在行动中感悟文化自信，培养价值观自信。

（二）传统戏曲艺术

2017年中宣部、教育部、财政部、文化部联合发布《关于戏曲进校园的实施意见》（以下简称《意见》）。《意见》要求，全国大中小

学应结合学校教育实际及不同年龄段学生身心特点，选择优秀、经典、适合学生观看的戏曲艺术作品，坚持多措并举，原则上以组织戏曲艺术表演团体进校园演出和组织学生走进剧场现场观看为主，同时结合各类公益演出、戏曲进乡村等文化惠民活动和戏曲文化讲座，以及通过互联网和多媒体观看经典剧目、戏曲动漫等多种形式进行；充分调动政府、学校、社会、个人等各方积极性，多方汇聚资源，共同支持戏曲进校园。①

“戏曲进校园”是一项国家政策，将戏曲传承发展与学校美育结合，一举多得，既能为戏曲的发展传承寻出一条出路，又能让学生近距离接触传统文化精华。传统戏曲和教育碰撞，极有可能产生出人意料的效果，让戏曲得以焕发新生，深厚的文化底蕴得以传承。

《大学生文化自信与昆曲传播——基于“大学生对昆曲传播的认知”调查的思考》以华东理工大学为重点，围绕“大学生对昆曲传播的认知”主题，就大学生对昆曲的了解程度和途径、对昆曲的看法和认识、昆曲进校园三个方面展开调查研究。研究结果显示，大学生对昆曲的了解程度普遍不高。多数大学生对昆曲艺术表示认可，但对昆曲感兴趣的屈指可数。不过值得庆幸的是，“昆曲进校园”的想法得到普遍支持和赞赏。基于对此调查的分析和思考，该文探索出了昆曲传播的新途径——昆曲“四化”及“大学生文化自信”。②

传统戏曲讲究师承，通过一代代人的口耳相传，传统戏曲中保留了大量古典文化，导致对其鉴赏者的审美能力要求较高。白先勇改编的青春版《牡丹亭》是对传统戏曲《牡丹亭》的再创作，在保有其传统文化特色的基础上，为《牡丹亭》注入了鲜活生命力，令其能够适应现代环境。

昆曲、京剧及大量其他地方戏，都是传统文化的瑰宝，但现在的年轻人很少会对它们感兴趣，一方面是因为对传统戏曲缺乏新鲜感，传统戏曲与年轻人追求的时尚元素、快节奏生活不相符；另一方面可能是因为缺乏专业鉴赏力，无法理解传统戏曲，自然很难被吸引。

倡导大学生鉴赏传统戏曲艺术，可以采取以下措施：首先，通过开

---

① 中国政府网：《四部委联合发布〈关于戏曲进校园的实施意见〉》，2017 年 8 月 3 日，http://www.gov.cn/xinwen/2017-08/03/content_5215739.htm，访问日期：2025 年 5 月 4 日。

② 朱文杰、张之燕：《大学生文化自信与昆曲传播——基于“大学生对昆曲传播的认知”调查的思考》，《名作欣赏》2019 年第 14 期，第 25-29 页。

设选修课或者必修课推进。苏州大学文学院已开设“中国戏剧经典赏析”“昆曲艺术”“古典戏曲经典赏析”等课程，致力于帮助学生了解传统戏曲背景，培养学生鉴赏传统戏曲艺术的能力，让学生在阅读、观看和学唱中沉醉于传统戏曲艺术。其次，苏州大学传统文化工作坊组织了多场戏曲观看鉴赏的活动，为戏曲走近大学生搭起桥梁，帮助大学生感受古典艺术之美，加强他们的价值观自信。最后，在学生拥有了一定鉴赏能力和鉴赏经验的基础上，苏州大学传统文化工作坊鼓励学生主动进行传统戏曲的现代化创作，将传统戏曲“青春化”，举办戏曲剧本改编比赛，并对优秀的改编作品进一步加以演绎。

三、鼓励创作

写作能力被视为受过通识教育的人所应具备的一项特质，是耶鲁大学通识教育所要求的三大能力之一。写作教育不只是技能培养，更是思维训练、知识创造及有效沟通的过程，是耶鲁大学通识教育的核心要素之一。①

激发大学生的创作热情、培养基础写作的能力是培养大学生价值观自信的方法之一。当今时代，网络给了每个创作者展现自己才华的平台。

在网络文学中，不乏融合了传统文化的优秀作品，苏州大学文学院已开设通俗小说的相关选修课，培养学生的鉴赏能力。此外，文学院还开设了基础写作必修课和创意写作选修课，以夯实学生基本的写作能力，让学生不要做笔尖上的“哑巴”。

苏州大学传统文化工作坊通过举办创作大赛的方式，鼓励学生将自己的想法与传统文化相结合，并付诸笔端，通过亲身的实践创作，更有利于渲染文化自信的氛围，从而培育大学生的价值观自信。

苏州大学弄潮文学社一直坚持办独立刊物，接受学生投稿。这是一个很好的校内创作平台。此外，传统文化工作坊通过搭建桥梁，不断激励学生在学有余力且自身有兴趣的情况下，到更广阔的社会平台磨炼自己，从而找到“自己”，坚定价值观自信。

四、结语

在文化自信的氛围下，培育大学生价值观自信具有重大意义。大学生是即将融入社会的新鲜血液，而大学时光正是他们价值观成型的重要

---

① 陈乐：《理念与实践：耶鲁大学通识教育写作课之理性探析》，《比较教育研究》2019年第1期，第32-33页。

时期，在此时做好正向的引导，对他们的未来会产生积极的影响。

本文从吸收文化类综艺节目创意、倡导鉴赏优秀影视作品和传统戏曲艺术、鼓励创作三个方面，对培育大学生文化自信、价值观自信进行了具体论述，并以苏州大学传统文化工作坊为例给出了一些比较具体的措施，具备一定的可行性，获得了较为积极的反馈和成效。价值观不是一朝一夕形成的，培育大学生的价值观自信需要循序渐进、潜移默化，以润物无声的方式来教育人、引领人。

经典阅读在思想政治教育中的作用发挥

纪金平

进入21世纪以来，人类在信息科技领域取得了飞速的发展。随着工作、生活节奏不断加快，人们日益追求效率和速度，进而导致功利主义大肆盛行。整个社会趋于浮躁，人们只顾一味追求物质利益的最大化，而忽视了精神世界的需求。在这种背景下，大学生由于身处象牙塔，尚未走入社会，缺乏社会经验和判断能力，同时也由于其处于身心发展阶段，对外界的不良风气缺乏清晰的认识和足够的抵制能力。这就导致了一些学生精神世界的空虚，进而对其人格塑造和素质培养产生了一定的消极作用。对于大学生而言，这是十分危险的，将会极大地影响其未来的发展。

因此，大学生思想政治教育是极其紧迫和重要的。只有加强对大学生的思想政治教育，才能引导其树立正确的世界观、人生观和价值观，进而促进其身心的健康发展。在这个过程中，经典阅读无疑发挥着不可替代的作用。

一、经典的定义

发挥经典阅读在思想政治教育中的作用，首先必须对经典有准确的认识。“经”是作为思想、道德、行为等标准的书，或称某一方面事物的专著。“典”是作为标准的文献典籍。因此，对于“经典”，我们可以将其定义为经久不衰的作为思想、道德、行为等各个方面标准的文献典籍。从古至今，各个领域经久不衰的具有典范性、权威性的文献典籍就是经典。

同时，经典又是一个民族语言和思想的符号象征。随着全球化进程的加快，各个国家和地区的经典已经超越了民族和时代的桎梏，成为全人类的共同财富。

经典具有超越性。经典的魅力是永恒的，不因时代的发展变化而有所消减。它不仅能够适用于过去、现在，也能够适用于未来。无论是前人，还是后人，都能从经典中汲取营养，与作者进行心灵上的交流互动。

经典具有精英性。经典之所以能够成为经典，是因为其在相关领域的巨大成就和突破。只有经过历史的筛选，经典才会从众多平庸的作品中脱颖而出，并被世人所铭记。当然经典也不是任何人都能完成的，它是精英群体在审美方面的代表，是一个时代相关领域的标准和尺度，它揭示并预示着人性的发展方向。这些对于我们开拓自己思想灵魂的广度和深度具有无可比拟的作用。

经典还具有开放性。经典所传达的精神能适用于各个时代和读者，不同时期的不同读者都能对其作出不同的阐释和解读，这就使得经典能够永远保持旺盛的生命力。

二、经典阅读的潜在思想政治教育意义

思想政治教育的目的，首先就是要引导学生树立正确的世界观、人生观和价值观，从而促进学生身心的健康发展，而经典阅读在思想政治教育过程中发挥着重要的作用。笔者通过发放调查问卷的方式了解当代大学生经典阅读的现状，调查发现，只有21.3%的大学生平时有阅读经典的习惯，但有阅读经典习惯的学生中超过85%的人认为“经典阅读对改造自己的人生观、价值观有很大裨益”。这就说明经典阅读在学生思想政治教育中的作用是不可估量的。

其次是传承文化，培养担当意识。经典是一个时代核心价值观的集中体现，它凝聚了这个时代的精英关于人类、社会、历史等一系列问题的思想结晶，它跨越了历史长河而饱具丰富的文化内涵。无论是《诗经》《楚辞》、汉赋骈文，还是唐诗宋词、明清小说，都展示了特定时代社会的万千气象。学生阅读经典的过程就是一次浸润雅化的精神之旅，学生只有通过反复地阅读经典，才能领略中华文化的博大精深，才能在潜意识中自觉主动地传承文化，培养出开创未来的担当意识。

再次是磨砺意志，塑造健全人格。相对于理论说教式的思想政治教育形式，经典阅读以其感性、直观的特点更容易对学生产生影响。正如高尔基所说，“文学的目的，是帮助人了解自己本身，提高他的自信心，激发他对于真理的企求，同人们的鄙俗行为作斗争，善于在人们身上找到好的东西，唤醒他们灵魂中的羞耻、愤怒和勇气，做一切使人能变得高尚坚强、能用美的圣洁的精神来活跃自己的生活的事情”①。可见，经典阅读能让我们正确地思考人生和反省自我，进而磨砺意志，塑造健全人格。

---

① 高尔基：《高尔基文集》（第2卷），人民文学出版社，1983，第290页。

最后是净化灵魂，提升个人涵养。经典阅读能够让学生学习先贤前辈的优良品格，学会如何面对困难从容不迫，面对喜悲宠辱不惊；学习在邪恶面前，如何坚持公平与正义；学习在亲人和友邻之间，如何正确处理与他们的关系；学习在自然面前，如何保持自然的原生态，与其和谐共处。经典阅读能够给学生提供各种类型的生命体验和生活场景，探讨不同价值观念的人生旅途，同时了解不同价值观念对困难情况的不同处理方式。学生通过经典阅读能够领悟正确的世界观、人生观和价值观的内涵，正确对待人生，在潜移默化中提升个人内涵和修养。

三、经典阅读在思想政治教育中发挥作用的有效途径

笔者结合自己的学校工作经历，认为可以通过以下途径来发挥经典阅读在思想政治教育中的作用。

首先，组织丰富多彩的读书节活动。每年的 4 月 23 日为“世界读书日”，笔者都会以此为契机组织读书节活动，举办经典诵读、专题讲座、图书漂流、“我爱记诗词”等活动。这些活动形式新颖，视角独特，充分调动了广大学生的参与热情，让青年学子在“右键复制、粘贴”的网络时代意识到：读书者，方思其行。

其次，营造浓郁的经典阅读的社团文化氛围，以学生社团为载体，以丰富的活动为形式，再现经典的真谛。苏州大学文学院的学生社团文化精彩纷呈，举办过“文章写百世、礼仪承千秋”中华礼仪系列活动，活动将主题定位为“古礼”“古人”“古风”，学生穿起古装，依照典籍，再现了包括课业礼仪、宴饮礼仪、婚丧礼仪、传统节日礼仪等先秦、两汉、唐宋古礼。这样的社团活动不仅激发了学生重读经典的兴趣，还让他们真正地回归历史，亲近历史，让他们以先贤为师，与先贤为伍。

最后，开展以学生为主体的经典阅读学术交流活动。经典阅读的受众面是学生，我们不能一味地给学生灌输，也应给予学生思考交流的空间。苏州大学文学院一直以来坚持举办礼拜三学术沙龙。每次沙龙进行前，教师都会选定一个主题，由学生引经据典，组织好发言大纲。在沙龙上大家随意而坐，就主题畅所欲言，教师在讨论结束后加以指导、点拨。沙龙结束后，学生将谈话要点整理出来，便于与更多同学分享。正是靠着这样的自由交流，学生潜移默化地接受了经典文化的熏陶，逐渐完善了自身的思维体系。

四、结语

人的思想道德修养的提高是一个缓慢的过程，需要给予长时间的关注和引导。经典阅读对于学生价值观念的形成、思想道德素养的提升的影响也是隐性的。因此，发挥经典阅读在思想政治教育中的作用，就不能急功近利，而需要举重若轻，将其看成一项长远的系统的工作来规划。